O QUE SABEMOS, SABEMOS.

O QUE SABEMOS, NÃO SABEMOS.

O QUE NÃO SABEMOS, NÃO SABEMOS.

Considerando-se que estamos
cientes de apenas

2 MIL DOS 400 BILHÕES DE BITS

de informação que
processamos por segundo...

... quando argumentamos
contra novos conhecimentos...
quanto de nossa "consciência"
está argumentando?

Como podemos saber tudo
sobre todas as coisas
que não sabemos?

Título original: *What the Bleep Do We Know!?*

Muito além do que sabemos
1ª edição: Maio 2025

Autores:
William Arntz
Betsy Chasse
Mark Vicente

Tradução:
Manuel Antunes

Preparação de texto:
Fernanda Guerriero Antunes

Revisão:
Debora Capella
Iracy Borges

Projeto gráfico:
Jéssica Wendy

Capa:
Anderson Junqueira

Impressão:
Plena Print

DADOS INTERNACIONAIS DE CATALOGAÇÃO NA PUBLICAÇÃO (CIP)

Arntz, William
Muito além do que sabemos : descubra as infinitas possibilidades para transformar a sua realidade / William Arntz, Betsy Chasse, Mark Vicente ; tradução de Manuel Antunes. — Porto Alegre : Citadel, 2025.
416 p.

ISBN 978-65-5047-624-3
Título original: What the Bleep do we Know?

1. Desenvolvimento pessoal 2. Teoria quântica – Miscelânea 3. Vida espiritual 4. Curiosidades e maravilhas I. Título II. Chasse, Betsy III. Vicente, Mark IV. Antunes, Manuel

25-1707 CDD 158.1

Angélica Ilacqua - Bibliotecária - CRB-8/7057

Produção editorial e distribuição:

CITADEL
Grupo Editorial

contato@citadel.com.br
www.citadel.com.br

MUITO, ALÉM DO QUE SABEMOS

WILLIAM ARNTZ
BETSY CHASSE
MARK VICENTE

DESCUBRA AS INFINITAS POSSIBILIDADES PARA TRANSFORMAR A SUA REALIDADE

CITADEL
Grupo Editorial

2025

Sumário

Prefácio

Quantas vezes você já sentiu que algo não fazia sentido? Quantas vezes já se pegou olhando para o céu e se perguntando o que há além do que conseguimos ver, tocar ou entender?

Todo mundo fala sobre o que come, o que veste, com quem anda, onde mora, o que sonha. Mas quase ninguém fala sobre o que pensa.

E mais raro ainda é quem entende que o que você pensa está comendo você por dentro – alimentando ou adoecendo seu corpo, sua alma, seu destino.

Durante toda a minha vida, tive muitos momentos em que questionei a realidade ao meu redor. Como criança, adolescente e mesmo adulta, diversas vezes percebi que aquilo que me era apresentado como verdade parecia incompleto, superficial ou até ilusório.

Meu pai não acreditava em Deus, e isso me fez duvidar por muitos anos. Os caminhos da ciência me pareciam mais convidativos – mas não o suficiente. Foram essas inquietações que sempre me impulsionaram a buscar respostas mais profundas, ir além.

Essa busca me levou por caminhos inimagináveis, mudando radicalmente minha visão – primeiro sobre mim mesma, depois sobre as pessoas ao meu redor e, por fim, sobre o universo como um todo.

Já escutou a frase: "Quando você muda, o seu mundo muda?". Um momento crucial nessa jornada aconteceu quando conheci o trabalho de Joe Dispenza, um dos autores mais citados neste livro.

Joe foi mais do que um autor inspirador para mim – ele foi um verdadeiro agente de transformação. Ao me deparar com seu trabalho disruptivo, compreendi profundamente como nossas crenças moldam nossa realidade física, emocional e espiritual. Ele me ensinou que o poder real está na capacidade que temos de criar conscientemente nossas experiências e, principalmente, de mudar nossa realidade ao alterar nossos padrões internos.

Lembro claramente a primeira vez que experimentei uma das ferramentas propostas por Joe Dispenza. Foi como se, de repente, eu tivesse aberto uma porta oculta dentro de mim mesma – uma porta para um novo patamar de merecimento, autoconhecimento e transformação. Não era apenas uma teoria bonita, mas sim uma realidade prática que eu podia aplicar imediatamente na minha vida.

Desde aquele momento, meu mundo interno e externo nunca mais foram os mesmos. O que antes parecia impossível tornou-se completamente viável. O que antes eu julgava inalcançável se tornou não só possível, mas lógico – como se um mapa fosse revelado na minha mente.

Muito além do que sabemos tem exatamente esse potencial transformador. William Arntz, Betsy Chasse e Mark Vicente não apenas compartilham conhecimento, mas nos oferecem um convite irresistível para questionar tudo o que achamos que sabemos – despertando em nós um profundo desejo de mudança e evolução.

Esta obra traz uma combinação rara e preciosa entre ciência, espiritualidade e filosofia, apresentada de forma leve e envolvente, mas extremamente profunda e impactante.

Este livro me encontrou quando eu estava perdida. Foi a faísca que acendeu uma fogueira em meio à escuridão da depressão. E não, ele não me deu respostas prontas. Ele fez muito mais do que isso: me fez duvidar das perguntas que eu fazia.

Através destas páginas, você será levado a compreender conceitos que, a princípio, podem parecer complexos ou desafiadores. Mas, uma vez assimilados, têm o poder de transformar radicalmente sua maneira de viver e perceber o mundo ao seu redor. Os autores nos conduzem por uma jornada de expansão de consciência que ultrapassa as barreiras do óbvio, permitindo que você se encontre com uma realidade muito maior do que qualquer coisa que já imaginou.

Em meu livro *O que se come no céu?*, defendo que somos nutridos por muito mais do que alimentos físicos: somos nutridos pelos pensamentos, sentimentos e crenças que escolhemos cultivar.

E em *Muito além do que sabemos*, a maior revelação é similar – simples, mas devastadora:

Você não está vivendo sua vida. Está vivendo seus pensamentos.

E eles, por sua vez, estão te levando exatamente para onde você está agora. Seja isso o céu da expansão ou o inferno da estagnação.

Muito além do que sabemos é um verdadeiro alimento espiritual e intelectual – nutrindo partes de nós que muitas vezes nem percebemos que estavam famintas. Cada capítulo deste livro é como um prato cuidadosamente preparado para saciar a fome mais profunda do nosso ser: aquela fome por significado, verdade e evolução.

Assim como mostro no meu livro, nos alimentamos pelos olhos, pela boca e pelos ouvidos.

E aqui você vai entender que o alimento mais poderoso (e mais negligenciado) é o pensamento.

Você já parou para pensar em quantas vezes, sem perceber, deixou seus medos e traumas limitarem – ou até bloquearem – sua felicidade e sua realidade?

Este livro oferece não apenas consciência desses padrões, mas também ferramentas práticas para você assumir o controle da sua vida, tornando-se o criador consciente da realidade que deseja viver.

Prepare-se para uma jornada que promete não apenas conhecimento, mas também uma transformação profunda e verdadeira.

Ao terminar esta leitura, espero que você se sinta tão tocado e transformado quanto eu fui ao ter meu primeiro contato com esses conhecimentos revolucionários.

E que esse sentimento de transformação perdure muito além da última página – impulsionando você a uma vida única, autêntica e significativa.

Mas, antes, prepare-se: este livro não é para os fracos. Este livro é provocador. Ele vai te irritar. Vai te confrontar. Vai te dar um espelho e dizer: "Foi você o tempo todo".

Mas também vai te abraçar. Vai te lembrar que você não é um erro, uma vítima, um acaso. Você é uma consciência em movimento. Um campo de infinitas possibilidades.

E se tudo isso parecer demais, se sua mente começar a resistir, se quiser largar o livro, fazer piada ou dizer que é "coisa de gente viajada", respire fundo.

Essa é só a sua mente tentando se manter no controle de sempre, nos mesmos caminhos, nos mesmos acertos – e nos mesmos erros – que levam você sempre ao mesmo lugar, sendo a mesma pessoa de sempre. Ela tem medo de mudar porque não sabe o que existe do outro lado do pensamento.

Mas eu te garanto – e sou testemunha viva disso: do outro lado existe cura. Existe liberdade. Existe uma nova identidade esperando para ser vivida.

Existe você. De verdade. Pela primeira vez.

Então, se você está pronto para sair da caverna, se está disposto a encarar o espelho mais honesto que já viu... seja bem-vindo a este extraordinário caminho de autodescoberta e empoderamento. Prepare-se para se surpreender com quem você pode se tornar após esta leitura.

E esteja certo de que essa transformação – assim como aconteceu comigo – mudará sua vida para sempre.

Com amor,

– Maíra Cardi Nigro

Introdução

Foi há mais de seis anos que tive a ideia de fazer um filme sobre espírito e ciência. No início, era um curta – algumas entrevistas e animação com bonecos de palito. No entanto, comecei a perceber que havia um interesse maior por fenômenos quânticos e espirituais e que muitos estavam ávidos por uma maneira diferente de ver o mundo e a própria vida. Meus colaboradores, Mark Vicente e Betsy Chasse, compartilhavam dessa visão, e logo estávamos embarcando em um projeto de filme sobre assuntos obscuros, que seria exibido em cinemas de todo o mundo.

Ignorado pela indústria cinematográfica e alvo dos críticos, *Quem somos nós?* encontrou seu público e se tornou um sucesso. Motivados pela popularidade repentina do filme e do livro, meus colegas e eu recebemos as mesmas duas perguntas repetidas vezes: "Você ficou surpreso com o sucesso de *Quem somos nós?* Qual foi a reação a essas obras?".

Acho que nós, os três cineastas, fomos os únicos não surpresos! Em primeiro lugar, sabíamos que havia um segmento grande e underground da sociedade realmente interessado nesse tipo de conteúdo. A vanguarda das descobertas científicas parece exercer um fascínio universal, ao mesmo tempo que a interseção com verdades de longa data do reino místico torna a ciência aplicável à vida cotidiana. Sempre que eu conversava sobre esse material, todos ficavam intrigados: "A física quântica diz isso?!"; "Minhas células fazem o quê?!"; "E-e-eu crio mi-mi-minha experiência?!". Portanto, sabíamos que as pessoas existiam; era apenas uma questão de levar isso até elas.

O que nos conduz ao segundo motivo pelo qual não ficamos surpresos: nós o criamos! Nossa intenção sempre foi tornar esse filme um sucesso nos cinemas, espalhá-lo pelo mundo e, por fim, fazer com que cem milhões de pessoas o vissem. Por que cem milhões? Bem, é um número grande e, durante nossas entrevistas, ficou claro que todas essas mentes focadas em uma nova realidade mudariam alguma coisa. Não sabíamos o que, mas todos nós sentíamos que o planeta precisava de um empurrãozinho...

Portanto, quando todos os distribuidores de filmes nos rejeitaram, decidimos que o universo estava nos obrigando a "fazer o caminho". Nossos filmes e livros contêm muitas informações sobre a criação da realidade, então apenas colocamos essas ideias à prova – nosso pequeno projeto científico. Até o momento, o livro foi distribuído em mais de 35 países e traduzido para coreano, hebraico, holandês, dinamarquês, norueguês, sueco, alemão, italiano, russo, grego, espanhol, francês, turco, croata, romeno, catalão e húngaro. Estamos nos aproximando dos cem milhões.

Então, agora que as ideias sobre a criação da realidade, nossa divindade inata e a consciência estão no mundo, o que o mundo tem a dizer sobre elas? O interessante é que ou as pessoas gostam muito, ou desprezam por completo. Se forem observados os comentários em vários sites, o filme e o livro recebem cinco estrelas ou nenhuma, com pouquíssimas classificações no meio. E, embora não tenhamos ficado espantados com o sucesso, houve algumas surpresas nas reações.

Surpresa nº 1: Pensamos que receberíamos muitas críticas de quem segue uma religião por causa dos comentários sobre determinados aspectos do dogma religioso, especificamente aqueles a respeito do Deus julgador e irado e das noções de céu eterno e inferno sem fim. Com exceção de um piqueteiro em Portland, Oregon, foram pouquíssimas as críticas de grupos religiosos. Na verdade, a maioria das pessoas que se consideram religiosas foram muito atenciosas em seus comentários e acolheram bem outra visão da espiritualidade e de Deus.

Surpresa nº 2: Fomos criticados pela comunidade científica. Há alguns céticos muito vocais e energizados por aí que ficam indignados quando qualquer coisa além da visão de mundo materialista é apresentada. Parece que sugerir que há mais na realidade do que aquilo que os cinco sentidos percebem é ameaçador. Mais adiante, neste livro, entraremos em detalhes no debate sobre o que é "real", mas basta dizer que ficamos chocados com a resposta da comunidade científica. Pensamos (ingenuamente) que ela seria... bem, científica. A maior parte tem sido xingamentos.

Aprendemos muitas coisas divertidas, inesperadas e peculiares ao longo do caminho: mais pessoas no estado do Texas foram ver o filme do que no estado de Nova York. Vai entender. Este livro ficou entre os 25 mais vendidos na Alemanha no verão de 2006. Grupos de estudo se formaram espontaneamente em mais de vinte países.

Depois, há a resposta muito pessoal. Em vez de parafrasear, retirei algumas entradas típicas de nosso livro de visitas (www.whatthebleep.com/guestbook). Estas respostas não solicitadas descrevem melhor o que está acontecendo no mundo alternativo do BLEEP[1].

1. Referência ao título original do filme, *What the Bleep Do We Know!?* (N. E.)

ENVIADO POR PATRICIA GRIMAUD, 54 ANOS, DA CIDADE DE QUEBEC, CANADÁ:

Assisti ao filme original inúmeras vezes e agora estou analisando as entrevistas da nova edição. Também li o livro. Ele realmente me tocou. Limpar o lixo de nossa cabeça e tentar ver o mundo ao nosso redor sob uma "nova luz" apenas reforça nossas necessidades e obrigações pessoais profundas de evoluir e não nos contentar com o "óbvio" ou o *status quo*. O filme e este site estão prestando um serviço maravilhoso ao permitirem que as pessoas entrem em contato umas com as outras. Muito obrigada.

ENVIADO POR TRIXIE MONKS, 27 ANOS, DE LONDRES, INGLATERRA:

Tenho lutado contra a realidade desde os sete anos. Aos dez, denunciei as religiões por serem imprecisas. Vivo minha vida em busca da verdade. A física quântica me ajudou a chegar mais perto da verdade. Quando me formei *magna cum laude* em Física, decidi dedicar o resto de minha vida a abrir as portas da verdade dentro de mim. O filme *Quem somos nós?* tornou-se um ótimo meio para explicar aos outros minha interpretação da realidade e da verdade. Muito obrigada!

ENVIADO POR KATHLEEN WILKS, 48 ANOS, DE WEST VIRGINIA, ESTADOS UNIDOS:

Quando meus filhos me perguntavam "O que é Deus?", eu lhes dizia que Deus é maior e mais do que podemos sonhar ou imaginar. Esse filme validou conceitos que eu sempre carreguei e senti por muitos anos e que, de certa forma, me mantiveram separada do resto do mundo. Como é reconfortante saber que eu estava apenas mantendo a mente aberta. Agradeço a vocês, do fundo do meu coração.

ENVIADO POR JOHN MULHERN, 36 ANOS, DE LA SERENA, CHILE:

Só queria dizer que assisti ao filme e, de imediato, fiquei envolvido por certos aspectos que confirmaram alguns acontecimentos e sentimentos de minha infância que, desde então, "bloqueei". Com o que vi no filme, comecei a me conectar com eles de novo. Devagar, estou despertando mais uma vez. Minha esposa e eu adoramos o filme. Muito obrigado por seu trabalho e sua dedicação.

ENVIADO POR DENIS CÔTÉ, 43 ANOS, DE MONTREAL, CANADÁ:

Sinto que não estou mais sozinho...

Fico sempre impressionado com respostas como essas. Isso mostra o anseio que as pessoas têm de uma nova visão de mundo, além do poder dessas informações – quando estão nas mãos de quem quer seguir em frente.

– WILLIAM ARNTZ, COCRIADOR, *QUEM SOMOS NÓS?* | JANEIRO DE 2007

Algumas palavras dos autores...

Começamos este projeto como se soubéssemos. Acabamos... bem, você sabe o nome do filme...

Portanto, se você estiver no corredor da livraria procurando algum guia que lhe diga "como fazer", elaborado por seres muito avançados que já "fizeram", provavelmente será melhor colocar este livro de volta na prateleira.

No entanto, se você ainda estiver lendo, vamos viajar.

Ou melhor, nós saímos em uma viagem. Percorremos o país entrevistando todas essas pessoas brilhantes para que pudéssemos filmar o que elas tinham a dizer. Na verdade, queríamos registrar o que achávamos que tinham a dizer, mas logo descobrimos que o que elas de fato tinham a dizer era *diferente*. Diferente de algumas de nossas noções, diferente do que nos foi ensinado na escola, diferente do que foi pregado na igreja e diferente do que vemos nos noticiários à noite. E, no final, fomos nós que decidimos. Decidimos, *por nós mesmos*, onde está a verdade e o que experimentar em nossa vida.

WILL ARNTZ (À ESQUERDA) E O CIENTISTA DE RENOME MUNDIAL, DR. ERVIN LASZLO.

Parece haver uma tendência humana de pensar que há uma fórmula mágica, uma técnica esotérica secreta ou uma tradição oculta que, de repente, fará com que tudo funcione. Se existe alguma fórmula fácil como essa, em nossas décadas combinadas de prática espiritual, não a encontramos.

Bom, como parece que não sabemos muito, você pode se perguntar o que estamos fazendo ao escrever um livro. Bem, para muitas pessoas, *Quem somos nós?* apresentou muitas novas ideias e maneiras de ver o mundo. Para outras, o livro pareceu validar o que elas sempre *acharam* que era verdade, mas nunca souberam que alguém pensava dessa forma. Portanto, parte do livro é informativa: aprofundando-se na ciência; depois, há seções que refletem sobre nós mesmos, como percebemos (ou não), o que fazemos e como nossas atitudes afetam nossa experiência e realidade. Também exploramos o que alguns pesquisadores descobriram que pode fornecer uma chave para entender por que fazemos o que fazemos.

E há também a bola de cristal. Muitos de nossos entrevistados são visionários, pioneiros e profetas. Todos nós sentimos que estamos à beira de *alguma coisa* grande. Ao longo da história, as grandes mudanças na forma como as pessoas veem o mundo (ou seja, os paradigmas) foram prenunciadas por visionários que pressentiram a chegada de algo e/ou abriram o caminho. Será que os visionários criaram o novo paradigma, ou será que o novo paradigma voltou no tempo e criou os visionários? Ou uma coisa cria outra, ou, como sugerem alguns novos modelos, não há uma coisa criando outra, apenas um estado de existência mútua em que causa e efeito são substituídos por *ser*?

Isso é um beco sem saída. E, por mais místico que pareça e por mais bizarro que pareça, *há* alguns dados científicos que sugerem que de fato é assim.

WILL ARNTZ

Descobrimos que entrevistar nosso grupo de cientistas, filósofos e místicos é totalmente envolvente. Tanto que, ao final, nossas equipes de filmagem costumavam participar e fazer perguntas. E nessas equipes não havia pessoas familiarizadas com o material. Eram profissionais de cinema que escolhíamos em cada cidade e que, quando expostos a essas ideias e conceitos, não podiam deixar de ficar entusiasmados e começar a se perguntar sobre as possibilidades. E é por *isso* que estamos escrevendo este livro: porque diversas pessoas estão interessadas nesses assuntos. E muitas delas não sabiam que estavam interessadas até sentirem um gostinho. Portanto, se pudermos servir um pouco de "culinária quântica", ficaremos felizes. Que o leitor se divirta com tudo isso, pois é uma verdadeira viagem por coisas incríveis.

MARK VICENTE

Há cinco anos, lembro-me de reclamar para mim mesmo (como fazia com frequência) que Hollywood não estava fazendo os tipos de filme que eu achava que valiam a pena e de que o mundo precisava. Na época, eu era diretor de fotografia, e o que eu realmente queria era encontrar diretores com quem trabalhar na produção de filmes transformadores. Ao longo de todo esse tempo, eu continuava reclamando que o setor cinematográfico era superficial. Um dia, a realidade me atingiu em cheio, e percebi que o trabalho de Hollywood não era fazer filmes que mudassem a vida. Talvez fosse o meu. E, durante todos esses anos, culpei "aquilo" por não atender às minhas exigências. Um tanto arrogante, não acha?

Nunca me ocorreu que, em vez de reclamar disso, eu deveria começar a dirigir – óbvio! Pouco tempo depois, conheci William Arntz, que é provavelmente um dos homens mais corajosos que já vi. Pouquíssimas pessoas realmente fazem o que prometem, como Will fez. Ao lado da talentosa Betsy Chasse, formamos uma parceria criativa que daria origem a esse filme, a este livro e a um novo senso de identidade para cada um de nós. Durante os três anos que foram necessários para a filmagem, vivemos todos os vícios emocionais que você vê no filme, porém – além de mais velhos – nos tornamos mais sábios. Este livro contém mais algumas reflexões que não chegaram a ser incluídas no filme, mas também os mesmos conceitos e as mesmas informações que fizeram dele um grande sucesso. Acredito que esse conhecimento e essas informações alteram a vida. Aproveite nosso vislumbre do futuro da humanidade.

BETSY CHASSE

Quatro anos atrás, eu vivia feliz focada em minhas preocupações materiais. (Que tipo de sapatos eu uso? Que tipo de carro estou dirigindo?) Então, esse filme literalmente caiu no meu colo. Isso é que é o universo lhe enviando uma mensagem! Passei a maior parte dos últimos quatro anos perguntando a todos: "O que isso tem a ver comigo? Como posso usar em minha vida?". Tentar começar a entender a maior parte dessas coisas e, depois, incorporá-las pode parecer muito intenso. Este livro foi uma oportunidade incrível de explicar nossa compreensão do mundo maluco e estranho em que vivemos. Espero que ele ajude você a fazer o mesmo. Trata-se de nossas experiências, jornada e visão de tudo isso. Não tenho a pretensão de ser professora ou guru, mas posso dizer que transformar tudo isso em um filme e, então, escrever estas páginas me mudaram para sempre. Espero que você encontre algumas informações úteis, mas não acredite apenas em nossa palavra. Experimente você mesmo.

AS GRANDES PERGUNTAS

Fazer a si mesmo as perguntas
mais profundas cria novas maneiras
de estar no mundo. Isso traz um pouco
de ar fresco. Isso torna a vida mais
alegre. O verdadeiro truque da vida
não é saber, mas estar no mistério.

– FRED ALAN WOLF

O que é uma grande pergunta? Por que deveríamos nos preocupar? O que a torna tão relevante?

Digamos que uma nave espacial pouse ao seu lado na mesa de centro (o tamanho importa?) e dentro dela esteja *O livro universal de tudo.* E que você possa fazer uma pergunta. Qual é essa pergunta?

Isso pode parecer um pouco bobo, mas vale a pena o esforço. Pare um minuto e pense. O que gostaria de saber? Pode ser qualquer coisa. Vá em frente e escreva em um diário.

Agora, digamos que *O livro* esteja se sentindo um pouco subutilizado ultimamente, e que você tenha uma pergunta bônus. Pense em algo sobre o qual está curioso. Pode ser perguntar se Elvis ainda está vivo ou onde você deixou as chaves do carro. Algo que lhe agrade. Escreva isso também.

E, a essa altura, *O livro* está se sentindo um pouco esgotado, e conseguiu ser *O livro universal de tudo* questionando a todos e obtendo respostas reais. Portanto, a pergunta para você (cuja resposta será adicionada a *O livro*) é:

Qual é a única coisa que você sabe com certeza?

Grandes perguntas – o abridor de latas da consciência

Com exceção de alguns poucos, como Fred Alan Wolf (citado anteriormente), quando somos incentivados a fazer perguntas? A maioria das grandes descobertas e revelações que nossa sociedade valoriza veio de perguntas. Tudo que estudamos na escola veio de *perguntas*, as quais são as precursoras, ou as primeiras causas, de todos os ramos do conhecimento humano. O sábio indiano Ramana Maharshi disse a seus alunos que o caminho para a iluminação se resumia em: “Quem sou eu?”. O físico Niels Bohr perguntou: “Como um elétron pode se mover de A para B e nunca passar pelo meio?”.

De onde viemos?
O que devemos fazer?
E para onde estamos indo?
– Miceal Ledwith

Essas questões nos abrem para o que antes não sabíamos. E elas são realmente a única maneira de chegar lá – ao outro lado do desconhecido.

Por que fazer uma grande pergunta? Trata-se de um convite para uma aventura, uma jornada de descoberta. É emocionante partir em uma nova aventura; há a felicidade da liberdade, a liberdade de explorar um novo território.

Então, por que não fazemos essas perguntas? Porque fazer perguntas abre a porta para o caos, o desconhecido e o imprevisível. No momento em que faz uma pergunta para a qual realmente não sabe a resposta, você se abre para um campo de todas as possibilidades. Está disposto a receber uma resposta da qual talvez não goste ou com a qual não concorde? E se ela o deixar desconfortável ou o tirar da zona de proteção e segurança que você construiu para si mesmo? E se a resposta não for o que você quer ouvir?

Não é necessário ter músculos; é preciso ter coragem para fazer uma pergunta.

Agora vamos considerar o que torna uma pergunta tão relevante. Ela não precisa vir de um livro de filosofia ou ser sobre os grandes problemas da vida. Para você, pode ser: “O que aconteceria se eu decidisse voltar para a faculdade e me formar em uma nova área?”. Ou, então: “Devo dar ouvidos àquela voz que fica me dizendo para ir para a Califórnia ou para a China?”. Ou, ainda: “É possível descobrir o que há dentro de um neutrino?". Fazer qualquer uma dessas perguntas e milhares de outras pode mudar o rumo de sua vida. É isto que é uma grande pergunta: aquela que pode mudar a direção de sua vida.

> A diferença entre mim aos cinco anos e agora é que, aos cinco anos, eu não investia muito emocionalmente no fato de o universo ser de determinada maneira. Estar "errado" nunca foi uma preocupação. Tudo era aprendizado. Agora fico me lembrando disto: na ciência, não existe experimento fracassado. Aprender que o que eu estava testando não funciona é, na verdade, um sucesso.
>
> – Will

Então, mais uma vez, por que não perguntamos a eles? A maioria das pessoas prefere ficar na segurança do conhecido a procurar problemas. Mesmo que se deparem com uma pergunta, o mais provável é que fujam dela, enfiem a cabeça num buraco ou se ocupem rapidamente com outra coisa.

> Quando observo minha filha brincando com qualquer brinquedo ou dispositivo que ela tenha no momento, posso ver a pura alegria em seu rosto enquanto tenta descobrir o que fazer. Ela não fica desanimada; continua tentando até conseguir o que quer. Quando consegue, passa para o próximo desafio, a próxima pergunta.
>
> Eu a observei hoje de manhã tentando descobrir como abrir a trava do armário. Demorou um pouco, mas ela continuou tentando até conseguir. Quando abriu o trinco, a alegria seguinte foi: "Vamos abrir a porta!". Quando a porta se abriu, seu rosto se iluminou de entusiasmo. "Veja o que tem lá dentro! O que é aquilo

ali na prateleira?". Foi uma verdadeira jornada de descobertas, cheia de alegria a cada passo.

O que eu me perguntei, e o que eu perguntaria a você, é: Qual é a *sua* trava? O que *você* deseja saber hoje?

– Betsy

Para a maioria de nós, é preciso uma crise séria para que surjam as grandes perguntas: uma doença que ameaça a vida, a morte de alguém próximo, o fracasso de um negócio ou casamento, um padrão de comportamento repetido e até mesmo viciante que não se consegue abandonar ou a solidão que parece insuportável por mais um dia. Em momentos como esses, as grandes perguntas surgem das profundezas de nosso ser como lava quente. Essas perguntas não são exercícios intelectuais, mas gritos da alma. "Por que eu? Por que ele? O que eu fiz de errado? Depois disso, será que a vida realmente vale a pena ser vivida? Como Deus pôde permitir que isso acontecesse?"

Se conseguíssemos reunir o mesmo tipo de paixão para nos fazermos uma grande pergunta sobre nossa vida *agora*, quando não há crise imediata, quem sabe o que poderia acontecer?

Como disse Dr. Wolf, fazer uma grande pergunta pode abrir novas maneiras de estar no mundo. Ela pode ser um catalisador para a transformação. Crescimento. Superação. Seguir em frente.

A alegria das perguntas

Lembra-se de quando você tinha cinco anos de idade e ficava perguntando: "Por quê?". Seus pais podem ter pensado, depois de um tempo, que você estava fazendo isso simplesmente para deixá-los loucos, mas você queria mesmo saber! O que aconteceu com aquela criança de cinco anos?

Consegue se lembrar da criança de cinco anos que você era? Consegue sentir como era? Isso é importante, pois você, quando tinha cinco anos, adorava estar no mistério. Adorava querer descobrir as coisas. Adorava a jornada. Cada dia era repleto de novas descobertas e novas perguntas.

Então, qual é a diferença entre o passado e o presente?

Boa pergunta!

A diversão e a alegria da vida estão na jornada. Em nossa cultura, fomos condicionados a ver o "não saber" como algo inaceitável e ruim; é uma espécie de fracasso. Para passar no teste, temos de saber as respostas. Mas, mesmo quando se trata de conhecimento factual sobre coisas concretas, o que a ciência *não* sabe excede em muito o que ela *sabe*. Vários dos maiores cientistas examinaram o mistério do universo e da vida em nosso planeta e disseram francamente: "Sabemos muito pouco. Em geral, temos muitas perguntas". Isso com certeza é verdade para os pensadores excepcionais que entrevistamos. Nas palavras do autor Terence McKenna: "À medida que as fogueiras do conhecimento se tornam mais brilhantes, mais a escuridão é revelada aos nossos olhos assustados".

> Descobri que sinto um entusiasmo especial ao perceber que não sei a resposta para alguma coisa. É como chegar à beira de um precipício em minha mente.
>
> Nesse espaço de "nada" ou de não saber, tenho intensa sensação de expectativa. A razão pela qual fico animado é porque cheguei ao limite do que sei, e percebo que, em breve, chegará à minha cabeça uma compreensão que será surpreendente e que não existia em mim no momento anterior.
>
> Será um grande "aha!". Aprendi recentemente que um "aha!" estimula o centro de prazer do cérebro... É evidente que eu sou viciado nessa sensação.
>
> – Mark

JOHN HAGELIN, PH.D.

Cada idade, cada geração tem suas suposições embutidas – que o mundo é plano; que o mundo é redondo. Há centenas de suposições ocultas, coisas que tomamos como certas e que podem ou não ser verdadeiras. Na grande maioria dos casos, essas concepções sobre a realidade – que pertencem ao paradigma ou à visão de mundo predominante – não são precisas. Portanto, se a história serve de guia, muito do que tomamos como certo sobre o mundo atual simplesmente não é verdade.

É ainda mais difícil encontrar uma resposta clara para: "Qual é o significado de minha vida? E o propósito dela?". A resposta a grandes perguntas como essas só pode emergir da jornada da vida. E só podemos chegar a ela pelo caminho do não saber – ou, talvez devêssemos dizer, do ainda-não-saber. Se sempre acharmos que sabemos a resposta, como cresceremos? O que estaremos abertos para aprender?

Um professor universitário visitou o mestre Zen Nan-in para perguntar sobre o Zen. Mas, em vez de ouvir o mestre, o acadêmico continuou falando sobre as próprias ideias.

Depois de um tempo, Nan-in serviu o chá. Ele encheu a xícara de seu visitante até que ela transbordasse. O chá escorreu pelas laterais, encheu o pires, derramou sobre as calças do homem e sujou o chão.

"Você não vê que a xícara está cheia?", explodiu o professor. "Você não pode colocar mais nada!"

"É isso mesmo", respondeu Nan-in calmamente. "E, como esta xícara, você está cheio das próprias ideias e opiniões. Como posso lhe mostrar o Zen sem que primeiro esvazie sua xícara?"

Esvaziar o copo quer dizer abrir espaço para as grandes perguntas. Significa estar aberto, recondicionado para que aceite, por enquanto, o *não* saber. A partir daí, surgirá um conhecimento maior.

Não há problema em não saber a resposta

Há pouco tempo, minha sobrinha de dezesseis anos me enviou um longo e-mail, cuja essência era: "A vida é uma droga. Vejo meu pai chegar em casa do trabalho todos os dias muito chateado. Não quero ficar presa nessa corrida insana, mas não vejo esperança de evitá-la. É assim que a vida é? Qual é o objetivo? Eu poderia muito bem me matar".

"Christina", escrevi de volta, "você pode não achar que esta é uma ótima resposta, mas estou orgulhoso de você. Não posso dizer que você vai resolver seu dilema e encontrar a resposta. Sei que quer respostas, mas às vezes a vida não as fornece imediatamente. No entanto, você está fazendo as perguntas certas, e isso é importante."

– Will

Você está em uma companhia distinta

As pessoas têm feito grandes perguntas há milhares de anos. Sempre houve homens e mulheres que olhavam para as estrelas e se perguntavam sobre o vasto mistério de tudo, ou que observavam a maneira como os indivíduos ao seu redor estavam vivendo e pensavam: *Não há mais nada na vida além disso?*

Os antigos filósofos gregos ponderaram e discutiram as grandes questões. Alguns, como Sócrates e Platão, perguntaram: "O que é a beleza? O que é a bondade? O que é a justiça? Qual é a melhor maneira de governar uma sociedade? Quem é adequado para ser um governante?".

Professores religiosos, místicos e mestres espirituais como Buda, Lao Tsé, Jesus, Maomé, São Francisco, Meister Eckhart, Apolônio de Tiana e muitos outros, em todas as tradições do mundo, fizeram grandes perguntas.

Pessoas com mentes científicas sempre fizeram perguntas. Como isso funciona? O que há lá dentro? As coisas são mesmo como parecem? De onde vem o universo? A Terra é o centro do Sistema Solar? Existem leis e padrões subjacentes ao que acontece na vida cotidiana? Qual é a conexão entre meu corpo e minha mente?

Para os grandes cientistas da história, essas perguntas despertam uma paixão por *entender* que vai além da curiosidade. Eles não são apenas curiosos – eles precisam saber!

RAMTHA

Nunca se pode chegar a uma conclusão sobre a vida. A vida é uma coisa eterna, assim como nós somos uma coisa eterna. Temos que começar a buscar mais significado para o que somos. Bem, o significado do que somos ainda não foi descoberto por nós.

Quando Albert Einstein era um menino, ele se perguntou: "O que acontece se eu estiver andando de bicicleta na velocidade da luz e acender a luz da minha bicicleta? Ela acenderá?". Ele quase enlouqueceu ao se questionar isso por dez anos, mas dessa busca resoluta surgiu a teoria da relatividade. Esse é um ótimo exemplo de como fazer uma pergunta e persistir nela por anos, no desconhecido, até chegar a uma visão completamente diferente da realidade.

Quebra de paradigmas

Uma das grandes vantagens da ciência é a suposição de que o que está correto hoje provavelmente estará errado amanhã. As teorias de ontem serviram de plataformas para subir mais alto, como Sir Isaac Newton quis dizer quando afirmou: "Se tive o privilégio de enxergar mais longe do que outros, é porque me apoiei nos ombros de gigantes".

Apenas fazendo perguntas, desafiando as suposições e as "verdades" tidas como certas em determinado momento é que a ciência progride. E se isso fosse verdade sobre nossa vida pessoal, nosso crescimento e progresso individuais?

Adivinhe só! Isso é verdade. Quando você se libertar de suas suposições sobre si mesmo, crescerá mais do que jamais imaginou ser possível.

Traga-a para casa

Refletir sobre as grandes perguntas é uma maneira maravilhosa de passar um "tempo de qualidade" com sua mente. Quando foi a última vez que levou sua mente a uma viagem louca de mistério? Tentou chegar ao outro lado do infinito?

Fazer perguntas também tem um enorme valor prático. É a porta de entrada para a mudança.

Por exemplo, já se perguntou, como Joe Dispenza: "Por que continuamos a recriar a mesma realidade? Por que continuamos a ter os mesmos relacionamentos? Por que continuamos a ter os mesmos empregos? Nesse mar infinito de potenciais que existem ao nosso redor, por que continuamos recriando as mesmas realidades?".

Todas as manhãs, fico em frente ao espelho e tento fazer a mim mesma uma grande pergunta. "O que eu não sei e quero saber?" Esta manhã foi: "Quero saber se sou realmente capaz de sentir amor incondicional".

Essa não é apenas uma ideia abstrata para mim. O amor incondicional é prioridade para mim – é como quero ser, pelo menos para meu marido e minha filha –, mas, sendo honesta comigo mesma, não sei se já o senti de verdade.

– Betsy

Ou, como disse Einstein, uma das definições de insanidade é fazer as mesmas coisas repetidas vezes e esperar um resultado diferente.

É aí que entram as grandes perguntas. Elas são *grandes* porque nos abrem para uma realidade maior, uma visão maior e opções maiores. E elas vêm na forma de *perguntas* porque vêm do outro lado do conhecido. E, para chegar lá, é preciso mudar.

FAZENDO PERGUNTAS

Reflita um pouco sobre isto...

Uma observação sobre esta seção: várias dessas perguntas podem ser respondidas facilmente por muitos de nós. O truque é não olhar apenas para o óbvio, mas para o não óbvio – o subconsciente. O lugar para o qual não olhamos com muita frequência, se é que olhamos. Ao considerar as perguntas aqui, lembre-se de olhar para dentro de si mesmo. Pense em coisas que você pode ter aprendido quando jovem. O medo, por exemplo. O medo de cães permeia sua consciência de outras formas? Reserve um tempo para refletir. Não há ninguém no fundo da sala com um cronômetro!

- Você se lembra de suas três primeiras perguntas do início do capítulo? Quais são elas agora?
- Uma nave espacial aterrissa ao seu lado e, dentro dela, está *O livro universal de tudo.* Você recebe uma pergunta bônus, apenas para se divertir. Qual é?
- E o bônus: voltamos ao ponto de partida? Ou seguimos?

Lembre-se dessas questões ao ler este livro. Elas certamente evoluirão à medida que você evoluir. Essa é a parte divertida! Mantenha um diário para poder observar a própria evolução.

Todas as grandes coisas são
alcançadas com um coração leve!

– Ramtha

CIÊNCIA E RELIGIÃO: O GRANDE DIVÓRCIO

Na lógica formal, uma contradição é o sinal de derrota, mas, na evolução do conhecimento real, ela marca o primeiro passo no progresso em direção à vitória.

– Alfred North Whitehead

O espírito e a ciência são as duas grandes abordagens da humanidade para a verdade. Ambos buscam a verdade sobre nós e nosso universo; ambos procuram respostas para as grandes perguntas. São dois lados da mesma moeda.

Unidos em sua origem

Nossa civilização mais remotamente conhecida, a antiga Suméria (3800 a.C.), via a busca pela compreensão do mundo ao nosso redor e do mundo espiritual como a mesma coisa. Havia um deus da astrologia, um deus da horticultura e um deus da irrigação. Os sacerdotes do templo eram os escribas e tecnólogos que investigavam esses campos de conhecimento.

Os sumérios conheciam o ciclo de 26 mil anos, a precessão dos equinócios, a mutação de plantas para produzir frutas

No sentido místico da criação ao nosso redor, na expressão da arte, em um anseio por Deus, a alma evolui e encontra a realização de algo implantado em sua natureza. A busca pela ciência [também] surge de um esforço que a mente é impelida a seguir, um questionamento que não será suprimido. Seja nas buscas intelectuais da ciência, seja na procura mística do espírito, a luz acena à frente, e o propósito que surge em nossa natureza responde.

– Sir Arthur Eddington, astrofísico, em *The Nature of the Physical World* [A natureza do mundo físico]

e vegetais e um sistema de irrigação que alimentava todo o "crescente fértil" (bacia dos rios Tigre/Eufrates).

Avance três mil anos até a Grécia Antiga. Os filósofos estavam fazendo grandes perguntas como: "Por que estamos aqui? O que devemos fazer com nossa vida?". Eles também desenvolveram a teoria do átomo, estudaram os movimentos celestes e buscaram princípios universais de comportamento ético.

Por milhares de anos, o único estudo dos céus foi a astrologia. Da astrologia surgiu a astronomia moderna. Da astronomia vieram a matemática e a física. A alquimia – busca pela transmutação e imortalidade – deu origem à ciência da química, que mais tarde se especializou em física de partículas e biologia molecular. Atualmente, a busca pela imortalidade é conduzida pelos bioquímicos do DNA.

Nas maiores culturas do mundo antigo, havia uma escada entre o humano e o divino. A Terra e o cosmos eram personificados. As pessoas sentiam que participavam de um grande mistério cósmico. Sentia-se o divino como iminente no mundo material. A natureza e o cosmos eram revestidos da presença divina. Cerimônias como as realizadas em Stonehenge... conectavam a Terra ao céu e fortaleciam o senso de participação em uma realidade divina.

– Anne Baring

Um mundo vivo

O mundo em que as pessoas acreditavam antes da Revolução Científica estava *vivo*. Na China, via-se o mundo como uma interação dinâmica de forças energéticas que estão constantemente em fluxo. Nada é fixo e estático; tudo está fluindo, mudando ou nascendo para sempre.

As pessoas no Ocidente acreditavam que o mundo expressava a vontade e a inteligência de um Criador

Divino. Suas partes estavam ligadas em uma "Grande Cadeia do Ser", que se estendia de Deus, passando pelos anjos, até o homem, os animais, as plantas e os minerais, todos com seu devido lugar em um todo vivo. Nada estava sozinho; cada parte relacionava-se a todas as outras.

Os povos nativos de todos os continentes viviam em um relacionamento harmonioso com seus arredores – os animais e as plantas, o Sol e a chuva, a Terra viva. Muitas vezes, eles expressavam essa percepção encontrando "espíritos" em montanhas, riachos e bosques de árvores, e baseavam sua religião e sua ciência no aprendizado de viver de uma forma que agradasse a esses espíritos da Terra e do céu.

O objetivo da ciência em todas essas culturas era obter conhecimento para harmonizar a vida humana com as grandes forças do mundo natural e os poderes transcendentes que todas as culturas percebiam por trás do mundo físico. As pessoas queriam saber como a natureza funciona, não para controlá-la e dominá-la, mas para viver de acordo com seu fluxo e refluxo. Como o físico e filósofo Fritjof Capra escreveu em *O ponto de mutação*:

> Desde a época dos antigos, os objetivos da ciência eram a sabedoria, a compreensão da ordem natural e a vida em harmonia com ela. A ciência era buscada "para a glória de Deus" ou, como diziam os chineses, para "seguir a ordem natural" e "fluir na corrente do Tao".

Tudo isso mudou radicalmente a partir de meados do século 16.

Quando jovem, eu refletia muito sobre Deus. Disseram-me que Deus estava além de mim e que era um mistério que jamais poderia ser compreendido. Por ser arrogante e curioso, decidi que eles estavam errados. Eu achava que tinha de haver um jeito. Quando descobri a ciência em minha adolescência, fiquei muito entusiasmado. Embora soubesse que a ciência estava estudando os efeitos colaterais de uma ordem superior, senti que as coisas que aprendi se aproximavam mais da maravilha da vida do que muitos dos momentos áridos que vivi quando criança na igreja. Quando descobri a mecânica quântica, estava no céu! (Perdoe-me o trocadilho.) Eis uma linguagem que eu achava que poderia começar a explicar o divino, e a ideia do observador poderia sugerir que o divino somos nós. A ciência e o espírito não são tão diferentes. São disciplinas diferentes que tentam entender a mesma coisa.

– Mark

Desafiando o poder da Igreja

Na Europa medieval, a Igreja ocupava uma posição de poder supremo. Criadora de reis, proprietária de terras e fornecedora da verdade, a Igreja tomou para si a responsabilidade de ser a única conhecedora de tudo. Seu dogma era lei, e seu poder, absoluto. Ela não apenas legislava a maneira como o mundo espiritual funcionava, em termos de céu, inferno e purgatório, mas também dizia ao universo físico como se comportar.

Em 1543, Nicolau Copérnico teve a audácia de desafiar a Igreja e a Bíblia. Ele publicou um livro sugerindo que o Sol, e não a Terra, era o centro do nosso universo. A Igreja fez a coisa mais lógica quando confrontada com a noção de que poderia estar errada: proibiu seus seguidores de ler o livro. Ela colocou a obra em seu "Índice" de livros proibidos e, notavelmente, não a removeu até 1835!

Por sorte, Copérnico morreu de causas naturais antes que a Igreja pudesse capturá-lo. Dois cientistas que apoiaram seu trabalho não se livraram tão fácil. Giordano Bruno confirmou os cálculos de Copérnico e especulou que o Sol e seus planetas poderiam ser apenas um dos muitos sistemas desse tipo em um universo sem fim. Por essa terrível blasfêmia, Bruno foi levado à Inquisição (que *ainda* é um departamento da Igreja), condenado como herege e queimado até a morte.

Galileu Galilei também apoiou o modelo de Copérnico e foi chamado perante a Inquisição, mas, como era amigo pessoal do papa, ficou apenas em prisão domiciliar (aos setenta anos) até sua morte. É bom ter amigos em posições de destaque.

Galileu é frequentemente chamado de "pai da ciência moderna" porque foi o primeiro a basear seu trabalho nos dois pilares que caracterizam o empreendimento científico desde então: a observação empírica e o uso da matemática.

Devido às descobertas de Galileu no início dos anos 1600, o conhecimento não era mais propriedade do sacerdócio. Sua validade não seria baseada em autoridades antigas ou hierarquias eclesiásticas. Em vez disso, o conhecimento deveria ser obtido por meio de investigação e observação

MICEAL LEDWITH

A disputa entre ciência e espírito nos afeta hoje porque os cientistas nesse tipo de debate sabem muito pouco sobre os verdadeiros ensinamentos do espírito. Eles pegam os personagens que encontram em todos os púlpitos do país e os consideram espírito científico quando, na verdade, são apenas uma versão da ciência do espírito. E, infelizmente, os religiosos também não conhecem sua ciência, então os dois lados estão atirando em alvos cruzados. Essas são duas maneiras complementares de ver a realidade.

abertas, e validado por princípios acordados, que logo ficaram conhecidos como *método científico.*

> Passei a maior parte da minha vida fugindo de questões complexas. Acordar preocupada com os sapatos que iria usar era minha rede de segurança. Nunca consegui me conformar com a ideia de um cara lá no céu me julgando, e nunca aceitei de todo o coração a ideia de que vim de um macaco. Sempre me pareceu que deveria haver algo mais. Mas era algo muito grande para que eu, pequena, pudesse considerar. Então, por muito tempo, deixei isso para "as pessoas mais inteligentes". Agora percebo que, a menos que eu acorde e me torne participante desse diálogo, a ciência e a religião continuarão em seus caminhos de elitismo, dogma e poder. Acho que elas precisam de um bom terapeuta de relacionamento: nós!
>
> – Betsy

Os cientistas não travaram batalhas com a Igreja. Eles sabiam que isso era inútil e perigoso. Em vez de tentar formular leis matemáticas sobre Deus, a alma ou mesmo a natureza e a sociedade humanas, eles restringiram suas atividades à investigação dos mistérios da matéria.

Por sua vez, a Igreja fez tudo o que estava ao seu alcance para bloqueá-los, para impedir a disseminação de ideias que pudessem ameaçar sua autoridade. Mas o que a Igreja temia foi exatamente o que aconteceu. À medida que os cientistas perseveravam na aventura das descobertas, enviavam de volta expedições das fronteiras do conhecido e usavam o crescente corpo de conhecimento para criar tecnologias cada vez mais poderosas. Além disso, o encanto do empreendimento científico atraía cada vez mais apoio.

Descartes divide a mente do corpo, a humanidade da natureza

René Descartes, filósofo e matemático francês do século 17, ampliou a distância entre a ciência e o espírito. "Não há nada incluído no conceito de corpo que pertença à mente", disse ele, "e nada no conceito de mente que pertença ao corpo."

E assim a divisão foi feita. A mesma moeda (realidade) foi dividida ao meio. Se o espírito e a ciência estavam se divorciando, Descartes era o advogado que tornava isso palatável.

Embora Descartes acreditasse que tanto a mente quanto a matéria tivessem sido criadas por Deus, ele as via como diferentes e separadas. A mente humana era um centro de inteligência e razão, projetado para analisar e compreender. O domínio próprio da ciência era o universo material – a natureza – que ele via como uma máquina que operava de acordo com leis que podiam ser formuladas matematicamente. Para Descartes, um grande amante de relógios e brinquedos mecânicos, todas as coisas na natureza, não apenas objetos inanimados como planetas e montanhas, compartilhavam essa natureza mecânica. Todas as operações do corpo também poderiam ser explicadas em termos do modelo mecânico. Ele escreveu: "Considero o corpo humano uma máquina". A separação da mente e do corpo que Descartes transformou em uma regra fundamental da ciência causou inúmeros problemas, como veremos.

Francis Bacon e o domínio da natureza

Francis Bacon, um filósofo/cientista britânico, também foi muito importante no estabelecimento do método científico, que pode ser esquematizado da seguinte forma:

Hipótese → pesquisa e experimentação → tirar conclusões gerais → testar essas conclusões por meio de pesquisas adicionais

É claro que esse método resultou em enormes avanços para a humanidade, desde o puro deleite de uma maior compreensão da natureza até melhorias em saúde, engenharia, agricultura etc., até os primeiros passos da exploração espacial. Mas isso é apenas metade da história.

Como Fritjof Capra apontou, Bacon via o empreendimento científico em termos que eram "muitas vezes perversos". A natureza tinha que ser "perseguida em suas andanças", "colocada a serviço" e "transformada em escrava". O trabalho do cientista era "torturar os segredos da natureza". Infelizmente, essa atitude que buscava extrair conhecimento para controlar e dominar a natureza (descrita como "ela") tornou-se um princípio orientador da ciência ocidental. Bacon resumiu isso em uma frase que todos nós aprendemos na escola: "Conhecimento é poder".

Modelo clássico de Newton

A pessoa que com mais frequência associamos à formulação da visão de mundo científica é Sir Isaac Newton, e o modelo mecanicista do mundo costuma ser chamado de "física newtoniana" ou "modelo newtoniano". Esses termos são justificáveis, pois Newton deu passos gigantescos além de seus predecessores, sintetizou suas ideias e seus métodos e os fez avançar muito. As conclusões a que ele chegou e as provas matemáticas que forneceu foram tão poderosas que, por quase trezentos anos, cientistas de todo o mundo se convenceram de que elas descreviam precisamente como a natureza funciona.

DANIEL MONTI, M.D.

No século 17, saímos de um período em que víamos o universo como uma entidade viva e vibrante para a visão do mundo como uma máquina. Descartes e Newton consolidaram esse conceito, usando a ciência e a matemática para descrever um mundo não vivo de objetos inanimados. Eles fizeram alguns cálculos muito bonitos e aprimoraram nossa compreensão dos sistemas não vivos. Descartes via o mundo como uma máquina. Ele tinha muito interesse em relógios. O problema é que ele e os outros primeiros cientistas aplicaram o modelo de um relógio ou de um soldadinho de corda aos sistemas vivos. A ideia era que, se compreendêssemos bem o suficiente as partes, os diferentes componentes do sistema, entenderíamos como todo o sistema funciona. Isso pode ser verdade em um relógio, mas o problema é que não somos uma máquina, um relógio ou um soldadinho de chumbo.

Newton, assim como Descartes, via o mundo como uma máquina, operando no espaço tridimensional, com eventos (como os movimentos das estrelas ou a queda de maçãs) ocorrendo no tempo. A matéria era sólida, com partículas minúsculas em seu núcleo; essas partículas, bem como objetos gigantes como planetas, moviam-se de acordo com as leis da natureza, como a força da gravidade, que podia ser descrita com tal precisão matemática que, se conhecêssemos as condições iniciais de qualquer objeto – como o paradeiro de um planeta e a velocidade e o padrão de sua órbita –, poderíamos prever seu futuro com absoluta certeza. A ligação feita por Newton entre dois eventos tão díspares – a queda de uma maçã e o movimento de um planeta – foi totalmente revolucionária. A ligação foi mediada por uma "força" – nesse caso, a gravidade.

A abordagem mecanicista logo foi aplicada a todas as ciências: astronomia, química, biologia e assim por diante. Com poucas variações (como uma visão mais sofisticada do nível atômico da realidade), esse é o mundo no qual todos nós fomos educados para acreditar.

A filosofia está escrita nesse grande livro – o universo –, que está continuamente aberto ao nosso olhar. Mas o livro não pode ser entendido a menos que se aprenda primeiro a compreender a linguagem e a interpretar os caracteres em que está escrito. Ele está escrito na linguagem da matemática, e seus caracteres são triângulos, círculos e outras figuras geométricas. Sem isso, a pessoa fica vagando em um labirinto escuro.

– Galileu Galilei

Newton e a religião

Considere o seguinte: por mais revolucionários que Newton e seus colegas tenham sido em seu trabalho, quando se tratava de religião, eles não questionavam a visão de mundo dominante de sua época. Eles estavam imersos nela. Embora tenham sido responsáveis pelo início de um novo paradigma radical que desafiaria e derrubaria entendimentos que haviam perdurado por séculos, eles viveram suas vidas pessoais em meio ao mundo medieval no qual nasceram.

Como outras pessoas, acreditavam que Deus era o mestre arquiteto e construtor do mundo. Newton escreveu em sua principal obra científica, *Principia Mathematica*:

Esse belíssimo sistema de Sol, planetas e cometas só poderia resultar do conselho e do domínio de um ser inteligente e poderoso. Esse Ser governa todas as coisas, não como a alma do mundo, mas como Senhor de tudo. Ele é eterno e infinito, onipotente e onisciente... Ele governa todas as coisas e conhece todas as coisas que existem ou podem existir...

Não sei por que há um corpo em nosso sistema qualificado para fornecer luz e calor a todos os outros; não sei o motivo, mas o autor do sistema achou conveniente.

Se a ciência e o espírito estão investigando a natureza da realidade ilimitada – e, obviamente, quanto mais ilimitada ela for, mais próxima da realidade –, então eles devem acabar se cruzando. As escrituras mais antigas conhecidas, os Vedas, falam sobre o mundo físico como ilusão, *maya*. A física quântica diz que a realidade não é a forma como a vemos; ao contrário, ela é, na melhor das hipóteses, em sua maior parte vazia, mas mais parecida com ondas de nada insubstancial.

Os budistas tibetanos falam sobre tudo como "origem interdependente". Na física, existe o emaranhamento, que diz que todas as partículas estão conectadas e têm estado desde o Big Bang (onde elas se emaranharam). E, de forma mais poética, temos no Zen seu famoso *koan*: "Qual é o som de uma mão batendo palmas?" – ecoado pela pergunta da física: "Como uma partícula pode estar em dois lugares ao mesmo tempo?".

Os profissionais de ambos os lados se aprofundaram em suas respectivas disciplinas, mas a história do progresso humano mostra que a evolução ocorre com a inclusão de áreas de estudo cada vez mais amplas e sua integração.

Qual é o som de dois adversários se beijando?

– Will

Como se estivesse preparando as eras vindouras contra a filosofia materialista que dominaria o pensamento ocidental em nome da mecânica newtoniana, Sir Isaac escreveu: "O ateísmo é tão sem sentido e odioso para a humanidade que nunca teve muitos professores".

Um divórcio amargo

Foram apenas as gerações posteriores de cientistas, concentrados na máquina do mundo, que descobriram que não precisavam de Deus ou da espiritualidade. Livres das restrições do dogma religioso, os cientistas reagiram com vingança, proclamando que tudo o que não é visto e não é mensurável é fantasia e ilusão. Muitos se tornaram tão dogmáticos quanto as autoridades da Igreja, declarando com a certeza hipócrita de que somos estritamente pequenas máquinas rodando em um universo de máquinas previsíveis governadas por leis imutáveis.

Dogma: o ponto de vista, o princípio ou a opinião autorizada de uma igreja com relação à fé ou à moral.

Os seguidores de Darwin deram o golpe final no triunfo materialista. Não apenas Deus não existe e, portanto, não há inteligência criativa guiando o desenvolvimento da vida intergaláctica, como nós mesmos, outrora no centro do mundo, não passamos de mutações aleatórias, portadoras da busca incessante do DNA por mais, em um universo sem sentido.

Esperança de reconciliação?

A separação entre mente e corpo, que Descartes transformou em uma regra fundamental da ciência e na qual a descoberta científica acreditou por centenas de anos, causou inúmeros problemas. Ao ver o mundo fora de nossas mentes como nada além de matéria sem vida, operando de acordo com leis previsíveis e mecânicas e desprovido de qualquer qualidade espiritual ou animada, ele nos separou da natureza viva que nos sustenta. E forneceu à humanidade uma desculpa perfeita para explorar todos os "recursos naturais" para nossos fins egoístas e imediatos, sem nenhuma preocupação com outros seres vivos ou com o futuro do planeta.

E o planeta sofreu. Despojado de recursos e de pureza, nosso lar poluído começou a girar em direção à beira da extinção.

À medida que a ciência se aprofundava ainda mais em seu universo morto, ela se deparou com um mistério e o desvendou. Nos primeiros anos do século 20, o domínio do materialismo estava sendo rompido por cientistas como Albert Einstein, Niels Bohr, Werner Heisenberg, Erwin Schrödinger e outros fundadores da teoria quântica, que disseram ao mundo: "Investigue a matéria, e ela desaparecerá e se dissolverá em energia insondável". Se seguirmos Galileu e o descrevermos matematicamente, descobriremos que não se trata de um universo material de forma alguma! O universo físico é, em essência, não físico e pode surgir de um campo mais sutil do que a própria energia, um campo que se parece mais com informação, inteligência ou consciência do que com matéria.

Dois lados da mesma moeda

Nesta data tardia, a moeda continua dividida, com a religião de um lado e a ciência do outro. Por quê? Não porque a realidade esteja dividida, mas porque os adeptos de sua visão de mundo são *pessoas*. Você se lembra do motivo pelo qual as pessoas não fazem grandes perguntas? Porque a resposta que elas recebem pode não ser a que elas querem que seja.

E se a mente e a matéria não estiverem separadas? E se houver ciclos de *feedback* observáveis entre os dois? Estamos no século 21, mas a ciência dominante ainda se recusa a olhar para isso.

Dr. Dean Radin, cientista-chefe do Institute of Noetic Sciences, vem investigando os fenômenos psíquicos com estrita adesão ao método científico. Mesmo assim, ele ainda encontra resistência na comunidade científica convencional.

Como diz Dr. Radin:

Eles [cientistas tradicionais] têm crenças pessoais e particulares que se desenvolveram devido à sua experiência, mas não falam sobre isso em público porque, pelo menos no mundo acadêmico, não se deve falar sobre isso. E essa é uma das poucas áreas do mundo acadêmico em que esse tabu não só é forte, mas persiste há pelo menos um século. Conheço muitos, muitos colegas acadêmicos... pessoas ilustres em suas áreas – em psicologia, neurociência cognitiva, neurociências básicas, física... – que, em particular, têm muito, muito interesse em... fenômenos psíquicos. Algumas delas estão obtendo resultados bem-sucedidos em seus experimentos. Bem, por que não estamos ouvindo sobre isso? Porque a cultura do mundo acadêmico diz que não se pode falar sobre isso.

A PARTÍCULA DE HIGGS

A partícula de Higgs é uma partícula teoricamente prevista que dá massa a todas as outras partículas do universo. Há décadas, os cientistas vêm construindo aceleradores de partículas maiores para encontrá-la, pois ela é uma partícula pesada (maciça). Eles não conseguem encontrar a partícula de Higgs porque ela tem muita massa e dá massa às partículas. Então, o que dá massa à partícula de Higgs? Isso parece um pouco estranho para mais alguém? Talvez eles devessem estar procurando uma partícula de "informação", uma partícula que informe as partículas quanto ao seu estado (massa, carga, spin...).

Portanto, estamos vivendo a parábola da roupa nova do imperador. Quero dizer, mesmo nesse ponto, o tabu é tão forte que não se deve nem mesmo falar sobre ele. É como um projeto altamente secreto do governo cujo simples fato de existir já o torna secreto. Bem, o tabu é secreto; ninguém deve falar sobre ele. Quando o tabu é abordado, esse é o primeiro estágio para dissolvê-lo e, nesse ponto, você encontrará um enorme interesse em estudar essas coisas na ciência convencional.

Que perguntas você quer que sejam respondidas?

E então?

A oração promove a cura? Você é capaz de afetar a realidade física com sua mente? Pode perceber coisas fora do espaço/tempo? Um ser pode andar sobre a água? A partícula de Higgs existe?

O quê?

A física teórica de partículas prevê a existência da partícula de Higgs – a partícula que dá massa a outras partículas. Centenas de milhões de dólares estão sendo gastos na construção de aceleradores mais potentes para encontrá-la. No entanto, achamos que a maioria dos cidadãos do planeta Terra preferiria saber as respostas às quatro primeiras perguntas.

Com certeza, responder a essas quatro primeiras perguntas teria um impacto enorme (sem trocadilho) na forma como vemos a nós mesmos e o mundo. Muito mais do que encontrar mais uma partícula. Mas o mundo estabelecido da ciência não quer olhar para algo considerado "fora de seu domínio". Engraçado, porque é daí que vêm as descobertas.

Então, quem sequestrou a busca pela verdade agora?

Dois lados da mesma moeda.

Primeiro a Igreja, e agora o novo sacerdócio – os cientistas.

FAZENDO PERGUNTAS

Reflita um pouco sobre isto...

- Você sequestrou a própria busca pela verdade?
- O que significa espiritualidade para você?
- Qual é a diferença, se houver, entre um dogma e uma lei natural?
- Quais são os dogmas na própria vida?
- Como eles determinam a forma como você percebe a si mesmo e a sua realidade?
- Você usa o método científico na própria vida?
- Como a divisão entre ciência e religião afetou sua vida?
- Qual é a diferença entre ciência e religião?
- Como o dualismo afetou a maneira como você percebe a si mesmo e a realidade?
- Você vive como se estivesse separado da natureza e de todos os outros, ou se sente verdadeiramente conectado?
- Com que frequência se sente como um lagarto? Você pode deixar crescer uma cauda?

MUDANÇA DE PARADIGMA

Estou procurando muitos homens que tenham uma capacidade infinita de não saber o que não pode ser feito.

– Henry Ford

Um paradigma é como uma teoria, mas um pouco diferente. Uma teoria é uma ideia que se propõe a explicar como algo funciona, como a teoria da evolução de Darwin. Ela deve ser testada, provada ou refutada, apoiada ou desafiada por experimentos e reflexões. Um paradigma, por outro lado, é um conjunto de suposições implícitas que não foram feitas para serem testadas; na verdade, são essencialmente inconscientes. Fazem parte de nosso *modus operandi* como indivíduos, cientistas ou sociedade.

Um paradigma nunca é questionado porque ninguém pensa sobre ele. É como ver as coisas pelo lado positivo *o tempo todo*. Essa é a realidade em que vivemos. Todas as nossas percepções vêm por meio dessa estrutura; e nesse sistema estão todas as coisas que tomamos como certas. Nunca as questionamos – nem sequer nos damos conta delas –, até que nos deparamos com algo que faz tudo mudar, mostrando o mundo bem diferente.

> Você já fez biscoitos de Natal usando um cortador de biscoitos? Independentemente dos ingredientes, todos eles saem do forno com a mesma aparência.
>
> – Will

Paradigmas e sistemas de crenças

Outra maneira de entender um paradigma é como um sistema de crenças. Se já tentou definir qual é o seu sistema de crenças, o que você valoriza e acredita, sabe como isso é difícil. Talvez algumas das questões sobre as quais você pensou conscientemente não sejam tão difíceis – você pode acreditar na importância da família, da amizade, dos exercícios físicos, de uma dieta saudável; pode ter motivos para crer que sua filiação política é a mais sensata, e assim por diante. Mas há dezenas, talvez centenas de crenças inconscientes e não examinadas que regem sua vida a partir dos níveis subterrâneos da consciência sombria – crenças sobre seu valor e sua competência, por exemplo, ou se as pessoas são confiáveis ou não – que foram depositadas na infância e continuam a determinar como você se relaciona com o mundo.

Um paradigma é como o sistema de crenças inconsciente de uma cultura. Vivemos e respiramos essas crenças, e pensamos e interagimos de acordo com elas.

> Ao entender quais paradigmas governam minha vida, posso começar a ver como criei as situações em minha trajetória. Fazer esse filme e escrever este livro quebrou um enorme paradigma inconsciente meu, aquele que me fez pensar: *Não sou tão inteligente assim!* Nunca pensei em mim como uma pessoa capaz de entender qualquer um desses conceitos. Claro, eu era experiente e habilidosa e conseguia me movimentar no mundo e ter sucesso. Mas eu não era "inteligente nos livros". Na minha primeira semana de trabalho nesse filme, Will e Mark me entregaram cerca de vinte livros e disseram: "Comece a ler, porque você vai ligar para esses cientistas e convencê-los a participar do nosso filme". Demorou um pouco para que eu parasse de dizer a mim mesma

que não conseguiria fazer isso. Era meu trabalho – eu tinha que fazer. Quando desisti de controlar minhas limitações, mergulhei de cabeça. Mesmo agora, isso ainda pode me assombrar, mas então eu apenas repito: "Sou genial!".

– Betsy

O antigo paradigma científico não está funcionando

Praticamente todos os dias, surgem novas informações científicas que não podem ser explicadas usando o modelo newtoniano clássico. A teoria da relatividade, a mecânica quântica, a influência dos pensamentos e das emoções em nossos corpos, as chamadas "anomalias" como PES, a cura mental, a visão remota, pessoas servindo como médiuns e canais, experiências de quase morte e fora do corpo – tudo isso aponta para a necessidade de um modelo diferente, um novo paradigma que inclua todos esses fenômenos em uma teoria mais abrangente de como o mundo funciona.

Não se trata apenas do fato de o modelo antigo ser insuficiente para responder às perguntas que a nova pesquisa apresenta. Um problema ainda mais sério é que o modelo antigo não fez o suficiente para livrar a vida humana do sofrimento, da pobreza, da injustiça e da guerra. De fato, pode-se argumentar que muitos desses problemas *pioraram* por causa do modelo mecânico que há muito tempo domina nossa maneira de ver o mundo.

As mudanças de paradigma também ocorrem em escala humana. Pode ser algo tão simples quanto acordar de repente e perceber algo sobre nós mesmos que sempre esteve lá, mas que nunca vimos antes. Por exemplo, descobri recentemente um dos motivos de meu apetite voraz por conhecimento. Ele nasceu não apenas da curiosidade, mas também de uma grande dose

> de medo. Lembro-me de quando era criança e tinha medo de muitas coisas. Talvez como uma forma de combater meus sentimentos de insegurança e incerteza, decidi aprender o máximo possível sobre as coisas para tentar criar um modelo "previsível" da realidade. Dessa forma, pensei que poderia prever qualquer eventualidade que pudesse causar dor. Portanto, era uma situação triste. Eu vivia em um estado constante de medo devido à minha interpretação dos eventos que ocorreram na infância. Recentemente, porém, ocorreu-me que, se eu não tivesse esse medo, nunca teria tido minha obsessão pelo conhecimento. Naquele momento de realização, senti-me grato por todas aquelas experiências "difíceis". Minha visão e versão do passado foram alteradas para sempre. Isso é o que chamo de mudança de paradigma. Novos olhos vendo uma situação antiga.
>
> – Mark

Repercussões do paradigma newtoniano

O modelo materialista da realidade deixou há muito tempo as fileiras da "teoria" para se tornar a base implícita de todo pensamento e pesquisa. Ele regeu a investigação científica e a abertura do mundo científico para o que é possível ou impossível por quatrocentos anos. Ele nos diz que o universo é um sistema mecânico composto de "blocos de construção" sólidos, materiais e elementares. E afirma que o que é real é o que é *mensurável*; e o que é *mensurável* é apenas aquilo que podemos perceber com nossos cinco sentidos e qualquer extensão mecânica deles. Também pressupõe que a única abordagem válida para obter conhecimento é banir todos os sentimentos e a subjetividade e tornar-se racional e objetivo.

Essa maneira de se relacionar com o mundo divide a totalidade da vida humana em mente e corpo. Declara indignos os sentimentos, as paixões, a intuição e a imaginação. Ela objetifica a natureza e nos separa dela. Nessa visão, a natureza se torna "recursos" a serem controlados e explorados, em vez de um sistema vivo orgânico que deve ser cuidado e sustentado.

De acordo com o paradigma científico atual, vivemos em um universo mecânico que é um universo morto. É o mundo da máquina. Uma inteligência viva pode tê-lo estabelecido e colocado em movimento (como Newton e os primeiros cientistas acreditavam firmemente), mas agora ele é mecânico e previsível. Dado qualquer conjunto de condições iniciais, o resultado é determinado. Os efeitos são inevitáveis.

Agora, mesmo que o movimento dos planetas seja previsível, como a queda de pedras e maçãs, e que o comportamento e o relacionamento dos objetos no mundo material sejam quantificáveis (e veremos mais tarde que a física quântica desafiou esses termos), dizer que isso é verdade para a vida humana é humilhante e entorpecente. Aonde esse tipo de vida leva? Se não há liberdade, se o caminho a partir de onde quer que estejamos é completamente determinado, então do que se trata a vida? Não há lugar para a consciência ou o espírito, para a liberdade e a escolha, nesse modelo.

DEAN RADIN, PH.D.

Do ponto de vista clássico, somos máquinas, e nas máquinas não há espaço para a experiência consciente. Não importa se a máquina morre; você pode matar a máquina, jogá-la na lixeira... não importa. Se o mundo é assim, então as pessoas se comportarão dessa maneira. Mas há outra maneira de pensar sobre o mundo, que é... apontada pela mecânica quântica, que sugeriu que o mundo não é um relógio, mas sim um organismo. É uma coisa organísmica altamente interconectada... que se estende pelo espaço e pelo tempo. Portanto, de um ponto de vista muito básico relacionado à moral e à ética, o que eu penso afeta o mundo. Em certo sentido, essa é a chave para a importância da mudança de visão de mundo.

Para mim, a grande mudança de paradigma tem a ver comigo (aqui dentro) e com o resto do universo (lá fora). Se somos apenas pequenos soldados que parecem um relógio em um universo que faz tique-taque, por que deveria me preocupar com o que acontece fora de mim? E é essa atitude que facilita o bombardeio de pessoas, o esgotamento de recursos e o envio de gerações futuras para um mundo destituído. Por outro lado, quando amplio meus limites no tempo e no espaço, tudo é diferente. Na prática, isso significa que, em vez de deixar a luz acesa a noite toda porque sou muito preguiçoso para desligá-la, penso na quantidade de carvão ou petróleo que é queimada para acender a lâmpada, depois na fabricação para produzi-la, no buraco na camada de ozônio e em como, em três gerações, não haverá mais nenhuma.

É incrível como as pessoas se preocupam o dia todo com a próxima refeição e não se importam com o que alguém comerá daqui a cem anos. Os alces que pastam em meu prado vão de um campo para outro, sem nunca comer TODAS as sementes. Eles também não usam relógios.

– Will

Um novo paradigma

Nas palavras de Dr. Jeffrey Satinover:

> Muitas pessoas querem que a mecânica quântica seja a salvadora desse tipo de indiferença fria e impiedosa. E a razão pela qual as pessoas sentem que precisam ser resgatadas é porque a ideia fria, impiedosa e mecânica é extremamente poderosa. Mesmo que você não acredite nela, ela afetou sua vida e a visão de mundo da civilização em um grau imenso.

Imagine-se como um ser mecânico (todos nós já vimos filmes de ficção científica o suficiente para fazer isso com bastante facilidade) vivendo em um mundo morto, no qual todas as "coisas" são objetos inconscientes e sem reação, controlados por leis abstratas de comportamento. Como você se sente? Como se sente em relação aos seus entes queridos, agora que você é apenas uma máquina e que o amor é apenas um acaso da química do cérebro, com nada mais do que uma vantagem evolutiva para o DNA?

Você acredita nisso? No entanto, a maioria dos cientistas do mundo está lhe dizendo isso. São as mesmas pessoas que lhe dizem por que o céu é azul, por que seu carro dá partida pela manhã e por que as árvores convertem dióxido de carbono em oxigênio. E se eles tivessem um computador grande o suficiente, poderiam lhe dizer por que você está sentado agora lendo este livro em particular. Tudo isso são condições iniciais com as quais "você" (que, de qualquer forma, é uma ilusão) não tem nada a ver.

Você acredita *nisso*?

É claro que temos dificuldade em pensar em *nós mesmos* como seres puramente mecânicos. Isso se deve ao fato de que não somos. E ninguém mais é. Todos nós sentimos que temos (ou talvez que *somos*) consciência e espírito, e que *fazemos* escolhas.

Ou será mesmo?

E aqui estamos no ponto mais fundo do paradigma. À esquerda está a vida em que somos seres conscientes que determinamos nosso caminho, e à direita estão apenas uns e zeros que, de alguma forma, criam a ilusão de você.

Oposição do *establishment*

Assim como na época de Copérnico, Newton e outros pioneiros do modelo científico dos séculos 16 e 17, os elementos conservadores da sociedade não só estão fechados a esse novo conhecimento, como também se opõem a ele com ferocidade. Rigidamente arraigada, a ortodoxia estabelecida não está disposta a considerar qualquer mudança. Hoje em dia, em vez da comprovada queima na fogueira, as autoridades eclesiásticas foram substituídas por algumas pessoas (não todas) que usam o poder das universidades, das instituições governamentais de concessão de verbas e de uma mídia de mente fechada para ameaçar o *sustento* (por meio de demissão, negação de promoção ou posse, retenção de verbas de concessão, ridicularização e sarcasmo) em vez da *vida* real de cientistas "heréticos" cujas ideias e cujos projetos de pesquisa não se enquadram nos limites aceitos.

Amit Goswami vê esperança. Ele acredita que a oposição não é necessariamente uma coisa ruim.

> Uma oposição tem algo significativo a dizer. Você nunca exclui as coisas enquanto achar que tudo isso é besteira, e apenas um exame superficial eliminará o lixo. Mas, quando as coisas se tornam significativas e o exame superficial não é mais suficiente, é aí que você se torna rígido e quer excluir o outro. Porque o outro é muito perigoso. Portanto, a percepção de que os cientistas alternativos estão defen-

dendo bem seus dados em seu campo já está (impactando) o mundo da ciência estabelecida. E é por isso que a polarização é um sinal muito bom de que estamos chegando a algum lugar.

A evolução dos paradigmas científicos

Uma das grandes verdades sobre os paradigmas é que *eles mudam*. Especialmente na ciência, que é um empreendimento contínuo no qual uma geração se baseia no trabalho das anteriores, o paradigma do conhecimento evolui à medida que se prova que as visões mais antigas são incompletas ou incorretas.

Às vezes com lentidão, às vezes chutando e gritando, mas a grandeza da ciência é que ela *segue* em frente! A ciência segue inexoravelmente em frente, construindo uma nova visão, uma nova estrutura sobre a base da antiga.

Às vezes, o modelo atual se choca com a marcha contínua do conhecimento e sai machucado do encontro. Então, seja com o apoio ou contra a oposição dos poderes constituídos, o modelo dá lugar a um novo.

Dr. Hagelin descreveu o processo da seguinte forma:

Acredito que a tendência de maior alcance de nossos tempos é uma mudança emergente em nossa visão compartilhada do universo – de pensar nele como morto para vivenciá-lo como vivo. Ao considerar o universo vivo e a nós mesmos, sempre sustentados por essa vivacidade, vemos que estamos intimamente relacionados a tudo o que existe. Essa percepção... representa uma nova maneira de ver e se relacionar com o mundo e supera a profunda separação que tem marcado nossa vida.

– Duane Elgin

No progresso da ciência, há estágios de compreensão, estágios de evolução do conhecimento. Cada um desses estágios traz a própria visão de mundo, o próprio paradigma, dentro do qual as pessoas agem, dentro do qual nascem os governos, nascem as nações, as constituições são escritas, as instituições são estruturadas, a educação é criada. Assim, os mundos evoluem de paradigma para paradigma à medida que o conhecimento avança. Cada época tem a própria visão de mundo característica, seu paradigma característico, e um acaba levando a outro.

O PARADIGMA DOS PARADIGMAS

Juntamente com muitos cientistas de ponta, William Tiller se deparou com o viés limitado. Ele diz: "Ok, fizemos experimentos com intenção e eles são muito robustos. Por que a ciência não se apressa? Essa é a verdadeira tristeza. A maioria dos cientistas ficou tão presa ao paradigma convencional e à maneira convencional de ver a natureza que construiu uma prisão em torno de si. Se você fornecer dados experimentais que violem seus preceitos, eles querem que os dados desapareçam e, portanto, os varrem para debaixo do tapete. Eles não permitirão que você publique. Eles tentarão bloquear todos os meios de comunicação, pois isso é muito incômodo. É lamentável – e sempre foi assim. É uma característica humana se sentir confortável com determinada maneira de ver o mundo. Coisas novas são desconfortáveis; você tem que mudar sua maneira de pensar".

Tiller explica um motivo importante pelo qual o paradigma atual da realidade científica precisa mudar: "Não há lugar em nosso paradigma atual para a entrada de qualquer forma de consciência, intenção, emoção, mente ou espírito. E, como

> nosso trabalho mostra que a consciência pode ter um efeito muito forte sobre a realidade física, isso significa que, em última análise, deve haver uma mudança de paradigma; uma mudança que permita que a consciência seja incorporada; a estrutura do universo deve ser expandida além do que é hoje para permitir sua entrada".

Mudança de paradigma pessoal

A mudança de paradigma em curso hoje não está acontecendo apenas na ciência. Ela também se estende à sociedade e está causando um impacto poderoso em nossa cultura. Talvez a mudança mais importante seja pessoal. Nas últimas duas décadas, muitos milhares, talvez muitos milhões de pessoas passaram por transformações drásticas em seus valores, percepções e formas de se relacionar entre si e com o mundo.

Por que isso está acontecendo? Um dos motivos é que as pessoas perceberam que, ao final de sua busca por carros mais atraentes, casas maiores e sapatos para todos os dias do ano, o que resta é um vazio – o mesmo vazio que tentaram preencher com posses e sucesso financeiro. A visão materialista do mundo diz: mais dinheiro = vida melhor. Mas, depois de obter mais e descobrir que o vazio permanece, a conclusão é: a suposição materialista está errada.

Outro motivo? Se o novo paradigma estiver correto e o universo for um ser vivo, do qual nós, nossos pensamentos, os planetas e todas as partículas subatômicas fazemos parte, então a necessidade de uma nova visão de mundo fará com que isso aconteça. Pode ser a arrogância humana (isso de novo, não!), que parece que *nós* estamos trazendo a nova visão. Um organismo faminto sempre procura comida. Fazemos parte desse organismo, assim como os planetas, nossos pensamentos e as partículas subatômicas, e estamos buscando um novo caminho porque sabemos que estamos acampados às portas da morte.

E não é um lugar confortável para se estar. Água poluída e ar sujo. Superpopulação competindo com a fome e armas que podem derrubar uma cidade. A lista é infinita. Dra. Candace Pert diz que "o corpo sempre quer se curar". Portanto, se nossa realidade, tanto física quanto não física, é um enorme organismo, como sugere a "nova física", então essa realidade está, neste momento, tentando se curar. E, a partir desse impulso, novas concepções de mundo estão surgindo, mesmo quando as velhas concepções de mundo lutam para se manterem arraigadas.

O que está em jogo? Nossa noção de realidade. Quem é o equilíbrio? Somos nós.

FAZENDO PERGUNTAS

Reflita um pouco sobre isto...

- Qual paradigma governa sua realidade?
- Como você enxerga o mundo (consciente e inconscientemente)?
- Como você acessa a visão inconsciente?
- Qual é o paradigma mundial predominante?
- Como ele difere de seu paradigma?
- Como ambos interagem?
- *A consciência social* é um paradigma?
- A revista *People* é um paradigma?
- E a Bíblia?
- O que seria necessário para que você mudasse de paradigma?
- Você está disposto a abrir mão de tudo o que está ligado ao antigo paradigma?
- Qual é o seu novo paradigma?
- Esse é *o seu* novo paradigma ou um novo paradigma global?
- Se realmente somos máquinas mutantes... você pode se apaixonar por sua torradeira?

O QUE É A REALIDADE?

O que eu pensava ser irreal, parece mais
real do que o que eu pensava ser real,
tão real que agora parece ser irreal.

– Fred Alan Wolf

Este capítulo poderia ter ido para qualquer lugar. Logo após "As grandes perguntas" (é o maior, certo?). Ou no meio de "Ciência e religião" (já que ambos se reforçam). "Mudança de paradigma" poderia se chamar "A mudança de realidade aceita".

Que tal depois de "Visão e percepção" (o próximo capítulo), que trata do que percebemos – e consideramos real? Ou do capítulo "Física quântica", que investiga a realidade em sua essência. Vamos encarar isto: poderia/deveria ter ido a *qualquer lugar*.

Não? Diga-me, *o que é a realidade* quando você acaba de se apaixonar (o capítulo "Emoções"), ou quando seu verdadeiro amor acaba de morrer? E o capítulo "Desejo", que trata de escolha e livre-arbítrio? Você acha que essas decisões são baseadas na realidade ou em sua suposição dela?

Que outros capítulos futuros se encaixam em nossa visão da realidade? "A consciência cria a realidade." Certo, há uma ligação. E assim por diante...

Animais e pássaros geralmente vivem em uma realidade muito diferente da nossa. Alguns podem ouvir sons que não conseguimos escutar, ou ver frequências de luz (ultravioleta, infravermelho) que não podemos enxergar. A maioria dos mamíferos (como os cães) vive em um mundo repleto de aromas e depende muito menos da visão do que nós. E quanto aos bebês, que ficam olhando por horas para um canto "vazio" do teto?

Essa pergunta *está* em toda parte. Está em cada capítulo, em cada momento que vivemos. Toda decisão é baseada em alguma construção do que é real para você. No entanto, quando foi a última vez que você se aprofundou em suas questões e mergulhou em suas suposições sobre a realidade?

Fizemos essa pergunta a vários cientistas. Em sua resposta, Dr. David Albert fala sobre como e por que respondemos a essa pergunta todos os dias:

> Se eu sair da cama de manhã, ok, e de repente decidir levar muito a sério a afirmação, que com certeza é verdadeira… de que não sei com certeza se meus olhos estão funcionando corretamente, de modo que, pelo que sei, embora pareça que há um piso estável ao lado da minha cama, pode haver um penhasco ou algo assim. Se eu não for capaz de ordenar essas possibilidades em termos das probabilidades que atribuo a elas, então não vou sair da cama! Parece-me que estou paralisado no sentido mais literal da palavra.
>
> Uma hipótese é que realmente há um piso ali, e é isso que estou vendo. Outra hipótese é que o fato de eu ver o chão é uma alucinação, e há um penhasco ali. Ao sair da cama pela manhã, você endossa uma dessas hipóteses como mais provável do que outra. Essa é a maneira como estamos acostumados a proceder em nossa vida comum.

E quanto à consciência, o fato fundamental de nossa existência, que nos acompanha aonde quer que vamos? Para fazer qualquer coisa, pensar, sonhar, criar, perceber, temos que estar conscientes. Isso não é parte da realidade? Mas onde ela está? Do que ela é feita? Ao contrário dos objetos materiais, fenômenos intangíveis como a consciência não podem ser medidos, mas isso não significa que não sejam "reais", ou significa?

> Muitos cientistas estão em um verdadeiro dilema com relação a isso. Se for real, então sua realidade pode ser examinada; se não for real, então eles nunca precisarão procurá-la. E, portanto, ela nunca será conhecida como real.
>
> "O que é real?", portanto – possivelmente, nossa pergunta mais comum –, não é fácil de responder. Porém, quem somos, o que é a vida, o que é possível e o que não é, tudo se baseia no que achamos que é real.
>
> – WILL

Endossamos a realidade que nossos olhos nos dão naquele momento, e respondemos à pergunta que pairava sobre nós: "O que é a realidade?". A maioria das pessoas acha que a realidade é o que nossos sentidos projetam para nós. E, é claro, a ciência tem concordado com essa visão há quatrocentos anos: se não for perceptível por nossos cinco sentidos (ou suas extensões), não é real.

Mas mesmo essa "realidade" aparece de uma forma quando a observamos com nossos olhos, e de outra se a examinarmos mais profundamente com um microscópio ou um esmagador de átomos. Então, ela se torna diferente, irreconhecível.

E quanto aos nossos pensamentos? Eles fazem parte da "realidade"? Dê uma olhada ao seu redor agora mesmo. Há janelas, cadeiras, luzes e este livro. Você provavelmente pensou que todos eles eram reais. Todos eles foram precedidos por uma "ideia" de janelas e cadeiras. Alguém imaginou essas janelas e cadeiras e as criou. Então, se as janelas e cadeiras são reais, a ideia também é real? A maioria das pessoas acha que os pensamentos e as emoções são reais, mas os cientistas, quando exploram a "realidade", evitam falar sobre essas coisas.

> Nunca questionei a realidade. Por que eu faria algo tão bobo como isso? Então, a realidade em que eu estava se tornou uma bagunça, e comecei a questionar minha realidade – não necessariamente as mesas e cadeiras, mas minha percepção dela. Quando notei que minha realidade era apenas a construção de minhas limitações, me dei conta de que precisava estar disposta a sonhar fora delas. O que de fato eu desejo e não acredito que possa ter ou me tornar? A única coisa "sólida" em minha realidade é minha percepção dela. Se estiver disposta a abrir meus olhos para novas possibilidades, minha realidade pode mudar.
>
> – Betsy

De volta ao laboratório!

Sem ter encontrado a resposta para "O que é a realidade?" – que acabou sendo uma pergunta ampla demais –, a humanidade se voltou para o laboratório e abordou um aspecto mais simples: pegar todas as "coisas" ao nosso redor, que todos concordamos ser "reais", e ver do que elas são feitas. Isso é muito mais simples do que sonhos, ideias, emoções ou qualquer outra coisa interna.

Foi o filósofo grego Demócrito de Abdera quem primeiro teve a ideia de um átomo: "Nada existe exceto os átomos e o espaço vazio; todo o resto é opinião". E esse foi um ótimo ponto de partida. Assim, surgiram os microscópios eletrônicos, os esmagadores de átomos e as câmaras de nuvens; e nós, pessoas grandes, passamos a espiar o mundo das pequenas coisas.

Quando você estava na escola, é provável que tenham lhe mostrado um modelo de um átomo, com seu núcleo sólido e elétrons em órbita, e lhe dito: "Os átomos são os blocos de construção da natureza". Boa tentativa! É um conceito interessante e diagrama muito bem, mas simplesmente não é assim.

Descobriu-se que aqueles pequenos átomos sólidos, em suas órbitas perfeitas, eram apenas pacotes de energia. Depois, descobriu-se que eles também não são pacotes de energia, mas condensações momentâneas de um campo de energia. É claro que, como você sabe, cada "átomo" consiste quase inteiramente em "espaço vazio", tanto que é uma espécie de milagre não batermos no chão toda vez que tentamos nos sentar em uma cadeira. E como o chão também é quase todo vazio, onde encontraríamos algo sólido o suficiente para nos segurar? O ponto principal aqui é que "nós" – pelo menos nossos corpos – também somos feitos de átomos!

E agora pesquisas de ponta estão sugerindo que o chamado "espaço vazio" dentro e entre os átomos não está vazio de forma alguma; ele está tão cheio de energia que um centímetro cúbico – cerca de um dedal ou uma área do tamanho de uma bola de gude – contém mais energia do que toda a matéria sólida de todo o universo conhecido!

Então, o que você disse que era a Realidade?

Não há, em essência, nada na matéria. Ela é completamente insubstancial. A coisa mais sólida que você poderia dizer sobre toda essa matéria insubstancial é que ela é mais parecida com um pensamento; é como um pouco de informação concentrada.

JEFFREY SATINOVER, M.D.

Indo mais fundo

Muito antes dos primeiros filósofos gregos – e, com certeza, muito antes dos físicos quânticos –, os sábios da Índia sabiam que havia algo importante acontecendo além do reino dos sentidos. Tanto os videntes hindus quanto os budistas ensinavam, e ainda ensinam, que o mundo das aparências, o mundo que vemos com nossos sentidos, é *maya*, ou ilusão, e que há algo subjacente a esse reino material, algo mais poderoso e mais fundamental, mais "real", embora completamente intangível. Como muitos textos espirituais sugerem, existe uma "realidade superior" mais fundamental do que o universo material, e ela tem algo a ver com a consciência.

> Percebi que, às vezes, algumas pessoas pensam que fazer perguntas como "O que é a realidade?" é inútil e que não se trata de realidades cotidianas. Mas vamos supor que nosso mundo "lá fora" seja construído por nossa percepção. Como alteramos a base que está criando esse mundo? Tentamos mudar as coisas "lá fora" no mundo? Bem, isso é o que a maioria de nós continua fazendo, e nunca funciona. Já tentou fugir de uma situação e descobriu que seus problemas o seguiram? Bem, é claro que sim. Isso acontece porque você não deixa seu sistema nervoso para trás. Você continua reagindo da mesma forma aos mesmos estímulos antigos. Então, qual é a melhor maneira? Saiba o seguinte: **a realidade tem tudo a ver conosco.**
>
> – Mark

É isso que a física quântica está revelando. Ela sugere que, no centro do mundo físico, há um domínio não físico, quer o chamemos de informação, quer o denominemos ondas de probabilidade ou consciência. E assim como costumamos dizer que os átomos são aquilo de que as coisas "realmente" são feitas, se essa visão estiver correta, teríamos que dizer que esse campo subjacente de inteligência é o que o universo "realmente" é.

O astronauta da NASA, Dr. Edgar Mitchell. chegou a esta conclusão em sua viagem de volta do espaço:

Em um momento, percebi que este universo é inteligente. Ele está seguindo em uma direção, e nós temos algo a ver com essa direção. E esse espírito criativo, a intenção criativa que tem sido a história deste planeta, vem de dentro de nós e está lá fora – é tudo a mesma coisa...

A própria consciência é o que é, e a matéria-energia é o produto da consciência... Se mudarmos nossa visão sobre quem somos – e pudermos nos ver como seres criativos e eternos que criam experiências físicas, unidos naquele nível de existência que chamamos de consciência –, então começaremos a ver e a criar este mundo em que vivemos de forma bem diferente.[2]

Lembro-me da primeira vez que me deparei com a ideia de que criamos a realidade em nossas mentes e que o mundo "físico" é apenas uma construção. Eu tinha acabado de ler *A natureza da realidade pessoal*, de Jane Roberts. Então, fechei os olhos e pensei que a parede à minha frente não era real e que, quando eu abrisse os olhos, veria através dela. Não funcionou. Ou funcionou?

É claro que eu tinha em minha mente a ideia de que a parede não existia, mas tudo na maneira como eu me sentava ali, esperando ser sustentado pelo chão, sendo puxado pela gravidade, apoiava a visão de que o mundo era a coisa mais real que existia. Quando me levanto da cama pela manhã e coloco meus pés no chão, acredito que o chão é real, e não uma ilusão, e que não há um poço sem fundo ali.

2. Dr. Mitchell aterrissou e criou o Institute of Noetic Sciences (IONS) como um instituto de pesquisa para investigar cientificamente as percepções "místicas" dele e de outras pessoas sobre a realidade.

> Toda ação que realizamos pressupõe algo sobre a realidade. Ainda assim, quase nunca perguntamos isso de forma consciente. Nós a assumimos, e a realidade a cumpre, por isso nunca vemos a mão que a faz. Há uma pergunta zen aqui em algum lugar. "Qual é o som de uma realidade entrando em colapso?"
>
> – Will

A realidade possivelmente maior/ verdadeira da consciência

A percepção de Mitchell é paralela à experiência dos místicos ao longo dos tempos, até os dias de hoje. Andrew Newberg, M.D., estudou a experiência mística/espiritual do ponto de vista da neurociência e escreveu sobre ela em *Why God Won't Go Away: Brain Science and the Biology of Belief* [Por que Deus não vai embora: a ciência do cérebro e a biologia da crença] e *The Mystical Mind: Probing the Biology of Belief* [A mente mística: investigando a biologia da crença]. Ele diz que as pessoas que têm uma experiência mística profunda e depois "voltam" para o mundo comum "ainda percebem que essa realidade é mais real, que representa a forma mais verdadeira e fundamental da realidade; o mundo material em que vivemos é uma realidade mais secundária para elas".

Por isso, Dr. Newberg diz: "Precisamos mesmo analisar a relação entre a consciência e a realidade material. Se o mundo material pode ou não ser derivado de uma realidade consciente ou se a própria consciência pode ser o material fundamental do universo".

Será que podemos mesmo saber?

No século 18, o filósofo alemão Emmanuel Kant apontou que os seres humanos nunca poderão conhecer a natureza da realidade *como ela é.*

Nossas investigações só fornecem respostas às perguntas que fazemos, as quais se baseiam nas capacidades e limitações de nossas mentes. Tudo o que percebemos no mundo natural (seja com nossos sentidos, seja por meio da ciência) passa pelo filtro de nossa consciência e é determinado, pelo menos até certo ponto, pelas próprias estruturas da mente. Portanto, o que vemos são "fenômenos", ou seja, as interações entre a mente e o que quer que esteja "realmente lá fora". Não vemos a realidade; vemos apenas a nossa construção da realidade, construída pelos neurônios do nosso cérebro. A "coisa em si" está sempre escondida de nós.

Em outras palavras, a ciência nos fornece apenas *modelos* do mundo, não o mundo em si. Como diz Miceal Ledwith:

> Bem, você sabe, a visão quântica da realidade não é o princípio e o fim de tudo. Tudo o que estamos tentando fazer na história da ciência é produzir modelos cada vez menos imperfeitos para expressar a natureza do que existe e, é claro, talvez daqui a vinte ou trinta anos a física quântica seja substituída por uma compreensão mais profunda da realidade, qualquer que seja o nome dado a essa física específica.

E, depois que a ciência nos fornece esses modelos, ainda há o "nós" com o qual lidar, como ressalta Dr. Andrew Newberg:

> Quanto ao fato de estarmos ou não vivendo em um grande holodeck, essa é uma pergunta para a qual não temos necessariamente uma boa resposta. Acho que esse é um grande problema filosófico com o qual temos de lidar, em termos do que a ciência pode dizer sobre nosso mundo, porque somos sempre o observador na ciência. Estamos sempre limitados pelo que está entrando em nosso cérebro humano que nos permite ver e perceber as coisas que fazemos.

Portanto, é possível que tudo isso seja apenas uma grande ilusão da qual não temos como sair para ver o que de fato existe.

Níveis de realidade

Uma informação que pode ser muito útil para lidar com questões que confundem a mente sobre a natureza da realidade é a ideia de que há *diferentes níveis* que existem de modo simultâneo, e que todos eles são reais. Em outras palavras, os níveis superficiais são reais por si mesmos; apenas quando os comparamos com níveis mais profundos é que dizemos que eles não são reais; eles não são o nível "final". Braços e pernas são reais; células e moléculas são reais; átomos e elétrons são reais. E a consciência é real. Como diz Dr. John Hagelin:

> Há literalmente mundos diferentes nos quais vivemos. Há a verdade superficial e a verdade profunda. Há o mundo macroscópico que vemos, há o mundo de nós mesmos, há o mundo de nossos átomos, o mundo de nossos núcleos. Cada um desses mundos é diferente.
>
> Eles têm a própria linguagem, a própria matemática. Eles não são apenas menores; cada um é totalmente diferente, mas são complementares porque eu sou meus átomos, mas também sou minhas células. Também sou minha fisiologia macroscópica. Tudo isso é verdade. São apenas níveis diferentes de verdade.

Portanto:

1. Tudo isso é verdade.
2. Nada disso é verdade – existem apenas *modelos*.
3. Nunca conseguimos sair de nosso caminho para perceber o *todo*.
4. Ao expandirmos nossa consciência, podemos perceber o *todo*.

5. *Todas* as opções anteriores são verdadeiras.
6. *Todos* os itens anteriores são modelos.
7. *Ou...*

A realidade é um processo democrático?

Em nosso dia a dia, em nossa decisão momentânea sobre a realidade, ela é simplesmente democrática? Ou, dito de outra forma, em que ponto da concordância das pessoas ao nosso redor algo se torna real? Se há dez pessoas em uma sala, oito veem uma cadeira e duas veem um marciano, quem está delirando?

Se doze pessoas veem um lago como um corpo de água e uma pessoa o vê como sólido o suficiente para caminhar sobre ele, quem está delirando?

Voltando um capítulo, poderíamos dizer que um paradigma é a noção (modelo) mais comumente aceita sobre o que é real. Votamos com nossas ações, e isso se torna real.

Portanto, o ponto crucial de tudo isso é: a consciência cria a realidade? É por isso que ninguém nunca encontrou uma boa resposta – porque a realidade É a resposta?

A resposta fácil para a pergunta sobre se a realidade é ilusória e se é tudo confuso, como todas as probabilidades... seria sim. Portanto, se alguém viesse até mim e fizesse essa pergunta, eu diria que sim, que isso é basicamente correto. Mas é mais complicado do que isso, porque no momento em que você interage com a realidade, ela passa a existir de forma sólida. Ela só é difusa quando você não está interagindo com ela.

– Jeffrey Satinover, M.D.

FAZENDO PERGUNTAS

Reflita um pouco sobre isto...

- Quais são suas suposições sobre a realidade? Qual é a mais básica que você faz todos os dias?
- Você já pensou do que são feitos os pensamentos?
- Você pode dar um exemplo de como seus pensamentos se tornam realidade?
- Escrever uma resposta para a pergunta anterior foi um exemplo?
- O que são sonhos? Se tanto o sonho quanto a percepção são atividades primordiais do cérebro, por que você acha que o mundo exterior é mais real?
- Qual estado parece mais real?
- Qual é a diferença entre a realidade e sua percepção dela?
- Como a mudança de seu paradigma mudará sua percepção da realidade?
- É possível mudar sua percepção da realidade sem mudar seu paradigma?
- Como você enxerga o mundo agora?

Este mundo
Um mundo de gotas de orvalho
E ainda assim...

– Kobayashi Issa

VISÃO E PERCEPÇÃO

A mente fornece a estrutura, o conhecimento específico e as suposições específicas para que o olho veja. A mente constitui o universo que o olho vê. Em outras palavras, nossa mente está embutida em nossos olhos.

– Henryk Skolimowski

Se tudo o que percebo é baseado no que já sei, como poderei perceber algo novo? Se eu nunca perceber nada de novo, como vou mudar? Como vou crescer?

Bem, depois dessa viagem pelo mais nebuloso e desconhecido dos tópicos – Realidade –, é bom voltar à ciência real. Testada, verificada e aceita. E contradizendo aquilo em que a maioria das pessoas acredita, elas percebem.

Quem vê o quê?

Cinco níveis aninhados de processamento cerebral. Isso é o que você acabou de fazer para "ver" cada uma destas letras. Não é que seus olhos enviaram uma imagem de cada letra para "você". Seu cérebro processou os dados visuais enviados a ele pelos olhos para *construir* essas letras.

Para isso, primeiro ele divide os impulsos recebidos em formas, cores e padrões básicos. Em seguida, começa a fazer a correspondência de padrões com as memórias armazenadas de coisas semelhantes, associan-

Nadadores e mergulhadores de alto desempenho, saltadores de altura, levantadores de peso e outros atletas treinaram a si mesmos para visualizar seus eventos em detalhes, usando todos os sentidos para simular a ação total que desejam desenvolver. No início, isso parecia muito distante, sobretudo para os atletas competitivos com alto teor de testosterona, que não conseguiam entender o valor do treinamento de ficar parado e fechar os olhos, mas agora está absolutamente comprovado que funciona e é comum.

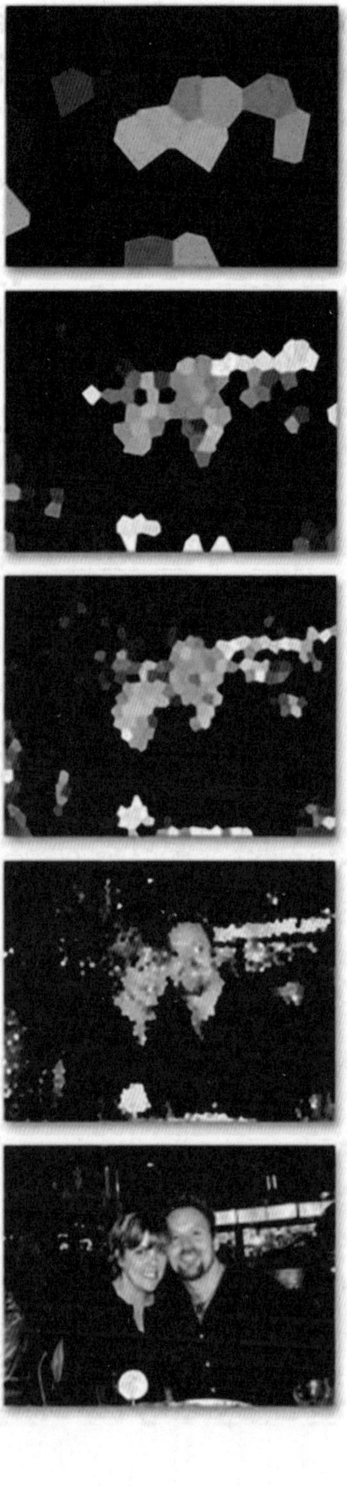

do-as a emoções e atribuindo significados aos eventos, unindo tudo isso em uma "imagem" integrada e transmitindo-a ao lobo frontal quarenta vezes por segundo. É isso mesmo. Nós nem sequer vemos continuamente. É como uma imagem de filme piscando.

Isso significa que seu cérebro pinta tudo o que você vê. Digamos que você esteja olhando para uma floresta. Na verdade, seu cérebro está pintando cada folha de cada árvore que você vê. Ele faz isso se vinculando a memórias, ou neurônios, de folha, cor, tamanho, forma e, de alguma maneira, colocando-os todos juntos.

Isso parece tão ultrajante e contrário à forma como nos movimentamos no mundo. Então, como os neurofisiologistas criaram esse esquema?

Isso é um nariz em seu rosto?

Os cientistas aprenderam como o cérebro constrói imagens visuais estudando pacientes com derrame.

Uma pessoa sofre um derrame, e uma pequena parte do cérebro deixa de funcionar. Os cientistas observavam como isso afetava seu senso visual.

Um exemplo é o de alguém que teve um derrame que eliminou uma pequena parte de processamento visual do cérebro – a que (aparentemente) processava narizes. Se você aparecesse com um enorme nariz vermelho do palhaço Bozo em sua frente e perguntasse o que havia de diferente em seu rosto, esse indivíduo nunca mencionaria o nariz. Mesmo quando provocado – "Puxa, o Bob tem mesmo um nariz!" –, ele responderia como se nada fosse fora do comum. Tudo o mais era percebido perfeitamente, portanto os olhos estavam enviando todos os sinais de volta, mas, para o nariz, absolutamente nada. Em vez de ver o nariz (do Bozo ou não), essa pessoa apenas via como achava que o nariz "deveria" ser.

A evidência de que o cérebro percebe, e não os olhos, também é mostrada em um nível menos dramático: o local onde o nervo óptico atravessa o globo ocular até a parte posterior do cérebro não tem receptores visuais. Portanto, seria de se esperar que, se fechássemos um olho, veríamos um ponto preto no centro. Mas não é assim. Isso ocorre porque é o cérebro que pinta a imagem, não o olho.

CANDACE PERT, PH.D.

Somos bombardeados por enormes quantidades de informações, que entram em nosso corpo e são processadas. Elas chegam por meio de nossos órgãos dos sentidos e vão subindo e subindo, e a cada passo eliminamos as informações e, finalmente, o que chega à consciência é o que mais nos interessa.

> O que não consigo ver e eu gostaria de ver? Como minhas emoções estão afetando e influenciando minha percepção da realidade? Como posso perceber algo novo enquanto estou presa em meu velho paradigma? O que estou disposta a mudar para perceber a realidade de forma diferente? Como a mudança de minhas percepções pode mudar minha realidade? Ela será melhor? Diferente? Ambas?
>
> – Betsy

Mais dados...

Os cientistas descobriram que, se medirem a saída elétrica do cérebro de uma pessoa (usando tomografias computadorizadas ou PET, por exemplo) enquanto ela estiver olhando para um objeto e depois, novamente, enquanto estiver *imaginando* o mesmo objeto, em ambos os casos as mesmas áreas do cérebro serão ativadas. Fechar os olhos e *visualizar* o objeto produz os mesmos padrões cerebrais que *olhar* de fato para algo.

Além de o cérebro não distinguir entre o que vê em seu ambiente e o que imagina, ele não parece saber a diferença entre uma ação realizada e a mesma ação visualizada. Isso foi descoberto pela primeira vez por Edmund Jacobson, M.D. (criador da Técnica de Relaxamento Progressivo para redução do estresse), na década de 1930. Quando Dr. Jacobson pediu aos participantes que visualizassem ações físicas, ele encontrou movimentos musculares muito sutis que correspondiam aos movimentos que os músculos fariam ao realizar a atividade. Essas informações foram bem aproveitadas por atletas competitivos em todo o mundo.

> *Seu cérebro não sabe a diferença entre o que está ocorrendo lá fora e o que está ocorrendo aqui dentro.*
>
> – Joe Dispenza

A verdade sobre a percepção

FRED ALAN WOLF, PH.D.

Não existe um "lá fora" independente do que está acontecendo "aqui dentro".

A percepção é um processo complexo e multifacetado que começa quando nossos neurônios sensoriais captam informações do ambiente e as enviam para o cérebro na forma de impulsos elétricos. Como todas as criaturas vivas, nossas entradas sensoriais são limitadas. Não podemos ver a luz infravermelha nem sentir campos eletromagnéticos como os pássaros (eles os usam para navegação). No entanto, a quantidade de informações que chegam dos cinco sentidos é impressionante – algo em torno de quatrocentos bilhões de bits *por segundo.*

Nós, é óbvio, não recebemos e processamos conscientemente nada próximo a essa quantidade – os pesquisadores dizem que apenas cerca de dois mil chegam à nossa consciência. Assim, quando o cérebro começa a trabalhar "tentando criar para nós uma história do mundo", como diz Dr. Andrew Newberg, "ele precisa se livrar de muitos dados extras".

Por exemplo, ao ler estas palavras, mesmo que seus sentidos estejam captando a temperatura da sala, a sensação do seu corpo na cadeira, a textura da roupa na pele, o zumbido da geladeira e o cheiro do xampu, você pratica-

ISSO É UM GATINHO EM SEU NARIZ?

Os pesquisadores colocaram gatinhos recém-nascidos em ambientes experimentais sem linhas verticais; semanas depois, quando os gatinhos foram colocados em um ambiente "normal", eles não conseguiam ver nenhum objeto com dimensão vertical (como uma cadeira com pernas) e esbarravam nele.

mente não se dá conta de tudo isso ao se concentrar nas palavras do livro. Dr. Newberg continua:

> O cérebro precisa filtrar uma quantidade enorme de informações que são realmente estranhas para nós. Ele faz isso inibindo as coisas. Ele faz isso impedindo que certas respostas e certas informações neurais cheguem à nossa consciência e, ao fazer tudo isso, ignoramos a cadeira em que estamos sentados. Ou seja, filtramos o conhecido. Depois, há o rastreamento do desconhecido... Se virmos algo que o cérebro não consegue identificar, nós nos agarramos a algo semelhante. ("Não é um esquilo... mas é algo parecido.") Se não houver nada parecido, ou se for algo que sabemos que não é real, descartamos com: "Devo estar imaginando coisas".

Nossos olhos se movem o tempo todo. Eles se movem por todo esse campo de energia – então, por que eles se concentram e começam a deixar entrar uma área e não deixam entrar outra? É muito simples: nós vemos o que queremos acreditar. E nos afastamos de coisas que não nos são familiares ou se mostram desagradáveis demais.

– Candace Pert, Ph.D.

Portanto, não percebemos *a realidade* de fato; vemos a imagem da realidade que nosso cérebro construiu a partir da entrada sensorial, além de inúmeras associações extraídas das vastas redes neurais de nosso cérebro. "Depende de quais foram suas experiências", diz Dr. Newberg, "e de como você processa as informações, o que realmente cria seu mundo visual... O cérebro é o que, em última análise, percebe a realidade e cria para nós nossa interpretação do mundo."

> Há pouco tempo, ouvi uma história sobre uma seguradora que estava tentando analisar um problema específico em Saskatchewan. Acontece que os pilotos de aeronaves leves que apresentavam problemas no motor tentavam pousar na rodovia mais próxima que encontrassem e que estivesse relativamente vazia. Uma das coisas que sempre aconteciam era que, depois de pousar e reduzir a velocidade, eles quase nunca deixavam inércia suficiente para sair da estrada. (Eles provavelmente ficavam muito felizes apenas por estarem vivos.) Muitas vezes, os motoristas colidiam com a aeronave e, quando questionados pela polícia, quase sempre diziam que nunca tinham visto o avião. Em um momento, estavam dirigindo; no outro, bateram em algo. A companhia de seguros descobriu que isso acontece porque a última coisa que um motorista espera ver em uma rodovia é um avião pequeno, portanto ele nunca o vê.
>
> – Mark

Emoções e percepções

A pesquisa da Dra. Pert no National Institutes of Health sugere que não é apenas o que acreditamos ser real, mas também como nos sentimos em relação ao que nossos sentidos captam, que determina como e se vamos perceber. Ela diz: "Nossas emoções decidem no que vale a pena prestar atenção... A decisão sobre o que se torna um pensamento que chega à consciência e o que permanece como um padrão de pensamento não digerido, enterrado em um nível mais profundo do corpo, é mediada pelos receptores".

Como diz Joe Dispenza: "As emoções são projetadas para reforçar quimicamente algo na memória de longo prazo. É por isso que as temos". Nossas emoções estão ligadas a um nível baixo de processamento visual, em algum lugar próximo à primeira etapa. Isso faz sentido do ponto de vista evolutivo. Se estiver andando pelo caminho e um tigre pular na sua frente, você processará essa imagem e começará a correr antes de perceber o motivo.

Quatrocentos bilhões de bits por segundo. Mesmo depois de jogarmos fora o que é "irreal" (marcianos) e o que é "irrelevante" (cheiro de xampu), ainda restam muitos bits. As emoções dão a eles seu peso ou sua importância relativa. Elas são um atalho programado para a percepção e também nos proporcionam a capacidade única de não ver o que simplesmente *não queremos ver*.

> *O único filme que está passando no cérebro é o que temos a capacidade de ver.*
>
> – Ramtha

QUEM SOMOS NÓS?: VERSÃO DILEMA

Recebemos muitos e-mails de pessoas nos perguntando por que continuamos a reeditar o filme. Parece que as cenas favoritas foram excluídas, e novas foram adicionadas. Algumas pessoas ficaram bastante chateadas. Mas nós não editamos nada! Mesmo quando dissemos isso aos espectadores, eles não acreditaram em nós. Parece que, à medida que novos conhecimentos se revelam, suas mentes acessam diferentes partes do filme.

Por isso, decidimos nos envolver e nos desdobrar: substituindo todas as entrevistas antigas por novas filmagens, acrescentando uma hora de outras entrevistas e animações e reestruturando a parte dramática. Será divertido ver se alguém se perde nesses dilemas!

Paradigma e percepção

Então, se construímos a realidade com base em nosso estoque de memórias, emoções e associações já existentes, como podemos perceber algo novo?

A chave é o novo conhecimento. Ao expandirmos nosso paradigma, nosso modelo do que é real e do que é possível, acrescentamos novas opções à lista que nosso cérebro carrega. Lembre-se de que essa lista é apenas uma descrição funcional da realidade com base em nossa experiência pessoal; não é a realidade em si. Novos conhecimentos podem abrir nossa mente para novos tipos e níveis de percepção e experiência.

Novas informações são importantes, mas o conhecimento completo envolve tanto a compreensão quanto *a experiência*. Se quiser que alguém saiba como é comer um pêssego, você pode dar a essa pessoa informações sobre ele – "É suculento, doce e macio..."–, mas ela nunca saberá até morder um. Portanto, para expandirmos nosso paradigma e nos abrirmos a uma vida maior, também precisamos de novas experiências.

Por exemplo, quando foi a última vez que você se surpreendeu? A última vez que fez algo tão escandalosamente "diferente de você" que ficou de boca aberta dizendo: "Não acredito que fiz isso".

Em *Viagem a Ixtlan*, Carlos Castaneda relata uma das lições de Don Juan: "Perseguir a si mesmo". Em outras palavras, aprender os próprios hábitos como se estivesse estudando uma presa, de modo que você possa detectar seu hábito e fazer algo novo.

Voltamos às perguntas antigas: se você percebe apenas o que sabe, como pode perceber algo novo? Se você cria você, como pode criar um novo você?

Quando nos damos conta de que só podemos experimentar a vida dentro dos limites do que já sabemos, torna-se óbvio que, se quisermos ter uma vida mais ampla e rica, mais oportunidades de crescimento, realização e felicidade, precisamos nos movimentar fazendo grandes perguntas, experimentando novas emoções e colocando mais dados em nossas redes neuronais.

Nós criamos nosso mundo

O ponto principal, pelo menos até onde a ciência chegou até agora, é o seguinte: nós criamos o mundo que percebemos. Quando abro meus olhos e olho ao redor, não é "o mundo" que vejo, mas o mundo que meu equipamento sensorial humano é capaz de ver, o mundo que meu sistema de crenças permite que eu veja e o mundo que minhas emoções se importam em ver ou não ver.

Embora resistamos a essa noção e queiramos acreditar que existe um "mundo real" que todos nós podemos perceber e concordar, o fato é que com frequência as pessoas – e talvez sempre – percebem as mesmas coisas de forma bastante diferente. Por exemplo, quando um crime é relatado por várias testemunhas (como no clássico filme japonês *Rashomon*), as versões do que "realmente aconteceu" diferem muito – não apenas sobre os detalhes do crime, mas até mesmo sobre a aparência (como cor do cabelo, altura, vestimenta) da vítima e do criminoso. Cada testemunha do crime acredita que tem a história correta, mas o que ela tem é sua percepção do que aconteceu.

Estamos criando nosso mundo o tempo todo de inúmeras maneiras. A visão e a percepção são as formas mais óbvias e cientificamente verificáveis de fazermos isso. A questão primordial é: será que isso acaba aqui? Esse é o limite de nossa influência sobre o mundo que vemos?

Um passo além

Para que você não pense que a ciência chegou ao fim do processo de desvendar o mistério da visão, vamos a um mergulho mais profundo no buraco do você sabe o quê.

Karl Pribram revolucionou a maneira como as pessoas pensam sobre o cérebro ao dizer que este era essencialmente holográfico. Segundo ele, o processamento estava espalhado por todo o cérebro e que, como em um holograma, cada parte continha o todo. Isso já era bastante estranho, mas depois ele aplicou esse modelo à forma como percebemos. Para Pribram, o universo é, em essência, holográfico e só sentimos que estamos "na" realidade, em vez de apenas "percebê-la", porque nosso cérebro se conecta holograficamente com o "lá fora" (nesse caso, o tempo e o espaço desaparecem);[3] portanto, nossa percepção não é processada somente no cérebro, mas também ao se mover para fora do cérebro e interagir com o "lá fora".

E é por isso que, por melhores que sejam os óculos de realidade virtual, eles nunca o convencerão de que você está "dentro" dessa realidade.

Mas, se a realidade é holográfica, é possível perceber isso diretamente? Nossos sentidos são limitados; eles são cortadores de biscoitos que pressionam a realidade. Já os exploradores da consciência relatam ser possível experimentar o mundo por completo, diretamente, todo o universo e um grão de areia, tudo ao mesmo tempo. E, desse ponto de vista, tudo – tudo o que percebemos com os sentidos – é *maya,* ilusão. Portanto, tudo é apenas um ponto de vista.

Ludwik Fleck, o epistemólogo e microbiologista polonês que inspirou a noção de paradigma de Thomas Kuhn, observou que quando os alunos iniciantes recebem seções microscópicas para observar, a princípio eles não conseguem fazer isso. Não conseguem ver o que está lá.

3. Na verdade, trata-se de uma alteração das relações de frequência e fase.

Por outro lado, eles costumam ver o que não existe. Como isso pode acontecer? A resposta é simples, porque toda percepção, especialmente as formas sofisticadas de percepção, exige treinamento e desenvolvimento rigorosos.

Depois de um tempo, todos os alunos começam a ver o que está lá para ser visto.

FAZENDO PERGUNTAS

Reflita um pouco sobre isto...

- Como seu paradigma ou atitude afeta o que você vê?
- Em que estado emocional você se encontra com mais frequência? Como esse estado afeta suas percepções?
- Você consegue ver algo que exista fora desse estado emocional?
- Se você percebe apenas o que sabe, como pode perceber algo novo?
- O que você está disposto a fazer para perceber algo novo?
- Por que você não vê auras?
- De onde vem essa nova percepção?

FÍSICA QUÂNTICA

Acho que posso dizer com segurança que ninguém entende a mecânica quântica.

– Richard Feynman, que recebeu o Prêmio Nobel de Física em 1965 pelo desenvolvimento da eletrodinâmica quântica

Aqueles que não ficam chocados quando se deparam com a teoria quântica pela primeira vez não podem tê-la entendido.

– Niels Bohr, que recebeu o Prêmio Nobel de Física de 1922 por seu trabalho sobre a estrutura do átomo

Se pessoas como os ganhadores do Prêmio Nobel não entendem a teoria quântica, que esperança temos? O que fazer quando a realidade bate à sua porta e lhe diz coisas confusas, desconcertantes e intrigantes? A forma como você reage, como procede na vida e quais são suas opções dizem muito sobre você, mas isso é um mistério para um capítulo posterior. Neste momento, vamos fofocar sobre elétrons, fótons e quarks e como algo (se é que é uma *coisa*!) tão minúsculo pode ser tão insondável e destruir nosso mundo bem-ordenado e compreensível.

DAVID ALBERT, PH.D.

Por um lado, essa é uma teoria paradoxal, intrigante e conceitualmente confusa. Por outro lado, não temos a opção de descartá-la ou negligenciá-la porque é a ferramenta mais poderosa e comprovada para prever os comportamentos dos sistemas físicos que já tivemos em nossas mãos.

– David Albert, Ph.D.

O conhecido encontra o desconhecido

A física newtoniana clássica baseava-se em observações de objetos sólidos e cotidianos da experiência comum, desde a queda de maçãs até a órbita de planetas. Suas leis foram repetidamente testadas, comprovadas e ampliadas ao longo de várias centenas de anos. Elas eram bem compreendidas e faziam um ótimo trabalho de previsão do comportamento físico – como se viu no triunfo da Revolução Industrial. Mas, no final do século 19, quando os físicos começaram a desenvolver as ferramentas para investigar os minúsculos domínios da matéria, descobriram algo muito intrigante: a física newtoniana não funcionava! Ela não conseguia explicar nem prever os resultados que os pesquisadores estavam encontrando.

Nos cem anos seguintes, uma nova descrição científica foi desenvolvida para explicar o mundo dos objetos muito pequenos. Conhecido como mecânica quântica ou física quântica (ou teoria quântica), esse novo conhecimento não *substitui* a física newtoniana, que ainda funciona muito bem para explicar objetos grandes e macroscópicos. Em vez disso, a nova física foi inventada para ir (corajosamente) até onde a física newtoniana não poderia ir: ao mundo subatômico.

O termo quantum foi aplicado pela primeira vez à ciência pelo físico alemão Max Planck em 1900; é uma palavra latina que significa simplesmente quantidade, mas é usada para designar a menor unidade de qualquer propriedade física, como energia ou matéria.

"O universo é muito estranho", diz o Dr. Stuart Hameroff. "Parece haver dois conjuntos de leis que governam o universo. Em nosso mundo clássico e cotidiano, ou seja, aproximadamente em nossas escalas de tamanho e tempo, as coisas são descritas pelas leis de movimento de Newton, estabelecidas há centenas e centenas de anos. No entanto, quando chegamos a uma escala menor, ao nível dos átomos, um conjunto diferente de leis assume o controle. Essas são as leis quânticas."

Fato ou ficção?

O que a teoria quântica revelou é tão alucinante que parece mais ficção científica: as partículas podem estar em dois ou mais lugares ao mesmo tempo. (Um experimento muito recente descobriu que uma partícula pode estar em até três mil lugares!) O mesmo "objeto" pode parecer uma partícula, localizável em um único lugar, ou uma onda, espalhada pelo espaço e pelo tempo.

Einstein disse que nada pode viajar mais rápido do que a velocidade da luz, mas a física quântica demonstrou que as partículas subatômicas parecem se comunicar *instantaneamente* em qualquer extensão do espaço.

A física clássica era *determinística*: dado qualquer conjunto de condições (como a posição e a velocidade de um objeto), você poderia determinar com certeza para onde ele iria. A física quântica é *probabilística*: *nunca* é possível saber com absoluta certeza como algo específico acontecerá.

A física clássica era *reducionista*: baseava-se na premissa de que somente conhecendo as partes separadas seria possível entender o todo. A nova física é mais orgânica e *holística*; ela pinta uma imagem do universo como um todo unificado, cujas partes estão interconectadas e influenciam umas às outras.

Talvez o mais importante seja o fato de a física quântica ter eliminado a nítida distinção cartesiana entre sujeito e objeto, observador e observado, que dominou a ciência por quatrocentos anos.

Se você quiser identificar uma das profundas mudanças filosóficas entre a mecânica clássica e a mecânica quântica, [é que] a mecânica clássica foi construída do zero em torno do que agora sabemos ser uma fantasia: a possibilidade de observar as coisas passivamente... A mecânica quântica pôs um fim decisivo nisso.

– David Albert, Ph.D.

Na física quântica, o observador *influencia* o objeto observado. Não há observadores isolados em um universo mecânico, mas tudo *participa* do universo. (Assunto tão importante que falaremos sobre ele em um capítulo separado).

Confusão mental nº 1 – Espaço vazio

Vamos começar com algo familiar para a maioria de nós. Uma das primeiras rachaduras na estrutura da física newtoniana foi a descoberta de que os átomos – em hipótese, os blocos de construção sólidos do universo físico – eram compostos principalmente de espaço vazio. Quão vazio? Se usarmos uma bola de basquete para representar o núcleo de um átomo de hidrogênio, o elétron que o circunda estaria a cerca de trinta quilômetros de distância – e tudo entre eles estaria vazio. Portanto, ao olhar ao redor, lembre-se de que o que existe são minúsculos pontos de matéria cercados por nada.

Bem, não é bem assim. Esse suposto "vazio" não é vazio de forma alguma: ele contém enormes quantidades de energia sutil e poderosa. Sabemos que a energia aumenta à medida que avançamos para níveis mais sutis de matéria (a energia nuclear é um milhão de vezes mais poderosa do que a energia química, por exemplo). Os cientistas agora dizem que há mais energia em um centímetro cúbico de espaço vazio (aproximadamente do tamanho de uma bola de gude) do que em toda a matéria do universo conhecido. Embora os cientistas não tenham sido capazes de medir isso de modo direto, eles observaram os efeitos desse mar de imensa energia.[4]

---

4. Para obter mais informações sobre isso, pesquise "Forças de Van der Waals" e o "Efeito Casimir".

Para mim, essa ciência é surpreendente em suas implicações. Em primeiro lugar, ela se comporta como mágica. Ela se comporta da maneira como eu costumava pensar que as coisas se comportavam quando era criança. Então, o que dizer daquele menino com seus sonhos e suas fantasias? Ele estava delirando? Talvez. Mas, suspeitamente, a mecânica quântica parece ser mágica. A questão é: onde está a linha divisória entre o mundo quântico estranho e maluco e o mundo em grande escala e que parece ser sólido? Desde que eu era adolescente, sempre me perguntei se sou feito de partículas subatômicas que fazem coisas de fato estranhas... É possível que eu seja capaz de fazer coisas estranhas?

– Mark

Confusão mental nº 2 – Partícula, onda ou ondícula?

Não só existe "espaço" entre as partículas, como, à medida que os cientistas se aprofundaram no átomo, descobriram que as partículas subatômicas (os constituintes dos átomos) também não são sólidas. E elas parecem ter uma natureza dupla. Dependendo de como as observamos, elas podem se comportar como partículas ou como ondas. As partículas podem ser descritas como objetos separados e sólidos com localizações específicas no espaço. As ondas, por outro lado, estão espalhadas, como as ondas sonoras ou as ondas na água.

NO DILEMA DAS PARTÍCULAS

Enquanto Schrödinger estava formulando sua equação de onda, Werner Heisenberg resolveu o mesmo problema usando matemática matricial avançada. Mas a matemática era obscura, não se relacionava com nossa experiência e não era tão fácil de entender como "onda", então as "transformações de matriz" foram abandonadas em favor da equação de "onda". Tudo isso é apenas uma analogia.

Como ondas, os elétrons ou fótons (partículas de luz) não têm localização precisa, mas existem como "campos de probabilidade". Como partículas, o campo de probabilidade "colapsa" em um objeto sólido localizável em lugar e tempo específicos.

Surpreendentemente, o que parece fazer a diferença é a observação ou a medição. Os elétrons não medidos e não observados se comportam como ondas. Assim que os submetemos à observação em um experimento, eles "colapsam" em uma partícula e podem ser localizados.

Quando um "objeto" subatômico está em seu estado de onda, o que ele se tornará quando for observado e localizado é incerto. Ele existe em um estado de múltiplas possibilidades. Esse estado é chamado de superposição. É como jogar uma moeda em um quarto escuro. Matematicamente, mesmo depois que ela cai na mesa, não podemos dizer se é cara ou coroa. Assim que a luz se acende, "colapsamos" a superposição, e a moeda se torna cara ou coroa. Assim como acender uma luz, a medição da onda colapsa a superposição mecânica quântica, e a partícula aparece em um estado "clássico" mensurável.

Como algo pode ser ao mesmo tempo uma partícula sólida e uma onda suave e fluida? Talvez o paradoxo possa ser resolvido relembrando o que dissemos anteriormente: as partículas *se comportam* como uma onda ou partícula. Mas a "onda" é apenas uma analogia. Assim como "partícula" é uma analogia do nosso mundo cotidiano. Essa noção de onda foi consolidada na teoria quântica por Erwin Schrödinger, que, com sua famosa "equação de onda", resumiu matematicamente as probabilidades ondulatórias da partícula antes da observação.

Em uma tentativa de deixar claro que eles não sabem com o que estão lidando, mas que, seja o que for, nunca viram nada parecido, alguns físicos decidiram chamar esse fenômeno de "ondícula".

Confusão mental nº 3 – Saltos quânticos e probabilidade

Ao estudarem o átomo, os cientistas descobriram que os elétrons, quando se movem de uma órbita para outra ao redor do núcleo, não se movem pelo espaço da mesma forma que os objetos comuns – em vez disso, eles se movem *instantaneamente.* Ou seja, eles desaparecem de um lugar, de uma órbita, e aparecem em outra. Isso foi chamado de *salto quântico.*

Como se isso não fosse suficiente para quebrar as regras da realidade do senso comum, eles também descobriram que não podiam determinar onde os elétrons apareceriam ou quando eles saltariam. O melhor que podiam fazer era formular as probabilidades (equação de onda de Schrödinger) da nova localização de um elétron. "A realidade, tal como a vivenciamos, está sendo criada a cada momento, a partir desse conjunto de possibilidades", diz o Dr. Satinover, "mas o verdadeiro mistério disso é que, desse conjunto de possibilidades, a que vai acontecer não é determinada por *nada que faça parte do universo físico.* Não há nenhum processo que faça isso acontecer."

Ou, como é dito com frequência: os eventos quânticos são os únicos eventos verdadeiramente aleatórios no universo.

> Para mim, a pergunta interessante não é: "Por que a quântica é tão interessante?", mas "Por que TANTAS PESSOAS se interessam pela quântica?". Ela desafia todas as nossas noções sobre a maneira como o mundo é; ela nos diz que as coisas mais óbvias que SABEMOS que são verdadeiras, simplesmente não são. E, ainda assim, cativa milhões de pessoas que supostamente "não têm um osso científico em seu corpo".
>
> – Will

Confusão mental nº 4 – O princípio da incerteza

Na física clássica, todos os atributos de um objeto, inclusive sua posição e velocidade, podem ser medidos com precisão limitada apenas por nossa tecnologia. Mas no nível quântico, sempre que se mede uma propriedade, como a velocidade, não é possível obter uma medição precisa de outras propriedades, como a posição. Se você sabe onde algo está, não pode saber a que velocidade está indo. Se você sabe a que velocidade está indo, não sabe onde está. E não importa quão sutil ou avançada seja a tecnologia, é impossível romper esse véu de precisão.

O Princípio da Incerteza (também conhecido como Indeterminação) foi formulado por Werner Heisenberg, um dos pioneiros da física quântica. Ele afirma que, por mais que se tente, não é possível obter uma medição precisa da velocidade e da posição. Quanto mais nos concentramos em uma delas, mais perdida na incerteza fica a medição da outra.

Devo ter deixado Mark e Will malucos. Eu costumava me perguntar um milhão de vezes por dia: *O que diabos isso tem a ver comigo? Por que eu deveria me preocupar com o mundo maluco da quântica – meu mundo já é maluco o suficiente!* Ainda não tenho certeza se entendi tudo. Foi Fred Alan Wolf quem disse: "Se você acha que entendeu, não ouviu nada!". Uma coisa que aprendi com toda essa maluquice quântica é aproveitar o caos, abraçar o desconhecido, pois dele podem surgir grandes experiências!

– Betsy

Confusão mental nº 5 – Não localidade, EPR, Teorema de Bell e emaranhamento quântico

Albert Einstein não gostava da física quântica (para dizer o mínimo). Entre outras coisas, ele respondeu à aleatoriedade descrita anteriormente com a citação infame: "Deus não joga dados com o universo". Ao que Niels Bohr reclamou: "Pare de dizer a Deus o que fazer!".

Em uma tentativa de derrotar a mecânica quântica, em 1935 Einstein, Pedolsky e Rosen (EPR) escreveram um experimento mental que tentava mostrar como ela era ridícula. De forma inteligente, desenharam uma das implicações da quântica que não era apreciada na época: você faz com que duas partículas sejam criadas ao mesmo tempo, o que significa que elas estariam emaranhadas ou em superposição. Em seguida, você as dispara para lados opostos do universo. Então, você faz algo em uma partícula para mudar seu estado; a outra partícula muda instantaneamente para adotar um estado correspondente. Instantaneamente!

Qual é o som de um elétron entrando em colapso?

A ideia era tão absurda que Einstein se referiu a ela como "ação assustadora a distância". De acordo com sua teoria da relatividade, nada pode viajar mais rápido do que a velocidade da luz. E essa velocidade era infinitamente rápida! Além disso, a ideia de que um elétron pode acompanhar outro elétron do outro lado do universo violava todo o senso comum da realidade.

Então, em 1964, John Bell criou uma teoria que dizia que sim, a afirmação do EPR está correta. É isso que acontece – a ideia de algo ser local, ou existir em um único lugar, está incorreta. Tudo é não local. As partículas estão intimamente ligadas em algum nível que está *além do tempo e do espaço.*

Ao longo dos anos, desde que Bell publicou seu teorema, essa ideia foi verificada inúmeras vezes em laboratório. Acompanhe isto rapidamente. O tempo e o espaço, os recursos mais básicos do mundo em que vivemos, são de alguma forma substituídos no mundo quântico pela noção de que tudo se toca o tempo todo. Não é de se admirar que Einstein tenha pensado que esse seria o fim para a mecânica quântica – não faz sentido.

No entanto, esse fenômeno parece ser uma lei operável no universo. De fato, Schrödinger foi citado como tendo dito que o emaranhamento não era *um* dos aspectos interessantes do quantum; era *o* aspecto. Em 1975, o físico teórico Henry Stapp chamou o Teorema de Bell de "a descoberta mais profunda da ciência". Observe que ele diz *ciência*, não apenas *física.*

Nós nos apoiamos em bilhões de vidas genéticas para nos dar esse corpo genético perfeito, esse cérebro genético perfeito que levou milhares de anos para evoluir, para que pudéssemos ter esta conversa em abstrato. Se estamos aqui para sermos incorporados na maior máquina evolucionária que já existiu, nosso corpo e nosso cérebro humano, então merecemos o direito ao "e se".

– Ramtha

Física quântica e misticismo

É provável que esteja ficando fácil entender por que os dois domínios da física e do misticismo se chocam. As coisas estão separadas, mas sempre se tocam (não local); os elétrons se movem de A para B, mas nunca no meio; a matéria parece (matematicamente) ser uma função de onda distribuída e só entra em colapso, ou se torna espacialmente existente, quando medida.

Os místicos parecem não ter problemas com essas ideias, a maioria das quais é anterior ao acelerador de partículas. Muitos dos fundadores da quântica tinham um grande interesse em questões espirituais. Niels Bohr usou o símbolo *ying/yang* em seu brasão; David Bohm teve longas discussões com o sábio indiano Krishnamurti; Erwin Schrödinger deu palestras sobre os Upanishads.

Mas será que a física quântica *comprova* a visão de mundo mística? Se você perguntar aos físicos, obterá respostas muito variadas. Pergunte isso em um coquetel de física e exponha um ponto de vista enfaticamente, e *poderá* (afinal, a quântica é probabilística) acontecer uma briga.

Com exceção dos materialistas convictos, o consenso parece ser o de que estamos no estágio da analogia. Que os paralelos são surpreendentes demais para serem ignorados. Que a mentalidade para manter uma visão paradoxal do mundo é a mesma tanto na quântica quanto no zen. Como citamos o Dr. Radin antes: "Mas há outra maneira de pensar sobre o mundo que é *sugerida;* ela é *apontada* pela mecânica quântica".

Perguntas sobre o que causa o colapso da função de onda, ou se os eventos quânticos são aleatórios, ainda estão em grande parte sem resposta. Mas, embora o desejo de produzir um conceito verdadeiramente unificado da realidade, que nos inclua, e que responda aos mistérios quânticos, seja convincente, o filósofo contemporâneo Ken Wilber também recomenda cautela:

O trabalho desses cientistas – Bohm, Pribram, Wheeler e todos – é importante demais para ser sobrecarregado com especulações selvagens sobre misticismo. E o próprio misticismo é profundo demais para ser atrelado a fases de teorização científica. Que eles se apreciem e que seu diálogo e sua troca mútua de ideias nunca cessem...

Meu objetivo, portanto, ao criticar certos aspectos do novo paradigma, é *não* impedir o interesse em novas tentativas. Trata-se, na verdade, de um apelo à precisão e à clareza na apresentação de questões que são, afinal, extraordinariamente complexas.

Conclusões

Conclusões? Você só pode estar brincando! Por favor, se tiver alguma conclusão, apresente-a. Independentemente disso, seja bem-vindo ao mundo contencioso, estimulante, intrigante e revelador do pensamento abstrato. Ciência, misticismo, paradigmas, realidade – veja o que nós, humanos, investigamos, descobrimos e debatemos.

Veja como a mente humana explorou esse estranho mundo no qual parece que nos encontramos.

Essa é a nossa verdadeira grandeza.

FAZENDO PERGUNTAS

Reflita um pouco sobre isto...

- Pense em um exemplo de uma experiência de física newtoniana em sua vida.
- A física newtoniana definiu seu paradigma?
- O fato de ter novos conhecimentos sobre o mundo maluco e estranho da quântica muda seu paradigma? Como?
- Você está disposto a experimentar além do que é conhecido?
- Pense em um exemplo de um efeito quântico em sua vida.
- Quem ou o que é o "observador" que determina a natureza e a localização da "partícula"?

OBSERVADOR

Espelho, espelho meu, quem
colapsa o muito pequeno?

– Versão quântica de um antigo conto de fadas

Minha decisão consciente sobre como observar um elétron determinará as propriedades do elétron até certo ponto. Se eu lhe fizer uma pergunta sobre partículas, ele me dará uma resposta sobre partículas. Se eu lhe fizer uma pergunta sobre ondas, ele me dará uma resposta sobre ondas.

– Fritjof Capra

Ao se deparar com a evidência experimental de que o processo de observação parece influenciar o que está sendo observado, a ciência foi forçada a abandonar quatro séculos de suposições e a lidar com uma ideia revolucionária: *estamos* envolvidos na realidade. Embora a natureza e a extensão dessa influência ainda estejam sendo muito debatidas, está claro que, como diz Fritjof Capra, "a característica crucial da teoria quântica é que o observador não é apenas necessário para obser-

Essa profunda mudança na concepção dos físicos sobre a natureza básica de seu trabalho e sobre o significado de suas fórmulas não foi uma ação frívola. Foi um último recurso. A própria ideia de que, para compreender os fenômenos atômicos, é preciso abandonar a ontologia física e interpretar as fórmulas matemáticas diretamente sobre o conhecimento dos observadores humanos, em vez de sobre os próprios eventos reais externos, é tão absurda que nenhum grupo de cientistas eminentes e renomados a adotaria, exceto como uma última medida extrema.

– Henry Stapp

var as propriedades de um fenômeno atômico, mas, sim, até mesmo para produzir essas propriedades".

O observador afeta o observado

Antes que uma observação ou medição seja feita, o objeto existe como uma onda de probabilidade (tecnicamente chamada de *função de onda*). Ele não tem localização ou velocidade específicas. Sua função de onda ou onda de probabilidade contém a probabilidade de que, quando observado em uma medição, ele estará *aqui* ou *ali*. Ele tem posições potenciais, velocidades potenciais, mas não saberemos quais são elas até que seja observado.

"Nessa visão", escreve Brian Greene em *O tecido do cosmo*, "quando medimos a posição do elétron, não estamos medindo uma característica objetiva e preexistente da realidade. Em vez disso, o ato de medir está profundamente envolvido na criação da própria realidade que está sendo medida." Fritjof Capra conclui: "O elétron não tem propriedades objetivas independentes da minha mente".

Tudo isso serve para obscurecer a distinção outrora nítida entre o "mundo lá fora" e o observador subjetivo, que parecem se fundir ou dançar juntos no processo de descoberta – ou seria criação? – do mundo.

> Acho que uma das coisas fantásticas que as pessoas não percebem quando falam sobre o observador é quem ele realmente é. Talvez tenhamos nos acostumado tanto com a palavra que não a entendemos. O observador é todo ser humano, independentemente de sexo, raça, posição social ou credo. Isso significa que TODO ser humano tem a capacidade de observar e alterar a realidade subatômica. Você poderia escolher qualquer pessoa – CEO, faxineiro, prostituta, violinista, policial – e ela poderia fazer isso. Não apenas cientistas em seus salões sagrados. Essa

ciência pertence a todos porque a própria ciência é uma metáfora para explicar o ser humano.

– Mark

O problema da medição

Hoje, esse efeito da observação costuma ser chamado de problema de medição. Embora as primeiras descrições desse fenômeno incluíssem o observador consciente, houve muitas tentativas de remover a incômoda palavra "consciente" do problema. Perguntas sobre o que é consciente surgiram rapidamente: se um cachorro olhar os resultados de um experimento com elétrons, isso colapsará a função de onda?

Para entendermos a mecânica quântica, para determinarmos totalmente o que ela diz sobre a realidade... precisamos lidar com o problema da medição quântica.

– Brian Greene, *O tecido do cosmo*

Ao removerem *a consciência* do problema, os físicos conseguiram perceber o fato mencionado antes: a fantasia de poder fazer uma medição e não afetar o que foi medido foi descartada. A proverbial "mosca na parede" que fica pousada sem influenciar as coisas não pode existir. (E não precisamos nos preocupar se a mosca está ou não *consciente*!)

Para lidar com os problemas de observadores, medição, mente e colapso, várias teorias foram apresentadas ao longo dos anos. A primeira teoria, ainda muito discutida, é a Interpretação de Copenhague.

> *A pergunta pode ser: podemos criar um modelo matemático do que um observador está fazendo, quando um observador está observando e mudando a realidade? Até agora, isso nos escapou. Qualquer modelo matemático que usemos e que inclua a observação parece introduzir descontinuidades na matemática. O observador foi deixado de fora da equação da física por uma razão simples: é mais fácil fazer as coisas dessa forma.*
>
> – FRED ALAN WOLF, PH.D.

A interpretação de Copenhague

A ideia radical de que o observador tem uma influência inescapável em qualquer processo físico observado, de que não somos testemunhas neutras e objetivas das coisas e dos eventos, foi defendida pela primeira vez por Niels Bohr e seus colegas em Copenhague, onde Bohr morava; por isso, com frequência é chamada de Interpretação de Copenhague. Bohr argumentou que o Princípio da Incerteza de Heisenberg implicava mais do que apenas o fato de que não se pode determinar exatamente a velocidade com que uma partícula subatômica está se movendo e onde ela está localizada. O argumento de Bohr, como explica Fred Alan Wolf, era que "não é apenas o fato de não podermos medi-la. Não é um 'isso', até que seja um 'isso' *observado*. Heisenberg achava que havia 'isso' lá fora". Ele não podia aceitar o fato de que não havia "coisas" até que um observador estivesse envolvido. Bohr acreditava que as partículas em si não existiam até que as observássemos e que a realidade em um nível quântico não existia até que fosse observada ou medida.

De fato, muitos cientistas resistiram e contestaram essa noção difícil e intrigante que vai contra o senso comum e nossa experiência diária. Einstein e Bohr discutiram noite adentro em várias ocasiões, com Einstein dizendo que não conseguia aceitar isso.

O universo de Einstein era um universo no qual os objetos possuem valores definidos de todos os atributos físicos possíveis. Os atributos não ficam no limbo, esperando que a medição de um experimentador os traga à existência. A maioria dos físicos diria que Einstein também estava errado nesse ponto. As propriedades das partículas, segundo essa visão majoritária, passam a existir quando as medições as forçam a isso... Quando não estão sendo observadas... as propriedades das partículas têm existência nebulosa e difusa, caracterizada apenas pela probabilidade de que uma ou outra potencialidade possa ser realizada.

– Brian Greene, *O tecido do cosmo*

Há discordância – alguns podem dizer que se trata de um debate acirrado – sobre se isso significa ou não que a consciência humana, o observador humano (em oposição ao não humano), é o que colapsa a função de onda e leva o objeto de um estado de probabilidade para seu valor pontual.

Heisenberg sustentava que a mente era intrínseca ao problema. Ele se referiu ao ato de medição como

> o ato de registro do resultado *na mente do observador*. A mudança descontínua na função de probabilidade... ocorre com o ato de registro, porque é a mudança descontínua *em nosso conhecimento* no instante do registro que tem sua imagem na mudança descontínua da função de probabilidade (itálico nosso).

Ou, como Lynne McTaggart expressa em termos um pouco menos científicos:

> A realidade é uma gelatina não definida. Há um grande lodo indeterminado lá fora que é a

nossa vida em potencial. E nós, pelo nosso ato de envolvimento, nosso ato de notar, nossa observação, fazemos com que essa gelatina se solidifique. Portanto, somos intrínsecos a todo o processo da realidade. Nosso envolvimento cria essa realidade.

Os fundamentos da mecânica quântica

Essa área de investigação surgiu nos anos 1970 como uma tentativa de remover a parte "consciente" das teorias da mecânica quântica. Era uma maneira muito mais mecanicista de enxergar o problema da medição. Nela, o dispositivo físico de medição era visto como o agente ativo.

> *Se perguntarmos... se a posição do elétron permanece a mesma, devemos dizer: "Não"; se perguntarmos se a posição do elétron muda com o tempo, devemos dizer: "Não"; se perguntarmos se o elétron está em repouso, devemos dizer: "Não"; se perguntarmos se ele está em movimento, devemos dizer: "Não".*
>
> – J. ROBERT OPPENHEIMER, PRESIDENTE DO PROJETO DE LOS ALAMOS QUE CRIOU A BOMBA ATÔMICA

Como o Dr. Albert descreve:

(Houve) uma série de conversas progressivamente mais e mais embaraçosas do tipo: "Bem, um gato pode causar esses efeitos com sua consciência? Um rato pode causar esses efeitos com sua consciência?". Por fim, ficou claro que as palavras envolvidas aqui eram tão imprecisas, tão escorregadias, que não seria possível construir uma teoria científica útil em torno delas, e a ideia foi abandonada.

Esse trabalho [*Foundations of Quantum Mechanics*] tem a ver com a tentativa de descobrir como alterar as equações para produzir essas mudanças ou como acrescentar coisas, acrescentar coisas físicas à nossa imagem do mundo, para mostrar como essas mudanças ocorrem.

Em resumo, o *Foundations of Quantum Mechanics* tentou analisar a física quântica de um ponto de vista puramente físico, que não incluía os desafios de um observador consciente.

A teoria dos muitos mundos

O físico Hugh Everett propôs que, quando uma medição quântica é realizada, em vez de a função de onda entrar em colapso em apenas um resultado, todos os resultados possíveis se tornarão reais. No processo de atualização, o universo se dividirá em tantas versões de si mesmo quantas forem necessárias para acomodar todos os resultados de medição possíveis. Isso dá origem à noção (um tanto complicada, mas que expande a mente) de que há inúmeros universos paralelos onde todas as potencialidades quânticas se desenvolvem.

Reserve um momento para digerir este conceito: toda vez que você faz uma escolha, há inúmeras possibilidades ou resultados paralelos dessa escolha ocorrendo *ao mesmo tempo*!

> A teoria neorrealista me parece dizer que: "Sabemos que a quântica está errada porque não a entendemos (paradoxos), e estamos certos porque pensamos assim (é senso comum), e temos certeza de que, quando soubermos mais (variáveis ocultas encontradas), será provado que estamos certos". Mais ou menos como: "Sabemos que Elvis ainda está vivo; só não o encontramos ainda".
>
> – Will

Lógica quântica

O matemático John von Neumann desenvolveu uma base matemática rigorosa para a teoria quântica. Ao analisar o observador e o observado, ele dividiu o problema em três processos.

O **processo 1** foi a decisão do observador de fazer uma pergunta ao mundo quântico. *"Espelho, espelho meu"*. Essa escolha já limita os modos de liberdade disponíveis para o sistema quântico responder. (De fato, fazer qualquer pergunta limita a resposta: se alguém perguntar que fruta você comeu no jantar, bife não é uma resposta válida.)

Quando entendemos o observador, temos de nos curvar a uma mente maior que está transformando essa energia em modos de realidade que ainda não sonhamos em nossa vida. Ainda só a percebemos como caos, mas sua ordem é definitiva. Ela está acima de nós. É mais profunda.
– Ramtha

O **processo 2** foi o estado evolutivo da equação de onda – o processo pelo qual a nuvem de probabilidade se desdobra ou evolui de uma maneira descrita pela equação de onda de Schrödinger.

O **processo 3** foi o estado quântico que respondeu à pergunta feita no processo 1, que "*colapsa o muito pequeno*".

Um dos aspectos interessantes desse formalismo foi a decisão sobre o que perguntar ao mundo quântico. Toda observação envolvia uma escolha sobre o que observar. De repente, palavras como "escolha" e "livre-arbítrio" estavam sendo vistas como parte de todo o evento quântico. Embora a questão de saber se um cão é um observador consciente seja discutível, a questão de saber se um cão decidiu ou não (processo 1) fazer uma medição quântica em relação à natureza ondulatória dos elétrons parece bastante óbvia.

Nessa teoria da lógica quântica, não há distinção sobre o que está incluído no sistema físico envolvido no processo 2. *Isso significa que o cérebro do observador pode ser considerado parte da função de onda em evolução, e não apenas os elétrons que estão sendo observados.* Isso deu origem a várias teorias sobre a consciência, a mente e o cérebro.[5]

Por meio da lógica quântica de John von Neumann, uma parte fundamental do problema da medição foi apresentada: uma decisão do observador faz uma medição. Essa decisão limita os graus de liberdade aos quais o sistema físico (como os elétrons) pode responder, afetando assim o resultado (realidade).

Neorrealismo

O neorrealismo foi liderado por Einstein, que se recusou a aceitar qualquer interpretação que concluísse que a realidade do senso comum não existe por si só, independentemente de nossas observações e medições. Os neorrealistas propõem que a realidade consiste nos objetos familiares à física clássica e que os paradoxos da mecânica quântica revelam que a teoria é incompleta e falha. Essa visão também é conhecida como a interpretação da "variável oculta" da mecânica quântica, que pressupõe que, quando descobrirmos todos os fatores ausentes, os paradoxos desaparecerão.

A consciência cria a realidade

Essa interpretação leva ao extremo a ideia de que o ato consciente de observação é o principal fator na formação da realidade. Isso confere ao ato de observação um papel especialmente privilegiado no colapso do possível em real. A maioria dos físicos tradicionais considera essa

---

5. Henry Stapp, *The Mindful Universe* [O universo consciente]. Isso é abordado no capítulo "Cérebro quântico".

interpretação pouco mais do que um pensamento desejoso da Nova Era e um mal-entendido confuso sobre o problema da medição.

Há um capítulo inteiro em que isso é discutido. Basta dizer que esse debate está em andamento há milênios. As mais antigas tradições espirituais e metafísicas há muito defendem a opinião de que, nas palavras de Amit Goswami: "A consciência é a base de todo o ser". Os prótons e nêutrons são relativamente novos no debate. Seu aparecimento no banco das testemunhas foi, de fato, um evento notável.

> *Descobrimos que onde a ciência progrediu mais, a mente recuperou da natureza aquilo que a mente colocou na natureza. Encontramos uma estranha pegada nas margens do desconhecido. Elaboramos teorias profundas, uma após a outra, para explicar sua origem. Por fim, conseguimos reconstruir a criatura que fez a pegada. E eis que ela é nossa.*
>
> – Sir Arthur Eddington

Integridade

O protegido de Einstein, David Bohm, sustentou que a mecânica quântica revela que a realidade é um todo indivisível no qual tudo está conectado de forma profunda, transcendendo os limites comuns de espaço e tempo. Ele apresentou o conceito de que há uma "ordem implícita" da qual surge a "ordem explícita" (o universo físico oculto e não detectável). O envolvimento e o desdobramento dessas ordens dão origem às variedades do mundo quântico. A visão de Bohm sobre a natureza da realidade deu origem a uma teoria holográfica do universo, usada por Karl Pribram e outros para explicar o cérebro e a percepção. Em uma conversa recente com Edgar Mitchell, ele sentiu que a Interpretação de Copenhague é imprecisa e que a holografia quântica é um modelo muito melhor da realidade.

> Sempre tive a impressão de que eu era um pepino muito legal. Totalmente no controle de minhas emoções, minhas reações a pessoas, lugares, coisas, tempo e eventos. Então, quando ouvi Fred Alan Wolf, John Hagelin e nossos outros entrevistados, percebi que eu não passava de uma bola de gude que ricocheteava nas paredes da vida. Estou surpresa por ter tido tempo para respirar e não ter sofrido um grave ferimento na cabeça! Tornar-me mais observadora do que acontece "dentro" e usar isso para mudar minha percepção do "fora" abriu as possibilidades em minha vida. Coisas que eu nunca soube que poderia fazer ou ver, eu posso, e o tempo passa muito mais devagar e em um ritmo em que tenho a capacidade de observar e escolher em vez de reagir e me arrepender.
>
> – Betsy

Depois, há eu...

Até agora, lidamos sobretudo com a noção física do observador. O outro lado do observador é possivelmente o sentido mais íntimo que cada um de nós tem sobre si mesmo. Temos a sensação de que há "um observador" em algum lugar dentro de nós, observando, observando o tempo todo. Às vezes chamado de "a voz mansa e delicada", muitas tradições e práticas espirituais têm usado o termo observador para entender o eu inefável ou para perceber nossa natureza interna e, por meio da observação, mudar o ego externo.

A prática zen de estar sempre presente no momento e não se deixar levar pelas atividades externas também pode ser descrita como permanecer no observador.

Não é de se admirar que o impulso de vincular a visão subjetiva do observador à visão científica seja tão convincente, sobretudo quando a visão científica parece estar falando sobre isso. O sujeito e o objeto estão intimamente relacionados. E embora nosso senso interno do observador seja em geral passivo, a ciência parece estar dizendo que a observação é ativa. Há um efeito físico na observação.

E quer a palavra que começa com "C" – consciência – seja ou não o único agente afetado, o fato de que qualquer medição altera o sistema físico é, por si só, uma revelação. Ele diz que não é possível retirar qualquer *informação* de um sistema sem alterar a fisicalidade desse sistema.

> *"Do ponto de vista quântico, o universo é um lugar extremamente interativo", comenta o escritor científico Dan Winters em um artigo da Discover com o título provocativo: "O universo existe se não estivermos olhando?". O artigo resume a ideia do físico de Princeton, John Wheeler, de "gênese por observação". De acordo com Wheeler (um colega de Albert Einstein e Niels Bohr e criador do termo "buraco negro"): "Não somos apenas espectadores em um palco cósmico; somos modeladores e criadores que vivem em um universo participativo".*

Quanto o observador afeta o observado?

Essa é uma pergunta de grande importância. Diz Fred Alan Wolf:

> Você não está mudando a realidade lá fora. Você não está mudando as cadeiras, os caminhões grandes, as escavadeiras e os foguetes que decolam – você não está mudando isso! Não! Mas está mudando a forma como percebe as coisas, ou talvez como pensa sobre as coisas, como se sente sobre as coisas, como sente o mundo.

Mas por que não estamos mudando os caminhões grandes, as escavadeiras e o desaparecimento ecológico? De acordo com o Dr. Joe

Dispenza: "Porque perdemos o poder de observação". Ele acredita em manter a mensagem da física quântica muito simples: a observação tem um efeito direto no mundo do observador. Isso motivará as pessoas a se concentrarem em se tornar melhores observadores. Ele continua:

> O mundo subatômico responde à nossa observação, mas uma pessoa comum perde a capacidade de atenção a cada seis a dez segundos... então, como o mundo muito grande pode responder a alguém que não tem a capacidade de focar e se concentrar? Talvez sejamos apenas observadores ruins. Talvez não tenhamos dominado a habilidade de observação e talvez ela seja uma habilidade...
>
> Devemos estar dispostos a sentar todos os dias e pegar uma parte do nosso dia, deixá-lo de lado e começar a observar, a projetar um novo futuro possível para nós mesmos e, se fizermos isso de modo correto e o observarmos adequadamente, as oportunidades começarão a aparecer em nossa vida.

Alterando sua realidade cotidiana

Passando da escala subatômica para a escala humana: o que é observação? Para os seres humanos, a porta de entrada da observação é a percepção. Sua percepção. E você se lembra dos capítulos anteriores sobre como isso pode ser suspeito? ("Espelho, espelho meu...") Como observa Amit Goswami:

> Toda observação pode ser vista como uma medição quântica, porque a medição quântica produz memória cerebral. Essas memórias cerebrais são ativadas toda vez que encontramos e experimentamos novamente um estímulo repetido. Um estímulo repetido sempre pro-

vocará não apenas a impressão original, mas também essa repetição de impressões de memória...

Sempre percebemos algo após a reflexão no espelho da memória. É esse reflexo no espelho da memória que nos dá a sensação de "eu", de quem eu sou, ou seja, um padrão de hábitos, um padrão de memórias, um padrão de passado.

Em outras palavras:

Memória (passado) → Percepção → Observação → (afetando) Realidade

É de se admirar que práticas como "Um Curso em Milagres" enfatizem *o perdão* como o elemento importante para mudar o presente? E pense nos ensinamentos de Jesus – o quanto ele ensinou sobre o perdão. E sobre a percepção: "Antes de achar defeito no seu próximo por causa do cisco no olho dele, primeiro tire a trave do seu olho". E a observação final: "Ame o seu próximo como a si mesmo".

O subtítulo deste livro é "Descubra as infinitas possibilidades para transformar a sua realidade". Bem, se a realidade é apenas a resposta para as perguntas ou atitudes mantidas na mente, e essa resposta se estabelece no final de uma longa cadeia de memórias, percepções e observações, não se trata tanto de como alteramos a realidade, mas sim de como nos perguntamos *por que* mantemos nossa realidade a mesma. Na resposta a isso está a chave para a mudança.

O problema da medição só é um "problema" porque enfraquece radicalmente a noção de que estamos fora do que é observado. Até mesmo um simples dispositivo de medição interage com o sistema medido e o altera. Há uma fluidez na realidade observada que parece contrária ao mundo das xícaras de café e dos foguetes que decolam. No entanto, essa é uma característica fundamental de como todos os aspectos da realidade se conectam uns aos outros.

E a palavra-chave é conectar. Ou poderíamos dizer emaranhar, ou ser parte da mesma equação de onda. Essa noção da inseparabilidade essencial de todas as coisas continua aparecendo no banco das testemunhas quânticas.

E quem somos nós, meros humanos, para discutir com um gazilhão de bilhões de elétrons?

Quem colapsa o muito pequeno? Não é *quem, mas o quê.* Cada coisa.

A questão permanece: são apenas *coisas,* ou também *não coisas*: mente, espírito, consciência? E, se for o caso, eles são tão reais quanto as coisas que colapsam? No mundo das ilusões, a separação entre coisas e não coisas pode ser a única ilusão que sustenta todas as outras ilusões.

FAZENDO PERGUNTAS

Reflita um pouco sobre isto...

- É possível se identificar como o observador se você for o observador?
- O que ou quem é o eu?
- O que ou quem é o observador?
- Eles são separados?
- Você consegue observar algo dentro de si mesmo que não seja o próprio eu?
- Se você puder se tornar um observador do seu "eu", como isso mudará sua percepção da realidade?
- Se é preciso que o observador crie a realidade, qual é o seu grau de concentração como observador? Que realidade você está criando em seu estado atual de observação?
- Por quanto tempo você consegue manter um pensamento?
- A realidade continua a existir quando você não a está observando?
- Se o observador é necessário para colapsar a realidade, então o que mantém seu corpo unido quando você está dormindo?
- Quem ou o que é o observador?

CONSCIÊNCIA

A consciência é algo muito difícil de definir. As pessoas têm tentado explicar a consciência e descobrir o que ela é exatamente. O que ela significa para nós como seres humanos. Por que a temos.

– Andrew Newberg

Qual é uma definição simples de consciência? Você sabe, é a coisa mais difícil de definir.

– Fred Alan Wolf

Nick Herbert obteve seu Ph.D. em física experimental pela Universidade de Stanford. Durante anos, foi cientista sênior da Memorex Corporation, no Vale do Silício, e trabalhou com física magnética, eletrostática, óptica e térmica. Ele escreveu *Quantum Reality: Beyond the New Physics* [Realidade quântica: além da nova física] e lecionou ciências em todos os níveis (desde o jardim de infância até a pós-graduação). Lembra-se do Teorema de Bell (que prova a existência da não localidade), visto em capítulos anteriores? Nick Herbert criou a prova matemática mais concisa dessa característica revolucionária do universo que demonstra a interconexão além do espaço e do tempo. E no que ele está interessado agora? *Na consciência.*

STUART HAMEROFF, M.D.

Por que estamos aqui? Bem, essa é a pergunta definitiva, não é? Por nós, presumo que você esteja se referindo a seres conscientes, ou seja, nós.

"Minha noção real é que *a consciência é o problema mais difícil*", diz ele, "e que a física basicamente se dedicou aos problemas fáceis. Podemos encontrar todas as forças e todas as partículas da natureza – essa é a busca da física –, mas e depois? Depois, temos que enfrentar alguns desses problemas mais difíceis – a natureza da mente, a natureza de Deus e outros maiores sobre os quais ainda nem sabemos como perguntar."

O que é consciência?

Todos nós a temos. (Não é mesmo?) Somos todos seres conscientes e atentos. (Em um dia bom.) Vimos que a física quântica se deparou com a consciência em sua busca por respostas sobre a realidade e a percepção. "Ela" está conosco o tempo todo: toda experiência sensorial, pensamento, ação e interação ocorrem no campo da consciência.

A consciência é fundamental para tudo o que fazemos – arte, ciência, relacionamentos, vida; é a constante de nossa vida. No entanto, a ciência fez muito pouco para examiná-la profundamente. Em seus quase quatrocentos anos de vida, "a ciência fez um imenso progresso na compreensão do universo físico em todas as escalas, do quark ao quasar", diz Herbert. Mas a consciência continua sendo "um buraco negro intelectual".

Você acha que a ciência entenderá isso melhor do que ter de lidar com uma batata quente chamada consciência, ligada a tantas religiões cultistas e vodus retrógrados?
– Ramtha

Muitos cientistas, tanto da física quanto da psicologia, que ainda estão presos ao paradigma materialista/newtoniano, descartam a consciência como um produto do funcionamento do cérebro. (A palavra que eles usam com mais frequência é *epifenômeno*, que significa essencialmente um efeito colateral ou subproduto.) Isso diz que o seu senso de "eu" é um acidente "oops" da evolução. E que, quando o cérebro morre, o "oops" desaparece, e a embalagem se junta no lixão aos outros invólucros consumidos.

A maioria de nós considera natural a palavra e a ideia de consciência. Quando olho para o meu corpo, tenho a sensação de que algo o está conduzindo. Algo o anima. Na maioria das vezes,

> nunca perguntamos o que é esse algo, porque nós somos ele. As ocasiões em que isso foi mais profundamente perceptível foram quando eu estava fora do meu corpo e olhei para ele. Nesse momento, vejo a forma de um corpo humano, que levo algum tempo para reconhecer como eu mesmo. Nesses momentos, sou algo que ainda existe, que ainda "pensa" e que ainda tem um senso de identidade. Essa experiência está além da linguagem, e talvez seja por isso que ninguém tenha conseguido descrever com sucesso o que é a consciência usando palavras.
>
> – MARK

No caminho errado

Se a consciência é tão importante e fundamental, por que se sabe tão pouco sobre ela? Uma explicação é que é como procurar seus óculos enquanto eles estão no seu nariz – ela está sempre lá, portanto é tida como certa. Outro motivo é que vivemos em uma época extremamente materialista, dominada por uma ciência materialista; em outras palavras, como cultura, estamos interessados nas "coisas lá fora", e não tanto no que acontece "aqui dentro".

> Um grande reflexo de nossa sociedade materialista é: quem são os heróis em nossas escolas? As escolas tratam de educação, conhecimento, aprendizado – da vida mental. Os heróis são os atletas – a vida física.
>
> – WILL

Mesmo quando voltamos nossa atenção para o interior, estamos mais interessados no *conteúdo* da consciência, nas coisas que povoam os neurônios – pensamentos, sonhos, planos, especulações –, do que na

Nossa pesquisa sobre o cérebro ajudou a iluminar os estados superiores de consciência além da vigília, do sonho e do sono. Existem até sete estados de consciência. Além dos três que costumamos experimentar, há a consciência pura. É o estado mais simples da consciência humana, um estado profundo estabelecido e silencioso de percepção ilimitada, no qual a mente se identifica e experimenta o campo unificado de todas as leis da natureza.

– John Hagelin, Ph.D.

própria consciência. Estamos interessados nas imagens do filme, mas nos esquecemos de que, sem a tela na qual as imagens são exibidas, nada estaria lá.

Mas provavelmente o motivo mais importante é que *a consciência não se encaixa no paradigma newtoniano.* Ela não é feita de coisas mensuráveis. Não se pode colocar um medidor na consciência. E a maioria dos cientistas continua imersa na visão de mundo separada há centenas de anos por Descartes: o intangível, o não físico ou o espiritual estão sempre separados do físico. Portanto, para explicar a consciência, eles têm apenas um fenômeno de química e circuitos neurais baseado no cérebro. E, nesse paradigma, os cientistas chegaram ao ponto de chamar a consciência de *anomalia.*

O quê? Minha consciência, sua consciência, o fato básico de nossa existência, uma *anomalia – um "desvio do normal*"?

O fato é que hoje a ciência não tem a estrutura necessária para entender a consciência. É uma "pergunta difícil"; portanto, em sua maioria, os cientistas deram as costas a ela e partiram para outras coisas. Esse é o procedimento padrão quando os paradigmas são desafiados (e o sustento das pessoas está em jogo). "Quando surgem as primeiras anomalias de paradigma", observa o físico e filósofo Peter Russell, "elas geralmente são ignoradas ou rejeitadas."

Desvendando as bolas saltitantes

No final do século 19, o modelo newtoniano do mundo como um mecanismo gigante cheio de coisas sólidas que se chocavam umas com as outras como bolas de bilhar era a doutrina padrão. Como apontou o físico David Albert, da Universidade de Columbia,

> isso foi muito, muito bom até meados do século 19, quando as investigações sobre eletromagnetismo feitas por pessoas como Faraday, e culminando no trabalho de Maxwell no final do século 19, começaram a fazer parecer que as partículas não eram mais o catálogo completo da mobília do universo.

É um ponto de vista interessante, esse movimento quântico. Por exemplo, a consciência é apenas quântica? Ela é explicada apenas pela física quântica? Eu costumava pensar assim nos anos 1970. Não penso mais assim. Agora estou convencido de que a mecânica quântica pode não ser suficiente.
– Fred Alan Wolf, Ph.D.

Os fenômenos eletromagnéticos não podiam ser explicados em termos dos princípios aceitos da física, mas não podiam ser descartados. Portanto, contra os ventos predominantes da ortodoxia, tornou-se necessário levar em conta os campos. Como diz o Dr. Albert, "já se falava em campos pelo menos desde o início do século 19, mas por muito tempo eles não foram levados a sério". Agora são aceitos como aspectos intrínsecos e fundamentais do cosmos.

Talvez seja hora de fazer o mesmo com a consciência, e o desafio pode ser semelhante. Assim como a carga eletromagnética e os campos elétricos e magnéticos tinham uma qualidade ou natureza diferente dos objetos sólidos que estavam no centro do modelo newtoniano, a consciência é um nível de realidade ainda mais sutil do que as forças ou os campos de força. Mas, se for um nível de realidade e a física quiser criar uma verdadeira "teoria de tudo", a consciência terá de ser incluída.

O OVO OU A GALINHA?

Todos nós operamos, observa Ed Mitchell, dentro de "um modelo científico que diz que tudo pode ser reduzido a apenas matéria ou apenas energia. Tudo é energia, sendo a matéria uma forma de energia. Além disso, de acordo com esse modelo, a consciência, tal como a vivenciamos, é simplesmente epifenomenal. Ou seja, é um subproduto da atividade cerebral; não é fundamental.

"No entanto, todas as tradições religiosas do mundo disseram, de uma forma ou de outra: 'Não, não é assim. A consciência em si é o que é fundamental, e a matéria-energia é o produto da consciência'. Essa é a questão básica com a qual estamos lidando há muito, muito tempo, sem conseguir resolvê-la claramente de uma forma ou de outra".

As anomalias

Lembra-se dessa frase? Estava no capítulo "Observador" e falava sobre como o estranho comportamento do mundo subatômico *forçou* os cientistas a mudar. Ou, como já foi dito: "Foi uma bela teoria destruída por um fato feio". Há algum "fato feio" que esteja forçando o mundo científico a adotar "últimos recursos"?

- A maioria das pessoas já teve pelo menos uma experiência que não pode ser explicada por meios normais ou pela linha de escape: "apenas uma coincidência".
- Foram estudadas dezenas de experiências de quase morte que relatam experiências muito semelhantes *quando fora do corpo.*
- As regressões a vidas passadas produziram fatos obscuros de tempos passados aos quais o sujeito não tinha acesso e que se revelaram verdadeiros.
- A visualização remota – a capacidade de transcender o espaço e o tempo para obter informações – foi tão bem-sucedida que os Estados Unidos e a União Soviética tinham equipes de visualizadores remotos fazendo trabalho de espionagem.
- Os experimentos mostram estatisticamente como a intenção humana altera os processos quânticos aleatórios (e não apenas o colapso das funções de onda).
- Curas milagrosas.
- Sonhos proféticos.

Essa profunda mudança na concepção dos físicos sobre a natureza básica de seu trabalho e sobre os significados de suas fórmulas não foi uma ação frívola. Foi um último recurso.

– Henry Stapp

À medida que me torno mais consciente de mim mesma e de minha conexão com tudo, percebo que sou a consciência ou uma expressão dela. Tenho a sensação de estar conectada a algo maior do que eu ou minha personalidade. Isso me inspira a pesquisar e ver o que posso manifestar a partir disso. Adoro a sensação que tenho quando fico quieta, mesmo que por um momento, recebo um sinal do nada e ajo de acordo com ele. É quando a mágica acontece.

– Betsy

A lista continua. Começa a parecer um pouco bobo (alguns diriam feio) insistir que todos esses dados são apenas ilusões, coincidências e explicações simplistas. E negar que a consciência possa ser uma realidade em si mesma.

Desvendando a consciência

Muitos pensadores científicos, como Amit Goswami, Peter Russell e David Chalmers (diretor do Centro de Estudos da Consciência da Universidade do Arizona), estão defendendo com veemência a inclusão da consciência na nova estrutura da ciência. Chalmers afirma:

> Se a existência da consciência não pode ser derivada das leis físicas, uma teoria da física não é uma verdadeira teoria de tudo. Portanto, uma teoria final deve conter mais um componente fundamental. Com esse objetivo, proponho que a experiência consciente seja considerada uma característica fundamental, irredutível a qualquer coisa mais básica.

Nick Herbert chegou a uma conclusão semelhante: "Acredito que a mente é um

Acho que a consciência é essa percepção que temos, essa vida interior que temos de experiência, o que nos diferencia de robôs ou zumbis, que podem ter um comportamento complexo, desempenhar suas funções e fazer coisas sem ter nenhuma vida ou experiência interior. Eu diria que a consciência é uma sequência de eventos discretos. Esses eventos conscientes, que na verdade são esse tipo específico de redução de estado quântico devido a esse limiar no nível fundamental (da geometria espaço/tempo), ocorrem aproximadamente quarenta vezes por segundo.

– Stuart Hameroff, M.D.

processo fundamental por si só, tão difundido e incorporado na natureza quanto a luz ou a eletricidade".

E a ciência, em sua busca inexorável e constante, está caminhando nessa direção. Stuart Hameroff e Roger Penrose apresentaram uma teoria da consciência baseada nos microtúbulos do cérebro. (Falaremos sobre isso no capítulo "Cérebro quântico", além de outras teorias quânticas.) Programas de estudo da consciência estão surgindo nas universidades. As conferências vêm atraindo uma multidão muito diversificada e interessada de cientistas, acadêmicos e místicos, todos se debatendo com a pergunta aparentemente simples: o que é consciência? Mas isso não é diferente das disciplinas científicas tradicionais, que se debatem com a pergunta que parece ser simples: o que é a realidade? Como acontece com tantas coisas, são dois lados da mesma moeda.

E Pete Russell acha que talvez seja hora de mudar isso:

> Em vez de presumir que a consciência surge de alguma forma do mundo material, como a maioria dos cientistas faz, precisamos considerar a visão de mundo alternativa apresentada por muitas tradições metafísicas e espirituais nas quais a consciência é considerada um componente fundamental da realidade – tão fundamental quanto o espaço, o tempo e a matéria, talvez até mais.

Para trazer a consciência para a ciência, pelo menos para a ciência como ela é entendida hoje, temos que, de alguma forma, colocar um medidor na consciência. Assim como existem maneiras de medir ou quantificar forças, essa coisa da consciência também precisa existir. Ela faz parte do processo analítico.

Há muitos textos, tanto antigos (hebraicos e cabalísticos) quanto modernos (Livro de Urântia), que apresentam classificações detalhadas dos seres celestiais – anjos, arcanjos, serafins,

> querubins e os demais. Minha estranha ideia do momento é que esses são sistemas de classificação para faixas e escopos de consciência. Certamente a psicologia, considerada uma ciência, usa categorias para obter um controle sobre os tipos de personalidade e depois as usa para analisar todos os tipos de coisas. Os domínios da consciência são diferentes?
>
> – Will

A consciência é o rei?

De fato, a maioria das tradições espirituais sustenta que a consciência não é "um" componente fundamental; ela é "o" componente fundamental. *Tudo* brota do poço subjacente da consciência.

O Dr. Hagelin está convencido de que esse é o caso:

> A experiência mais antiga, o início do universo, pode-se dizer, é quando a consciência pura, o campo unificado que vê a si mesmo, cria dentro de sua natureza essencialmente unificada a estrutura tríplice de observador, observado e processo de observação. A partir disso, no nível mais profundo da realidade, a consciência cria a criação, portanto, sim, há uma relação muito íntima entre o observador e o observado. Em última análise, eles estão unidos como uma totalidade inseparável na base da criação, que é o campo unificado, que também é a nossa consciência mais íntima, o eu.

E com todas as definições e perguntas não respondidas sobre a consciência, como o Dr. Hagelin, Teresa de Ávila, Jesus Cristo, Lao Tsé, Eckhart Tolle e os sábios vedantinos conseguiram explicar essa questão? *Usando a consciência para investigar a consciência.* Assim como os cientistas físicos usam dispositivos de medição física, os exploradores da consciência usam esse veículo para descobrir essa realidade. Lembra-se do relato de Ed Mitchell sobre seu momento de consciência cósmica? Essa parece ser uma experiência comum para aqueles que a vivenciam – os limites do eu desaparecem para revelar que o eu é tudo, em todos os lugares, o tempo todo. Sugerindo não apenas que a consciência não é criada pelo cérebro, mas também que o cérebro limita a consciência. (O que provavelmente é uma boa ideia quando se está dirigindo.)

E o que acontece quando os exploradores da consciência retornam? Diz o Dr. Andrew Newberg:

> Quando as pessoas têm essa experiência (mística), percebem que ela representa um nível mais fundamental de realidade do que a realidade material cotidiana em que vivemos normalmente. Na verdade, mesmo quando não estão mais tendo essa experiência mística, ainda percebem que essa realidade é a mais real, que representa a forma mais verdadeira, a forma mais fundamental da realidade. E o mundo material em que vivemos é uma espécie de realidade secundária para elas.

Se mudarmos nossa visão sobre quem somos – e pudermos nos ver como seres criativos e eternos que criam experiências físicas, unidos naquele nível de existência que chamamos de consciência –, então começaremos a ver e a criar este mundo em que vivemos de forma bem diferente.

– Ed Mitchell

Se for esse o caso, então por que esperar que uma experiência mística chocante e exagerada o desperte de sua realidade material? O que acontece quando você começa a *criar* experiências místicas em sua consciência? A resposta, é claro, é que você mudará sua realidade.

Mas você está mudando a realidade "lá fora"? Com certeza, à medida que o mundo físico se torna secundário, suas experiências são fundamentalmente alteradas. Por exemplo, o arranhão no carro novo não é tão importante, *mas* será que o arranhão pode ser mudado? A boa e a má notícia é que apenas você pode determinar isso por si mesmo. É "má" porque ninguém pode fazer essa descoberta por você, e "boa" porque, uma vez que você a faça, ninguém poderá lhe dizer *não*.

FAZENDO PERGUNTAS

Reflita um pouco sobre isto...

- A consciência é um campo unificado? Em que você está baseando sua resposta?
- A maioria das pessoas que tem uma experiência de quase morte relata a mesma coisa: estar "fora do corpo", entrar em um túnel, ver uma luz no fim dele e sentir felicidade. Esses relatos podem ser transformados em uma ciência? Em caso afirmativo, como?
- Quantas pessoas precisam concordar com algo para que isso se torne um "fato"? E quanto à Idade Média, quando todos concordavam que a Terra era plana?
- Que outras anomalias você conhece? Quais delas você já vivenciou?
- Se a consciência é "o fundamento de todo ser" e a primeira causa, como você pode estar "consciente da consciência"?
- Como você definiria a relação entre realidade e consciência? Ela é hierárquica (uma cria a outra) ou uma hierarquia emaranhada (ovo e galinha)?
- Por que a galinha (consciência) atravessou a estrada (realidade)?
- Embora isso seja engraçado, é uma pergunta real: se a consciência é a primeira causa, por que ela é compelida a vivenciar a realidade? Por que você é?

A MENTE SOBRE A MATÉRIA

Tudo o que somos é resultado do que pensamos. A mente é tudo. O que pensamos, nós nos tornamos.

– Buda

E então? Isso é verdade? A mente sobre a matéria de fato acontece, ou é uma experiência delirante de descontentes esquizofrênicos que acham a vida tão entediante que precisam fabricar propriedades fantasiosas deste mundo tão sólido? Você não gostaria de saber se há alguma evidência de que isso é verdade? Essa não é uma pergunta cuja resposta todos querem saber?[6]

Sabemos que a matéria afeta a mente. A matéria domina a mente. Aqui está um experimento simples que você pode fazer para provar isso:

- Observe seu estado mental.
- Erga um piano grande, vertical ou de cauda, um metro acima de seus pés.
- Solte-o.
- Observe seu estado mental.

Nesse exemplo, a menos que você seja Roger Rabbit, Daffy Duck ou Wile E. Coyote, seu estado mental fica diferente. Não é de surpreender, pois a matéria é o material sólido e substancial, enquanto a mente é o material efêmero e vazio. Certo?

---

6. Desculpe, Partícula de Higgs, você foi derrotada.

Método científico

O exercício anterior não foi apenas um experimento mental que você acabou de empregar, mas também a pedra angular da ciência – o método científico. Como explica o Dr. Jeffrey Satinover:

> O método científico é o método humano de investigação mais objetivo que existe. É absoluto; não está vinculado a nenhuma cultura; não está vinculado ao sexo; é uma ferramenta absolutamente poderosa para a investigação da realidade nas mãos de qualquer pessoa que esteja disposta a usá-la.

Em termos simples, o método científico é o seguinte: pegue uma teoria, elabore um experimento que teste essa teoria de forma que todas as influências externas sejam eliminadas, execute o experimento e, se a teoria for contrariada, procure uma nova teoria.

Vamos encarar os fatos. Nos dias de hoje, procuramos primeiro a ciência para nos dar respostas sobre a realidade. A mente sobre a matéria é uma questão controversa na ciência moderna. Outro experimento: pergunte a dez pessoas se elas gostariam de saber se há algum respaldo científico para o conceito de mente sobre a matéria. (Sem mencionar o fato de que, se a mente sobre a matéria é uma realidade, a aceitação dessa realidade pelas pessoas torna muito mais fácil fazer isso.)

Acho que o interessante da física é que ela é uma forma genuinamente nova e inovadora de tentar entender o mundo. Acho que o método experimental, que é importante para a física, é muito diferente do método da revelação ou do método da meditação.

– David Albert, Ph.D.

Lançando o desafio

Temos falado sobre paradigmas e a resistência natural à mudança, mas, no final das contas, a ciência é administrada por cientistas, que são pessoas. Em uma conferência recente, John Hagelin comentou com os participantes: "Não cometam o erro de pensar que os cientistas são científicos".

> *Há cientistas que são tão preconceituosos como seres humanos quanto qualquer outra pessoa. Existe o método científico, que é especificamente um método para minimizar a influência do preconceito. É isso que a própria ciência é.*
>
> – Jeffrey Satinover, M.D.

Não vamos medir palavras aqui. Nessa área de mente sobre a matéria, pesquisa psíquica e atividades paranormais, o preconceito na comunidade científica é desenfreado. É uma afronta à própria metodologia que eles expõem.

> *Há todo um domínio da física, chamado setor oculto, que nos é dado pela teoria das supercordas; é um mundo próprio. Ele permeia esse espaço; nós caminhamos por ele; podemos até mesmo, em princípio, vê-lo vagamente. Isso parece ser o que chamamos de mente. É provável que haja corpos de pensamentos e pensamentos que habitam lá, assim como criaturas físicas habitam aqui.*
>
> – John Hagelin, Ph.D.

Por que isso nos interessa? Porque muito do que acontece em nosso mundo se baseia na compreensão científica da época. E a história da ciência nos diz algo grandioso: quando a ciência realmente assume algo, sua marcha é implacável, lançando teorias e conjecturas até encontrar aquelas que se encaixam nas evidências experimentais.

O Dr. Dean Radin vem realizando experimentos no Institute of Noetic Sciences há muitos anos e tem estado na vanguarda da batalha para que a ciência reconheça as evidências sobre fenômenos psíquicos e místicos – em essência, a mente sobre a matéria:

> Tenho a tendência de insistir nas evidências. As evidências são muito mais fortes do que você pensa, e há muito mais delas do que você imagina. Eu insisto nisso da mesma forma que insistiria em qualquer preconceito; para combater um preconceito, seja racial, de gênero ou qualquer outro, é preciso adotar uma postura afirmativa.
>
> Por isso, adoto uma postura agressiva, assim como faço com a ação afirmativa, e digo que há algo a ser analisado, vá lá ver. Quando você começa a realmente prestar atenção, nesse caso, às evidências, percebe que tudo o que observamos em um sentido probatório é filtrado pela teoria. Portanto, se a sua teoria é que isso não pode existir, então você não está analisando as evidências da maneira correta.

Os experimentos

Como o Dr. Radin aponta, há muitas evidências de que a mente domina a matéria. Um exemplo são os experimentos do gerador de eventos aleatórios (do inglês Random Event Generator, REG) que se concentram na intenção. Esses dispositivos (às vezes chamados de geradores de números aleatórios) são uma jogada eletrônica da moeda. Eles se baseiam em um único evento quântico, como o decaimento radioativo, ou em um composto de muitos eventos quânticos em cascata, normalmente o "ruído" gerado pelos circuitos eletrônicos.

O Dr. Radin conta sua experiência com esses experimentos:

> Nos anos 1600, quando Francis Bacon estava desenvolvendo o empirismo na ciência, ele... mencionou os dados como uma possibilidade. Toda vez que um dado é lançado, é possível rastrear todos os eventos quânticos que fizeram com que ele virasse para um lado ou para o outro. Portanto, se o dado for lançado várias vezes, ele se torna uma incerteza mecânica quântica.
>
> Quando a eletrônica surgiu, alguém teve a ideia de simular a matriz em circuitos eletrônicos. Isso se tornou útil porque ficou muito fácil medir com precisão o que estava acontecendo, e você podia registrar isso automaticamente.

> Todos os dias eu acordo e me lembro da minha frase favorita de Ramtha: "A única maneira de eu ser ótima para mim mesma não é o que faço com meu corpo, mas o que faço com minha mente". Em última análise, o que quer que eu faça com minha mente afeta meu corpo, porque é tudo a mesma coisa. Isso me lembra de sair da consciência corpo/mente e entrar na consciência mente = corpo = realidade.
>
> – Betsy

Em outras palavras, quando a eletrônica entrou em ação, você podia confiar na máquina para registrar suas observações, eliminando o erro humano. O resultado não foi apenas observações e registros mais precisos, mas uma explosão de experimentos de REG.

> Sempre me perguntei sobre esse negócio de "você só pode mudar sua percepção, não o mundo físico". Pouco antes de atingir a puberdade, lembro-me de gritar comigo mesmo em um espelho. Provavelmente, era algo relacionado a um cabelo que não se comportava da maneira que eu queria. Poucos se-

gundos depois de eu terminar de gritar comigo mesmo e estar olhando para meu reflexo com ódio, o espelho se quebrou. Foi como se os pedaços tivessem se soltado da superfície do gabinete. Lembro-me de ficar em um estado de choque total. Para mim, era evidente que eu havia feito isso com minha raiva. Nos anos que se seguiram, descartei a possibilidade de vibrações sonoras, anomalias climáticas e as chances estatísticas de a falha estrutural do espelho coincidir com minha explosão de raiva. Fiquei com a certeza de que foi minha mente ou minhas emoções que fizeram isso.

Ouvimos muitas histórias de crianças que conseguem fazer isso até a puberdade, quando perdem essa capacidade. O que há em sua mudança de foco que não lhes permite mais fazer isso? Será que essa habilidade tem mais a ver com um estado especial do que com alguma lei sobre a realidade física? Talvez o motivo pelo qual tão poucos adultos conseguem fazer isso seja o fato de não saberem como atingir esse estado especial. E se eles pudessem?

– Mark

Um tipo de experimento com números aleatórios que foi realizado centenas de vezes nas últimas quatro décadas foi um gerador aleatório que produz apenas sequências de bits aleatórios, de zeros e uns, como o lançamento de moedas. Você simplesmente pede a alguém que pressione um botão que produz duzentos bits, mas pede que a pessoa tente fazer com que produza mais bits um do que bits zero.

Quando você pega todo o conjunto da literatura, todas as centenas de experimentos que foram feitos, pode elaborar uma única pergunta: *fez diferença* que as pessoas estivessem tentando empurrá-lo para um ou para zero? E a resposta geral é sim, faz diferença. De

> alguma forma, a intenção está correlacionada com a operação ou com o resultado dos geradores de números aleatórios. Se você deseja mais uns, de alguma forma os geradores produzem mais uns.
>
> ... A análise final é de **cinquenta mil para um**. As chances contra o acaso [que é a razão pela qual os geradores seguiram a direção que seguiram, em direção à intenção] são de cinquenta mil para um.

Houve críticas de que suas descobertas "são só estatísticas". Mas a função de onda quântica é apenas a probabilidade de encontrar *estatisticamente* uma partícula em determinado local e determinado momento. Portanto, se isso é um problema, está em boa companhia.

Geradores de eventos aleatórios: mente coletiva

Você se lembra do julgamento de O. J. Simpson? Como podemos nos esquecer? Centenas de milhões de pessoas aguardando o fatídico veredicto de culpado/não culpado. Para esses milhões de pessoas, foi um grande drama de tribunal. Para Dean Radin, Roger Nelson e Dick Shwope, foi uma chance de ver se não apenas *a intenção*, mas *mentes coerentes* poderiam tirar REGs da aleatoriedade.

> O que aconteceria se centenas de milhões de pessoas tivessem sua atenção repentinamente concentrada em algo? E, ao que parece, cerca de um mês depois de eu ter tido esse pensamento, haveria a leitura do veredicto de O. J. Simpson. Esse é um momento incomum na história da humanidade, pois as pessoas sabiam com muita antecedência que, em uma fração de segundo, estariam dizendo as palavras culpado ou inocente. Ocorreria algo de grande interesse que atrairia centenas de milhões de pessoas ao vivo.

Eles decidiram registrar o evento por meio de geradores de números aleatórios. Instalaram três no laboratório nos Estados Unidos, um em Amsterdã e um em Princeton. Com todos os cinco geradores de números aleatórios prontos para registrar o momento em que o veredicto fosse anunciado, os cientistas esperaram para ver o que aconteceria.

> Executamos os geradores e, depois, avaliamos os resultados e, com certeza, vimos um pico com probabilidade de mil para um, na verdade em dois lugares; um foi quando a câmera mudou de fora do tribunal para dentro das câmaras, o que gerou um grande aumento de atenção, que se refletiu nos geradores aleatórios; o outro foi no momento em que o veredicto foi lido. Houve esse grande pico de coerência em todos os cinco geradores ao mesmo tempo.
>
> Um pico de coerência refere-se a uma representação gráfica da aleatoriedade. Os REGs costumam executar 50% de 1s e 50% de 0s. Portanto, o gráfico de 1s *versus* 0s é plano. Mas, por alguma razão, quando milhões de pessoas se concentraram na mesma coisa, esse gráfico plano se desviou acentuadamente de 50/50 no momento dramático do foco. Isso contradiz uma premissa básica da teoria quântica – que os eventos quânticos são aleatórios.

Desde então, Radin e seus colegas lançaram o Global Consciousness Project. Nesse experimento, os REGs de todo o mundo funcionam 24 horas por dia e, a cada cinco minutos, enviam os resultados para um servidor em Princeton. Eles observaram picos significativos durante eventos como o Y2K, o 11 de setembro e o funeral da Princesa Diana. As estatísticas estão aumentando e, como Bill Tiller diz sobre seus experimentos: "Os resultados são robustos".

Dispositivos eletrônicos de impressão de intenção (*Intention imprinting electron devices*, IIED)

Bill Tiller era o chefe de seu departamento de Ciências dos Materiais em Stanford. Mas, décadas atrás, ele decidiu renunciar ao cargo de chefe de departamento, aos comitês governamentais e aos cargos de poder para se concentrar em "outras coisas". Ele se propôs a verificar experimentalmente se a intenção humana afeta ou não os sistemas físicos. Não "apenas" se colapsa uma ou duas funções de onda, ou "apenas" se impulsiona um evento quântico aleatório, mas se afeta um atributo macroscópico da matéria.

Então, ele construiu um IIED. É uma caixa simples, com alguns diodos, oscilador, E-prom, alguns resistores e capacitores. Então:

> Colocamos o dispositivo em uma mesa ao redor da qual se sentam quatro meditadores muito bem qualificados, indivíduos altamente controlados pelo eu interior, e eles entram em um estado meditativo profundo; limpam o ambiente; transformam-no em um espaço sagrado usando sua mente e suas intenções. E então um dos quatro fala a intenção específica para esse dispositivo.
>
> A intenção é influenciar um experimento-alvo específico. Aumentar o pH da água purificada em uma unidade completa de pH, ou diminuir o pH em uma unidade completa de pH, ou aumentar a atividade termodinâmica de uma enzima hepática específica, a fosfatase alcalina. Ou influenciar um experimento *in vivo* com larvas de mosca-das-frutas para aumentar a proporção de moléculas de energia no corpo (ATP para ADP), de modo que elas se tornem mais aptas e tenham um tempo de desenvolvimento larval mais curto. Usamos esses dispositivos em todos esses quatro experimentos e obtivemos sucesso.[7]

7. Para obter uma descrição detalhada, consulte *Conscious Acts of Creation* [Atos conscientes de criação], de William Tiller.

Além das caixas impressas, são preparados dispositivos de "controle" (sem impressão). Eles são embrulhados separadamente em papel-alumínio e enviados para um laboratório a milhares de quilômetros de distância. Em seguida, os dois tipos de caixas, de controle e com impressão, são colocados a cerca de quinze centímetros do alvo e ligados. São necessários três ou quatro meses para que essas caixas "condicionem o espaço a um estado de simetria superior". Em outras palavras, para que elas funcionem. O resultado final: "Observamos contrastes acentuados em qualquer par [e em] todos eles [coletivamente]. Vemos grandes efeitos com probabilidades estatísticas melhores do que uma parte em mil".

Simplificando: Dr. Tiller faz com que quatro meditadores se concentrem em uma caixa eletrônica simples para determinar algo – como o pH da água mudando uma unidade completa. Eles enviam a caixa, colocam-na ao lado de um pouco de água e, alguns meses depois, o pH mudou. Há menos de mil para uma chance de que essa mudança tenha ocorrido naturalmente, sobretudo porque a mudança não ocorreu com as unidades de controle.

Qual é o tamanho de uma unidade de pH? Tiller diz: "Se o pH do seu corpo mudar uma unidade completa, você está morto".

Quanto a como isso é aceito, o Dr. Tiller observa: "Cientistas normais têm dificuldade com isso... o efeito de confusão aparece. Seus olhos ficam um pouco vidrados, e eles preferem não continuar a conversa".

Mensagens da água

O Dr. Masaru Emoto fez sucesso com seu livro *Mensagens ocultas na água*. O livro apresenta fotografias impressionantes que mostram cristais de água congelados após terem sido submetidos a estímulos não físicos. Ele começou submetendo os cristais de água à música – de Beethoven a *heavy metal* – e fotografando os resultados. Quando a música afetou claramente o tamanho e a forma dos cristais de água, ele passou para a consciência. Afinal de contas, a música cria um objeto físico e material que pode afetar a matéria: as ondas sonoras. Mas e quanto aos pensamentos?

O Dr. Emoto colocou sinais em garrafas de água que expressavam emoções e ideias humanas. Alguns deles eram positivos, como "Obrigado" e "Amor". Outros eram negativos, como o sinal que dizia: "Você me dá nojo, eu vou te matar". Ao contrário da sabedoria predominante da ciência, a água respondeu a essas expressões de consciência, *mesmo que as palavras não tenham criado uma ação física mensurável.* A água com as mensagens positivas formou belos cristais; a água com as mensagens negativas ficou feia e malformada.

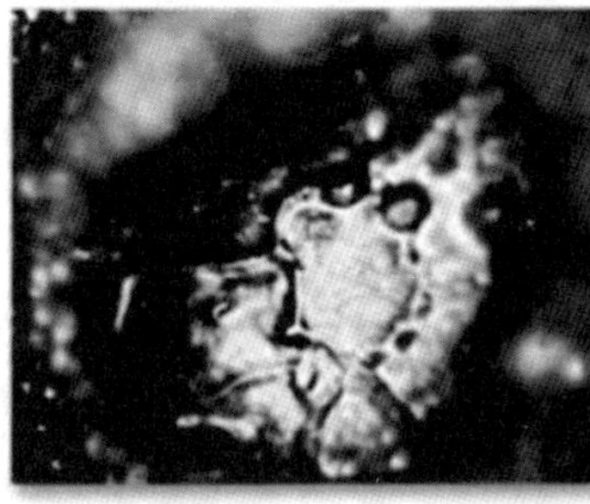

ÁGUA POLUÍDA DA REPRESA DE FUJIWARA

ÁGUA DE NASCENTE SANBU-ICHI YASUI

ÁGUA ABENÇOADA DE UMA FONTE EM LOURDES

A resposta a essas fotografias foi mundial. Entre seus livros, nosso filme e as incansáveis viagens de Emoto ao redor do mundo para dar palestras e seminários, houve uma grande mobilização do público para obter mais informações sobre seus experimentos. Em resposta a isso, vários pesquisadores científicos estão ocupados replicando seu trabalho. A replicação independente é parte integrante do método científico.

O que une toda a humanidade, de fato toda a vida, é a água. Entre 70% e 90% (dependendo da pesquisa que você ler) de nossos corpos é água. A superfície do planeta é composta sobretudo de água. Em uma visão brilhante, o Dr. Emoto vai direto ao cerne do único elemento físico que *a vida* tem em comum. Se a vida (nós) pode afetar o físico, parece mais natural que isso se manifeste na água.

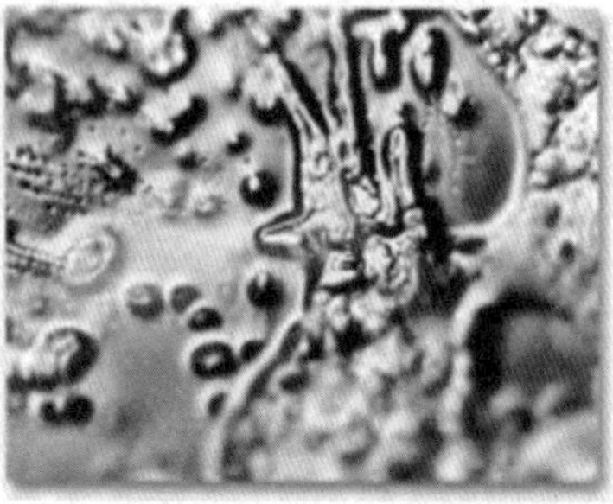

VOCÊ ME DÁ NOJO, VOU TE MATAR

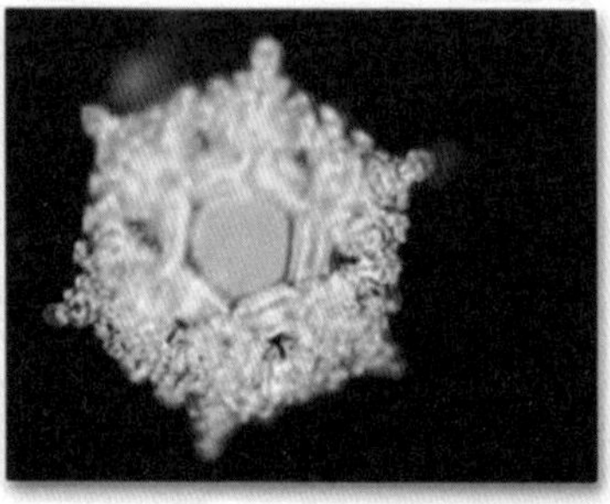

OBRIGADO

O CHI DO AMOR

Como fica evidente em todos os itens anteriores, há muito a ser considerado pela comunidade científica. Foram feitos experimentos, e outros estão sendo realizados continuamente. Os resultados estão sendo publicados. E, enquanto isso, a maior parte do mundo ainda quer saber: quão real é a mente sobre a matéria? Se os pensamentos podem fazer isso com a água, imagine o que eles podem fazer conosco.

Mente *sobre* matéria

Supondo que a mente sobre a matéria seja uma característica da realidade e que provamos, ou pelo menos o convencemos em nosso experimento mental com o piano, que a matéria sobre a mente também é uma característica, o que isso significa?

Mente sobre matéria sobre mente sobre matéria sobre – é outra hierarquia emaranhada, outro aspecto de galinha e ovo do universo. Mas, como observa Ramtha, essa visão é dualista. O dualismo permeia estes conceitos: sujeito/objeto, aqui dentro/lá fora, ciência/espírito, consciência/realidade. Essa visão de mundo que temos propagado tanto mais uma vez se infiltra em nossa linguagem e nossos pensamentos. O que dizer da mente como matéria e, portanto, da matéria como mente?

O que você acha da matéria como informação ou da mente como informação?

É em momentos como esse que a força sugestiva da física quântica é quase esmagadora. O fato de a matéria acabar se parecendo com informações *comprova* a visão: mente como matéria? Bem, com certeza não a refuta; na verdade, parece *sugerir* que essa visão está indo na direção certa.

Você sabe que todo mundo fala sobre a mente sobre a matéria. Mas essa ainda é uma forma dualista de ver a realidade. O que aprendemos é que, para dobrar o tempo e o espaço e viajar para outras galáxias, você precisa ver a Mente COMO Matéria.

– Ramtha

Ela sugere isso como um piano caindo em seu pé sugere dor. Assim como os observadores (conscientes ou não) afetam o observado, e as partículas conectadas em todo o universo sugerem um mundo não dual. Elas não sugerem um mundo não dual; elas o provam. O sonho de Newton de um universo dividido acabou e, nesse espírito de ação afirmativa positiva, todos se perguntam: "O que vamos fazer com *isso*?".

Reflita um pouco sobre isto...

- Que preconceitos você tem que o impedem de mudar para um novo paradigma?
- Como esses preconceitos se refletem nas coisas de sua realidade (suas coisas)?
- O que são "suas coisas"?
- É possível que, sabendo que essas coisas são uma manifestação de seus pensamentos, você possa manifestar coisas novas com facilidade com base em seu novo paradigma?
- Liste cinco coisas que são diferentes entre mente e matéria.
- Você poderia olhar para essas coisas de uma maneira diferente e vê-las como iguais?
- Se os pensamentos podem afetar a estrutura molecular da água, o que seus pensamentos estão fazendo com sua realidade?
- O que veio primeiro: a cadeira em que você está sentado ou a ideia de se sentar na cadeira para ler este livro?

A CONSCIÊNCIA CRIA A REALIDADE

Os heróis escolhem o que querem.
Estar em vários lugares ao mesmo tempo.
Experimentar muitas possibilidades ao mesmo tempo.
Em seguida, colapsar em uma delas.

– Reggie

Todos os caminhos levam a Roma
Tudo tão emaranhado
Cidade Eterna
Pergunta eterna:
Eu faço a realidade?
Ou será que ela me faz?

Todos os caminhos que percorremos nos capítulos anteriores realmente levam a este. E, a partir dessa pergunta eterna, todos os capítulos nos levarão para fora. Nenhum de nós pode escapar sem responder de alguma forma: eu crio minha realidade ou sou uma folha ao vento? Sou a fonte que determina as coisas em minha vida ou minha vida é o fim de uma cadeia, determinada em um instante no Big Bang?

Vimos no capítulo "O que é a realidade?" como respondemos à pergunta sobre a realidade toda vez que saímos da cama, toda vez que interagimos com o que está "lá fora". Bem, será que a pergunta "Eu crio minha realidade?" é respondida em todos os nossos momentos internos "aqui dentro"? E se for verdade que criamos nossa realidade, então esses momentos "aqui dentro" são os precursores dos momentos "lá fora". É por isso que este é o momento "aqui dentro" central do livro.

Essa ideia foi, e ainda é, um conceito central das tradições espirituais, metafísicas, ocultas e alquímicas. "Como em cima, assim embaixo; como dentro, assim fora" é considerada uma maneira fundamental e verdadeira de ver o mundo. No entanto, embora o senso comum diga que você cria alguns eventos em sua vida (o que comer no café da manhã, com que pessoa se casar, que carro dirigir), parece um exagero dizer que você teve algo a ver com a queda da árvore sobre o carro.

Na verdade, o conceito de você criar a realidade (afinal, ela é criada de alguma forma – está lá!) tem uma infinidade de nuances. Ele gera perguntas como:

- Se eu criar e você criar e elas forem diferentes, o que acontecerá?
- Eu nunca criaria esse _________ (preencha o espaço em branco) em minha vida!
- Existem coincidências?
- Será que uma criança faminta cria isso?
- E quanto aos desastres naturais?
- Quem é o "eu" que está criando?

> Toda fala, ação e comportamento são flutuações da consciência. Toda a vida emerge da consciência e é sustentada por ela. O universo inteiro é a expressão da consciência. A realidade do universo é um oceano ilimitado de consciência em movimento.

E essas perguntas, por sua vez, estão ligadas aos conceitos de carma, eu transcendente, ressonâncias específicas de frequência, atitudes, responsabilidade pessoal, vitimização e poder.

Mas o ponto principal é: seu posicionamento com relação a esse conceito tem um enorme impacto na vida que você vive.

De volta ao laboratório (mais uma vez!)

Em "Mente sobre a matéria", vimos como a intenção parece influenciar os eventos em nível microscópico. Vimos como a suposta aleatoriedade dos eventos quânticos poderia ser alterada e como o foco de nossas mentes poderia gerar um estado físico diferente. Em "Observador", tudo se resumia a colapsar uma nuvem de possibilidades difusas em um único estado definido. Em "Física quântica", o tema era como essa realidade sólida e fixa não é tão sólida, fixa e estável, e como há uma conexão entre tudo no universo. Os paralelos entre mecânica quântica e "A consciência cria a realidade" são mais uma vez convincentes.

De acordo com o físico de Princeton ganhador do Prêmio Nobel John Wheeler, "por mais útil que seja, em circunstâncias cotidianas, dizer que o mundo existe 'lá fora' independente de nós, essa visão não pode mais ser mantida". Nas palavras de Wheeler, não somos apenas "espectadores em um palco cósmico, [mas] modeladores e criadores que vivem em um universo participativo".

De acordo com o físico e autor Amit Goswami, "todos nós temos o hábito de pensar que tudo ao nosso redor já é uma coisa, existindo sem nossa contribuição, sem nossa escolha". Para sermos fiéis às descobertas da física quântica, diz Goswami que

> temos que banir esse tipo de pensamento. Em vez disso, é preciso reconhecer que até mesmo o mundo material ao nosso redor, as cadeiras, as mesas, os quartos, o carpete, tudo isso não passa de possíveis movimentos da consciência. *E estou escolhendo, a cada momento, a partir desses movimentos, trazer minha experiência real para a manifestação.*

AMIT GOSWAMI, PH.D.

Você realmente precisa reconhecer que até mesmo o mundo material ao nosso redor, as cadeiras, as mesas, os quartos, o carpete, tudo isso não passa de possíveis movimentos da consciência.

O que esses físicos, e a nova física em geral, estão explicando é a morte do dualismo. Não se trata de mente sobre matéria; é mente = matéria. Não é a consciência que cria a realidade, mas a consciência = a realidade.

Pense nas oposições.

consciência	***realidade física***
mente	***matéria***
espírito	***ciência***
eu transcendental	***natureza***
deus	***coisas***

Em cada capítulo, analisamos a relação entre os dois lados. Estamos buscando relações causais. Quem causa o quê? Existe uma conexão? Existe uma divisão? Quem criou a divisão e quem fica em cima do muro com um pé nos dois reinos? Nós.

Mas com a morte do dualismo, não há conexão ou causa (ou separação).

É tudo a mesma coisa. Tudo é interdependente – que é o que os exploradores da consciência sempre defenderam. Goswami admite como é difícil se ajustar a essa nova forma de pensar que parece contradizer nossa experiência diária. Ele diz: "Esse é o único pensamento radical que você precisa ter, mas é *tão* radical. É muito difícil, porque nossa tendência é achar que o mundo já está lá fora, independente de minha experiência. Não é assim. A física quântica foi muito clara sobre isso".

Meu filho, Evan, o físico, diz que é uma coisa aditiva se eu tiver uma realidade e outra pessoa tiver outra realidade... No Super Bowl, a realidade dos Eagles é diferente da dos Patriots, e apenas uma dessas realidades é a real.

– Candace Pert, Ph.D.

Tudo isso levou Fred Alan Wolf, nos anos 1970, a cunhar o termo "eu criei minha realidade". O então emergente movimento New Age de imediato se apoderou dessa frase e a tornou parte de *seu* paradigma. Mas, como muitos físicos disseram, não é um conceito simples de ser compreendido em sua totalidade. Como citamos o Dr. Wolf anteriormente: "Você não está mudando a realidade lá fora; você não está mudando cadeiras, caminhões grandes, escavadeiras e foguetes que decolam – você não está mudando isso!".

Quem está criando o quê?

Dr. Wolf continua:

> Uma das coisas que surgem sobre a criação de realidades é o que acontece quando há duas pessoas, cada uma criando uma realidade diferente; o que acontece? Bem, a primeira coisa a ser percebida é que é provável que esteja errada a ideia de que você cria a própria realidade, se por "você" você quer dizer aquela pessoa egoísta que você acha que está comandando seu show, cria sua realidade. Provavelmente, não é você que está criando a realidade.

Diz Amit Goswami:

> Ficou claro que o lugar de onde escolho criar minha realidade, esse lugar de consciência, é um estado de ser não ordinário muito especial em que o sujeito/objetos se dividem e desaparecem. É a partir desse estado não ordinário que eu escolho e, portanto, a exultação do adepto do New Age desapareceu quando ele foi forçado a encarar a realidade de que não existe almoço grátis. Temos de meditar e alcançar estados não ordinários de consciência antes de nos tornarmos criadores de nossa realidade.

Durante todo o processo de criação do *Quem somos nós?*, eu dizia a mim mesma: "Vai ser ótimo, eu sei disso", de modo que, sempre que surgiam problemas, eu não ficava tão chateada. Porque eu sabia que estava criando o sucesso. Mas o grande teste foi bem no final. Tínhamos um acabamento muito complicado, já que tínhamos vídeo de alta definição, 35 mm e toneladas de gráficos de computador, que precisavam ser combinados e depois voltados para 35 mm. E tínhamos um prazo. Eu havia convencido um cinema a nos dar uma semana, mas eles tinham que ter a impressão até segunda-feira, 3 de fevereiro. Caso contrário, não seria exibido até maio, e Will não parava de falar sobre prazos e como perderíamos a onda.

Quando chegamos à linha de chegada, todos disseram que era impossível, mas mantivemos o foco e nosso supervisor de pós-produção levou a única cópia para Washington e a entregou com duas horas de antecedência! Depois disso, ele disse que se alguém tivesse dito que isso seria feito (sabendo agora o que estava envolvido), ele teria dito que era absolutamente impossível.

– Betsy

Portanto, o conceito de que "a consciência cria a realidade" traz as perguntas: "Que consciência? Que nível de consciência? Qual 'eu' está criando?".

Uma ótima representação dessa questão é o filme *Planeta proibido*. Nele, as pessoas do planeta constroem uma máquina que transforma instantaneamente seus pensamentos em realidade física. Chega o grande dia, elas ligam a máquina e UAU! Que dia! Elas criam mansões maravilhosas, uma Ferrari em cada entrada da garagem, belos parques, banquetes suntuosos e, depois disso, partem (nas Ferraris) para as magníficas mansões e adormecem. E sonham.

E acordam na manhã seguinte em um planeta devastado.

De acordo com o Dr. Dean Radin, há uma razão muito boa para não manifestarmos as coisas de imediato:

> Tudo o que você faz, tudo o que você pensa, todos os seus planos se espalham e afetam o universo. No entanto, a maior parte do universo não se importa, e é por isso que nossos pequenos pensamentos individuais não se espalham no mesmo instante e mudam o universo como o vemos. Posso imaginar que, se fosse esse o caso, se cada um de nós fosse tão poderoso a ponto de nossos caprichos fugazes afetarem o universo, sairíamos e nos destruiríamos quase que de maneira instantânea.

Pense em todas as vezes em que alguém o cortou na estrada e você pensou (você sabe o que pensou) e isso imediatamente se tornou realidade. Ou na vez em que seu cônjuge fez ____________ e você disse ____________!

A falta de gratificação imediata ao criar nossa realidade pode ser para nos proteger de nós mesmos.

> *Foi feito um experimento em que as pessoas receberam a tarefa de comer algo decadente. E as pessoas que fizeram isso com um sentimento de culpa e vergonha tiveram uma diminuição transitória da função imunológica. Por outro lado, as pessoas que puderam aproveitar a experiência e saborear essa maravilha que colocaram na boca tiveram um aumento no estado imunológico.*
>
> – Daniel Monti, M.D.

Atitude é tudo

Duas das ideias fundamentais ensinadas por Ramtha na Ramtha School of Enlightenment são: a consciência e a energia criam a natureza da realidade, e a atitude é tudo. A primeira ideia estabelece a lei de *como* as coisas aconteceram, e a segunda ideia é *o porquê*.

Não posso provar que você existe na realidade e tem a própria consciência, e você não pode provar que eu tenho consciência.
– Stuart Hameroff, M.D.

Houve alguns grandes casos de aplicação de "a consciência cria a realidade", como os profissionais do entretenimento dizendo que ninguém distribuiria o filme, que ninguém o veria, mas houve centenas de "pequenas" coisas que fizemos. Na verdade, contávamos com isso para nos tirar de enrascadas. Por exemplo, quando tivemos que mudar uma música. Para fazer a transição para a cena da festa, tínhamos a música "Sweet Emotion", do Aerosmith. Na verdade, a cena havia sido escrita com isso em mente. Mas não conseguíamos obter os direitos de uso. Então, procuramos e procuramos outra música, mas nada chegava nem perto.

Um dia, eu estava pensando sobre isso, fiquei frustrado e disse (com bastante atenção): "Vou ouvir a música no rádio, AGORA!". A música "Hooked on a Feeling", do Boston, tocou. Além de ótima, quando a inseri, ela se encaixou melhor na cena! Isso é uma prova? Para mim, sim.

– Will

Um estudo recente realizado em Harvard por Ellen Langer e Rebecca Levy comparou a perda de memória em idosos de diferentes culturas. Os americanos comuns, que vivem em uma cultura que teme a velhice e "sabe" que, à medida que envelhecemos, nossos poderes diminuem, tiveram uma perda substancial de memória. Em contrapartida, os idosos chineses, cuja cultura valoriza muito os idosos, não só apresentaram pouquíssima perda de memória, como tiveram um desempenho quase tão bom quanto os mais jovens do estudo. Cada cultura produziu pessoas idosas de acordo com a atitude predominante em relação ao envelhecimento.

E há os franceses, cuja cultura não se importa em beber vinho, fumar cigarros, comer doces (açúcar refinado!), molhos que fazem o colesterol ir às alturas e viver até uma idade avançada com saúde, magreza e felicidade. Muitos estudos foram realizados na tentativa de descobrir qual é "o segredo", pois, com base nas teorias atuais, deveria haver um bypass coronário para cada confeitaria. Não é um segredo: é a atitude. Eles adoram o que comem e não se sentem culpados por isso.

Se for pessoal, chamamos de atitude; se for cultural, chamamos de paradigma; se for universal, chamamos de lei. *"Como dentro, assim fora."*

Como em cima, assim embaixo

Lembra que dissemos que o capítulo "O que é a realidade?" poderia ir a qualquer lugar? Bem, este capítulo *está* em toda parte. "Visão e percepção" fala sobre como o cérebro cria as imagens que consideramos como o mundo real. "Mudança de paradigma" analisa como as ideias e descobertas se transformaram em uma crença generalizada sobre o mundo. "Física quântica" e "Observador" oferecem paralelos tentadores entre o mundo subatômico e como a consciência interage com a criação. "Mente sobre a matéria" derruba a barreira entre o visível e o invisível e aponta para uma conexão entre esses dois reinos aparentemente diferentes. Em outras palavras, tudo gira em torno da consciência, da realidade e da relação entre elas.

Indo para o futuro, o capítulo "Introdução ao cérebro" trata de como nossas atitudes são codificadas nas estruturas neurais e do que é criado a partir disso. "Emoções" e "Vícios" respondem às perguntas sobre "por que crio a realidade em que me encontro". "Por que não somos mágicos?" analisa por que não criamos o que (achamos que) queremos. "Desejo" examina como manejar conscientemente o machado da criação, enquanto "Escolhas/Mudanças" (no mesmo capítulo) examina o movimento do machado para ver o que acontece em nossa vida.

Mas, no tribunal cósmico da experiência, algum ou todos os itens acima provam que a consciência cria a realidade? O conceito parece estar refletido em todos os diferentes níveis de experiência ("Como em cima, assim embaixo"), mas isso é uma prova ou uma evidência circunstancial? Ouvimos falar de tudo, de elétrons e pósitrons a físicos renomados e cineastas. De acordo com Dean Radin:

> *Provar* não é uma palavra usada na ciência. Podemos mostrar evidências para isso. Podemos criar certo grau de confiança de que um efeito é o que parece ser. Alguém já "provou" a gravidade? Newton disse que a gravidade é a força de atração entre massas. Einstein disse que a massa curva a geometria do espaço/tempo, o que faz com que as massas se unam. Mas eles não podem provar que é isso que acontece. Na melhor das hipóteses, a descrição matemática pode ser vista como não tendo nenhuma evidência contrária.

Foi nesse ponto que nós, cineastas, fizemos uma escolha.

Criando o *Quem somos nós?*

Fizemos um voto. Não seríamos hipócritas. Não seríamos filósofos de poltrona. Da melhor maneira possível, não iríamos apenas falar, mas também caminhar. Isso significava que iríamos viver as ideias do filme e, de todas as ideias, as duas maiores eram: vícios emocionais e criar a própria realidade. Durante a produção de *Quem somos nós?*, os envolvidos tentaram trabalhar para criar a realidade e combater os vícios emocionais.

Em outras palavras, decidimos ser "os cientistas de nossa vida", empregando o método científico, experimentando para ver se funcionava. E o resultado foi positivo, com uma maneira melhor de viver a vida.

Mas esses são apenas três dos criadores. O filme foi intitulado *What the Fuck Do We Know?!* [Que porra nós sabemos?[8], portanto não está claro se você deve nos ouvir. A quem você deve dar ouvidos? À pessoa que, na realidade, você sempre escuta – você.

MASSA A MASSA

Eu estava dirigindo a cena no teatro de Bagdá. Tínhamos que filmar da meia-noite até o amanhecer, e precisávamos sair de lá a essa hora. Estávamos muito atrasados. Percebi que nunca iríamos "ganhar nosso dia", o que foi um desastre, pois a cena inteira não funcionaria. Ramtha sempre nos critica por trabalharmos "massa a massa". Em outras palavras, toda a nossa criação é feita empurrando coisas físicas fisicamente, em vez de criarmos em um nível sutil e deixarmos que isso aconteça.

Percebi que estávamos ferrados e que eu não tinha como escapar de ir de massa a massa. Lembro-me de ter pensado: "É hora de criar como um Deus" e de ter subido correndo as rampas do teatro gritando: "Chega de massa a massa". Isso é tudo de que me lembro depois disso, exceto que, ao amanhecer, tínhamos terminado tudo.

– Mark

8. Pronto! Nós dissemos! Esse é o título original...

FAZENDO PERGUNTAS

Reflita um pouco sobre isto...

- Considere os dois supostos lados:

consciência	*realidade física*
mente	*matéria*
espírito	*ciência*
Eu transcendental	*natureza*
deus	*coisas*

- Desenhe linhas entre todos eles especificando qual é a relação. Em seguida, desenhe linhas com a simples relação "é" (mente é matéria, realidade é consciência). Qual visão faz mais sentido?
- Eles são mutuamente exclusivos?
- Esses dois pontos de vista são mais uma influência rasteira do dualismo? O sexo é uma tentativa de acabar com o dualismo?
- O tempo foi inventado para manter o carma instantâneo a distância?
- Ele foi inventado para nos dar *tempo de* perceber nosso poder e as ramificações dele?

EU CRIO MINHA REALIDADE?

Eu vivo a vida que amo e amo a vida que vivo.

– Willie Dixon

O capítulo anterior tratou de considerar se "A consciência cria a realidade" é uma lei do universo ou uma fantasia, se há alguma evidência de que ela é de fato verdadeira e como essa evidência pode aparecer em nossa vida.

Então, a esta altura, você já decidiu seu posicionamento em relação à ideia de que você "cria sua realidade". Todos admitem que isso é verdade até certo ponto. A questão é: até que ponto você leva isso? Até o ponto de ir ou não à sorveteria, ou até o ponto de acreditar que a folha que cai em sua cabeça foi uma criação sua?

As implicações desse princípio são enormes. Não apenas para nós e a vida que vivemos, mas também para vidas maiores: cidades, estados, países e o planeta. Mas primeiro – e quanto a você?

O que há para o café da manhã, o que há para a vida?

Você provavelmente concordaria que, de inúmeras maneiras pequenas, você cria sua vida todos os dias. Você decide se vai ou não se levantar quando o despertador toca. Você decide o que vestir, o que comer no café da manhã ou talvez pular o café da manhã. E quando encontra pessoas ao longo do dia, em casa, no trabalho ou na estrada, você decide como tratar cada uma delas. Suas intenções para o dia – ou sua decisão padrão de não estabelecer nenhuma intenção, apenas flutuar – afetam o que você faz e o que experimenta.

Em termos gerais, toda a trajetória de sua vida é gerada por suas escolhas. Você quer se casar? Ter filhos? Ir para a faculdade? O que estudar? Qual carreira? Que oferta de emprego aceitar? Sua vida não simplesmente "acontece"; ela se baseia nas escolhas que você faz – ou não faz – todos os dias.

Mas a pergunta que fica é: até onde vai essa criação de vida? Até encontrar a garota dos seus sonhos? Até o chefe tirano? Até ganhar na loteria?[9] E a vida de quem VOCÊ está criando, afinal? Parece uma pergunta idiota, mas o "eu" em "eu crio minha realidade" é um grande ponto de interrogação. E respondê-la dá alguma clareza a todo esse ensopado de criação.

JOE DISPENZA

Somos máquinas produtoras de realidade. Criamos os efeitos da realidade o tempo todo. Se pegarmos informações de uma base de conhecimento pequena, teremos uma realidade pequena. Se tivermos uma base de conhecimento grande, teremos uma realidade grande.

Quem sou eu?

De volta às grandes perguntas. O sábio indiano Ramana Maharshi construiu seus ensinamentos em torno dessa mesma pergunta. De acordo com ele, a investigação dessa questão leva diretamente à iluminação. Mas vamos adiar a iluminação por enquanto e limitar a pergunta ao ato de criar...

De acordo com Fred Alan Wolf:

9. Na verdade, todos levam o crédito por essa. "Depois do que eu passei, eu merecia."

A primeira coisa a perceber é que é provável que esteja errada a ideia de que *você* cria a própria realidade, se *você* quer dizer que aquela pessoa egoísta que você acha que está comandando seu show cria sua realidade. Provavelmente não é você que está criando a realidade.

Mas isso levanta a questão: "Então, quem está?". Com certeza, quando você pede a primeira xícara de café da manhã, fica bem claro que a "pessoa egoísta" ou a personalidade decidiu pelo cappuccino duplo, e não o eu transcendental e imortal. E quando a árvore cai sobre seu carro novo e reluzente, a personalidade não tem nada a ver com isso.

WILLIAM TILLER, PH.D.

Estamos operando o holodeck. Ele tem tanta flexibilidade que qualquer coisa que você possa imaginar, ele criará para você. E você aprende. Sua intenção faz com que essa coisa se materialize, uma vez que você esteja consciente o suficiente e aprenda a usar sua intencionalidade.

Na maioria das vezes, as pessoas rejeitam a ideia de "eu crio a realidade" quando ocorre algo em sua vida que elas nunca, jamais criariam. "Eu nunca criaria *isso*!" Isso é verdade; elas – a personalidade – nunca o fariam. Mas, como todas as tradições espirituais afirmam, há mais de um "você".

Essa esquizofrenia divina tem muitos rótulos: ego/eu verdadeiro, personalidade/divindade, filho do homem/filho de Deus, corpo mortal/alma imortal, mas, em essência, ela diz que há diferentes níveis a partir dos quais você cria. E a meta da iluminação é apagar essa fragmentação do eu e criar a partir de uma única fonte. (Acho que é por isso que

"Quem sou eu?" funciona.) É para expandir nossa consciência até que estejamos conscientes de todas as nossas criações.

E aceitar que "eu crio..." é uma ferramenta incrível para essa expansão. Pois, se isso for verdade, toda vez que você rejeitar sua parte na criação da realidade, estará rejeitando ou negando uma parte de si mesmo. Assim, a fragmentação continua. Na verdade, de acordo com os Iluminados, a sua metade espiritual está criando essas realidades com o único propósito da completude. Há coisas que você precisa experimentar para crescer que podem não ser a primeira escolha do seu ego/personalidade.

Eles chamam isso de carma: nós criamos, em algum momento do passado, seja ele recente ou remoto, todas as condições com as quais nos deparamos nesta vida. Mas como todos os carmas de todas as pessoas do mundo interagem? Como tudo isso se encaixa? Como ocorrem essas felizes (e infelizes) "coincidências" que muitas vezes são o prenúncio de um novo mundo? Quem está operando o computador que pode manter tudo isso em ordem, para seis bilhões de seres humanos?

Para os puros, todas as coisas são puras; mas para os contaminados e incrédulos nada é puro, até a sua mente e consciência estão contaminadas.

– Tito 1:15

Como funciona?

O universo É o computador. Não dualidade. E ele não precisa ser executado. Ele está conectado, emaranhado, de modo que está ligado a tudo e é criado a partir de tudo. Ele não responde a nós – ele *é* nós.

O modelo dualista do carma diz: eu bati no Bob, então alguém vai me bater. É uma maneira muito causa→ efeito (também conhecida como newtoniana) de ver esse fenômeno. Mas no modelo não dualista e emaranhado, é diferente. Ele diz que a ação ou o pensamento (que são a mesma "coisa") surge em uma parte da minha consciência. Há certa frequência ou vibração associada a isso. Ao realizar a ação, eu endosso essa realidade, de modo que agora estou conectado ao universo por essa frequência ou vibração. Tudo o que está "lá fora" com a mesma frequência responderá a isso[10] e será refletido em sua realidade.

> Percebi recentemente que o próprio ato de negar nossa participação como agente causal em nossa vida é uma tentativa voluntária de usar um pensamento nebuloso para que não tenhamos de lidar com algum aspecto da realidade que nos encara. Acho que aperfeiçoei esse "engano" durante grande parte de minha vida. Sempre temos que nos perguntar qual é o critério quando dizemos que criamos ou não criamos algum aspecto da realidade. Meu critério sempre foi: criei o que era prazeroso e confortável e tentei negar minha responsabilidade pelo que era desconfortável. Consegui me safar por um tempo... mas depois a realidade me pegou. Isso sempre acontece. Agora penso que sou a força causal e/ou participativa em todos os aspectos do que vejo em minha vida.
>
> – Mark

De acordo com essa noção, tudo em sua vida – pessoas, lugares, coisas, momentos e eventos – nada mais são do que reflexos de suas vibrações características. De acordo com Ramtha: "Tudo em sua vida é uma *frequência específica* de quem você é". Portanto, se você se perguntar "Quem sou eu?", basta olhar ao redor para saber a resposta; o universo está sempre lhe dando a resposta.

---

10. Esse é o princípio pelo qual toda transmissão/recepção funciona. O transmissor e o receptor estão sintonizados na mesma frequência.

O problema é que as partes ocultas e reprimidas de nós também são refletidas, e nós as reprimimos porque não gostamos delas. São esses reflexos que nos fazem dizer: "Eu nunca criaria *isso*". E é *isso* que continua sendo refletido repetidamente até que o entendamos. Essa é a roda do carma. O carrossel. Ou, como um filósofo do ensino médio disse certa vez: "A vida é um sanduíche de merda, e todo dia você dá uma mordida".

Falou como uma verdadeira vítima.

"A gravidade não existe; a Terra é uma porcaria." Idem.

"A vida é uma merda, e então você morre."

Vitimização: cura para a realidade atual

Perceber-se como vítima é possivelmente a mais forte rejeição de "eu crio minha realidade". E isso acontece o tempo todo. A vítima diz: "Essa situação *aconteceu comigo*. É injusta e injustificada". Os corolários disso são: "Pobre de mim. O Universo é injusto. O carma é uma operação inconstante e de meio período".

O lado positivo dessa atitude é que: você recebe simpatia, sente-se bem consigo mesmo porque não é você, e pode ignorar a experiência e não lidar com sua participação nela.

O lado ruim é que: você acaba de endossar a ideia de que não cria sua realidade (e, portanto, não tem poder para fazê-lo) e receberá a lição, e... Isso também é uma fragmentação da realidade. Ela remove o Criador da Criação.

Uma olhada no reflexo dessa atitude na sociedade em geral mostra como a vitimização é predominante. Grande parte dos noticiários noturnos é centrada nas vítimas. Nos Estados Unidos, a mentalidade de vítima atingiu proporções épicas. Se algo acontece com uma pessoa, a primeira coisa que ela faz é procurar alguém para processar.

Como Don Juan disse a Carlos Castaneda em *Viagem a Ixtlan*: "Você tem reclamado a vida inteira porque não assume a responsabilidade por suas decisões... olhe para mim. Não tenho dúvidas nem remorso. Tudo o que faço é minha decisão e minha responsabilidade".

> *Criamos nossa realidade todos os dias, embora achemos isso muito difícil de aceitar – não há nada mais agradável do que culpar outra pessoa pela nossa situação. A culpa é dela ou dele; é do sistema; é de Deus; é dos meus pais... Seja qual for a maneira como observamos o mundo ao nosso redor, é isso que retorna para nós, e a razão pela qual minha vida, por exemplo, é tão carente de alegria, felicidade e realização é porque meu foco carece exatamente dessas mesmas coisas.*
>
> – Miceal Ledwith

A grande reviravolta

Como a vitimização é a rejeição mais forte da premissa deste capítulo, "eu aceito a responsabilidade" é a aceitação mais forte dela. É uma reviravolta monumental na maneira como qualquer pessoa aborda o mundo e suas experiências nele. A vitimização e a impotência que dela resulta desaparecem da vida. Em todas as situações, as perguntas são feitas: "Onde estou eu, ou o que sou eu, nessa situação? O que está sendo refletido de volta para mim? De que nível de 'eu' isso está vindo?".

A reviravolta é que, em vez de pedir ao universo que prove que você cria a realidade para que você possa se sentar em cima do muro e aceitar ou rejeitar o que acontece, você toma como certo que sua vida e seus acontecimentos são criados por você e, portanto, procura o significado deles. E por significado, não se trata de um significado filosófico, cósmico, mas sim do que isso significa sobre quem você é, ou o que está criando, ou o que está negando em sua vida. Está buscando mudanças em sua vida? Faça essa troca e veja-a se transformar diante de seus muitos "eus". "As pessoas estão sempre culpando suas circunstâncias pelo que são", disse o grande dramaturgo britânico George Bernard Shaw. "Eu não acredito em circunstâncias. As pessoas que se dão bem neste mundo são as que se levantam e procuram as circunstâncias que desejam e, se não as encontram, as criam."

> PRATO FIXO OU *À LA CARTE*?
>
> Ao analisar as várias implicações da frase "eu crio minha realidade", uma das mais importantes foi – minha criação é um prato fixo ou *à la carte*? Eu escolho cada uma das ocorrências ou há "pacotes"? Pensei em Jesus e na Paixão. Ele criou o sofrimento e o abuso, ou se propôs a trazer uma nova consciência ao mundo, e o abuso era apenas parte do acordo?
>
> – WILL

Como *criamos* as circunstâncias? Como criamos essas coincidências que têm um enorme efeito na direção de nossa vida? Parece loucura que alguém possa criar uma coincidência do tipo: "Bem, esqueci o jornal, então tive de voltar correndo para casa, mas no caminho tive um pneu furado. Então parei para consertá-lo e me curvei e minha calça rasgou. Então, enrolei um cobertor em volta de mim mesmo, e uma pessoa passou de carro e era um cobertor que ela havia desenhado, então ela parou e nos casamos". Foi apenas uma coincidência. Mas o que realmente queremos dizer é que foi uma "co-incidência".

Então, será que nosso marido feliz criou o pneu furado? Ou será que ele criou o fato de estar casado e o universo resolveu os detalhes? (Esses são os tipos de perguntas que surgem quando você entra na onda do "eu crio".) Em experimentos sobre a criação da mudança de pH na água, William Tiller diz: "A questão é se fazemos uma declaração detalhada de intenção ou se a fazemos de forma a deixá-la aberta para que o universo encontre uma maneira de fazê-la. Em geral, é a segunda opção".

Em outras palavras, em vez de ditar todas as etapas pelas quais a água deve passar para mudar seu pH, como o rearranjo das ligações químicas, a troca de íons etc., o que os meditadores nos experimentos do Dr. Tiller fazem é se concentrar no resultado e deixar que o universo forneça os detalhes, com calças rasgadas e tudo mais.

Quando a sílaba "co" está antes de algo, significa algum tipo de inter-relação. Cooperar significa operar em conjunto. Portanto, "coincidência" significa que os elementos do incidente têm um inter-relacionamento. É estranho que a palavra agora signifique o oposto.

Possibilidades e tempo

Ainda assim, a pergunta permanece: como tudo isso poderia funcionar? E como alguém pode se tornar mais consciente das possibilidades, de modo que a própria criação seja mais consciente? De acordo com Amit Goswami:

Siga com confiança na direção de seus sonhos. Viva a vida que você imaginou.
– Henry David Thoreau

> É uma hipótese que a consciência é a base do ser. São todas as possibilidades da consciência. Dentre essas possibilidades de si mesma, a consciência escolhe a experiência real que manifesta, que observa... A quântica está falando de possibilidades, mas quando você olha para si mesmo, quantas vezes já se perguntou "que possibilidades"? Seu questionamento sobre possibilidades... [pode estar] preso a coisas tão triviais como que tipo de sorvete eu escolheria desta vez, baunilha ou chocolate, o que depende totalmente de suas experiências passadas. Assim, você perde a física quântica de sua vida.

O Dr. Goswami vê as possibilidades na vida de uma pessoa espalhadas como as ondas de probabilidade de um elétron. Isso significa que as opções em sua vida são tão "reais" quanto as ondas previstas pela equação de Schrödinger. Stuart Hameroff leva esse conceito um passo adiante:

> Cada pensamento consciente pode ser visto como uma escolha, uma superposição quântica que se reduz a uma única escolha. Digamos que você esteja olhando para um cardápio e tentando decidir se quer camarão, macarrão ou atum. Imagine que você tenha uma superposição quântica de todas essas possibilidades coexistindo simultaneamente. Talvez você até vá um pouco para o futuro e experimente as diferentes refeições. E então você decide: "Aha! Vou comer espaguete".

Ir para o futuro não é tão ficção científica quanto parece. Como o Dr. Hameroff ressalta: "Na teoria quântica, você também pode retroceder no tempo, e há alguma sugestão de que os processos no cérebro relacionados à consciência se projetam para trás no tempo".

> Tudo isso parece muito legal na teoria. Colocar em prática é que é difícil. Lembro-me das primeiras vezes em que comecei a criar meu dia. Naquele momento, antes de saber quem era "eu", era impossível. Meu corpo inteiro entrava em choque. Eu ficava assustada e tinha que fazer alguma coisa para voltar à "realidade". Era como se eu não suportasse ficar longe de toda a minha identidade normal por tempo suficiente para criar algo diferente. O medo e o pânico tomavam conta de mim. Demorou muito tempo para me permitir ter medo, mas continuar no desconhecido e, quando comecei a ver os efeitos e resultados, o medo se transformou em expectativa.
>
> – Betsy

Se todas essas teorias estiverem corretas, isso significa que a consciência de um indivíduo está constantemente examinando todas as possibilidades futuras, talvez até mesmo indo para o futuro para "provar" se deve ou não se casar com alguém e, em seguida, concentrando-se ou transformando essa possibilidade escolhida em realidade. O "como" fica a cargo do universo superinteligente e imensamente interativo que, de modo automático, responde à consciência, porque é isso que ela é. O universo É o computador que mantém o controle sobre o que está acontecendo – é por isso que ele está aqui. E se ele pode criar formas de vida autorreplicantes e autoconscientes, pode consertar um pneu furado.

E como essa visão torna a criação mais consciente? Bem, para muitas pessoas, o futuro está do outro lado de um grande muro, além do qual elas não podem passar. Portanto, essas possibilidades que estão à espreita não são vistas e, quando aparecem, é uma surpresa ou um choque. Mas o fato de perceber que esses potenciais são reais e podem ser desenvolvidos, manipulados e destruídos nos leva para além do muro e para o futuro, onde o novo você nos aguarda.

Criando seu dia

Seu conjunto de realidades criadas está à sua frente. Espalhadas pela paisagem do tempo, essas possibilidades aguardam "o movimento da consciência" para trazer o evento real à experiência. Mas digamos que você seja um pouco mais proativo – um ativista da paisagem que não está disposto a sentar e deixar que as ervas daninhas do universo aconteçam com você, mas sim semear essa paisagem de possibilidades com suas criações conscientes.

A informação mais popular, cativante e solicitada em *Quem somos nós?* foi o conceito de criar seu dia. Essa técnica foi ensinada pela primeira vez por Ramtha em 1992 a seus alunos e é um dos pilares da escola em Yelm, Washington: "Nenhum mestre que se preze deixa o dia acontecer para ele; ele cria o seu dia".

UM PEQUENO ENSINAMENTO SE TORNOU A MODA

O texto a seguir foi extraído do DVD *Ramtha: Create Your Day – An Invitation to Open Your Mind* [Ramtha: Crie seu dia – Um convite para abrir sua mente]: "Sabe, no momento em que você acorda, você já notou que não sabe quem você é? Já reparou que você olha ao redor do cômodo para se orientar e, o que é realmente surpreendente, quando você vê a pessoa ao seu lado e, naquele momento, não sabe quem ela é? Acho que você deveria refletir muito sobre isso. Passamos os momentos seguintes, antes mesmo de sair da cama, nos reorientando, nos religando a uma identidade que, por um instante, nem tínhamos, e a identidade é aquela [coisa] que começamos a formar quando olhamos para a pessoa ao nosso lado. Aí nos levantamos e começamos a coçar o corpo... e então nos levantamos e vamos ao banheiro e, no caminho, olhamos para nós mesmos. Por que você faz isso? Por que fica olhando para si mesmo? Porque está tentando se lembrar de quem é. Isso ainda é um mistério.

"Mas se você tiver que se lembrar de quem é e dos parâmetros de sua aceitação e de sua dúvida, se tiver que passar pelo ritual todos os dias para se lembrar de quem é, quais são as chances de seu dia ser único? Muito pequenas, de fato. Mas e se... antes de tentar se lembrar de quem você é, você se lembrasse do que *queria ser*, e talvez isso viesse primeiro, antes de ver seu companheiro, antes de se arranhar, antes de sair cambaleando da cama, assustar o gato e se ver no espelho. Antes de fazer tudo isso, você se lembra de algo: 'Antes de me ligar ao ritual da minha rede neural, vou criar um dia que seja surpreendente, que se somará à minha rede neural, que se somará à experiência da minha vida', e você cria o seu dia – cria o seu dia. O momento em que você ainda não é quem é é o mais sublime, no qual você vê o extraordinário, pode esperar e aceitar o extraordinário, pode aceitar um aumento de salário. Se você se tornar você mesmo, sua expectativa de aumento de salário diminuirá muito. Você e eu sabemos disso. Mas nesse estado de não conclusão sobre sua identidade, você pode criar de qualquer maneira.

"Por isso, digo aos meus alunos que, antes de se levantarem e se lembrarem de quem são, criem seu dia. Então, depois de criar seu dia, sua rotina mudará. Você será uma pessoa um pouco diferente ao olhar para o vaso sanitário ou para o espelho. Haverá algo diferente em você, e isso será uma coisa maravilhosa."

A vida não consiste em encontrar a si mesmo. É uma questão de criar a si mesmo.

– George Bernard Shaw

Esse maravilhoso ensinamento aborda o "eu" que, em última análise, foi o tema deste capítulo. Quem é o "eu" que está criando? Se for a personalidade, então as criações são feitas a partir de estruturas, hábitos, propensões, neurônios existentes e, a partir dessa estrutura antiga da personalidade, tudo o que será criado é o mesmo de sempre. Criar o que já existe não é criar.

Ou a criação vem do eu superior, do eu divino, e, nesse caso, em geral é inconsciente e é o resultado de um carma profundamente enterrado. Portanto, embora as criações sejam maravilhosas para o espírito, para a personalidade desconectada, elas parecem arbitrárias, injustas e dão origem a sentimentos de impotência e vitimização.

Já essa técnica aproveita o momento do não eu, ou novo eu. A partir desse "eu", algo novo pode se manifestar. Algo que você cria *conscientemente*. E criar dessa forma desfaz para sempre a armadilha da vitimização e da destituição de poder.

E afirma todos os dias, de uma maneira muito real, que você cria sua realidade.

E, se *isso* for verdade, a afirmação é o que incendeia.

FAZENDO PERGUNTAS

Reflita um pouco sobre isto...

- Quais são os limites, se é que existem, para nossa criatividade e nosso poder?
- Podemos mudar as leis da física? Em caso afirmativo, elas são leis? O que são leis?
- Aprendendo a criar de forma mais eficaz, que tipo de responsabilidade temos?
- Qual é o uso mais construtivo de nossa criatividade?
- Como podemos saber se nossos objetivos individuais estão alinhados com os objetivos cósmicos?
- Qual é o impacto de saber que estamos criando o tempo todo, conscientemente ou não?
- Qual é a diferença entre a personalidade e o nível superior de consciência?
- Como posso saber a diferença?
- Quando sei que minha personalidade está criando, ou quando sei que é minha consciência superior?
- Minha personalidade é ruim?

POR QUE NÃO SOMOS MÁGICOS?

Luke Skywalker, ao ver Yoda levantar seu caça X-Wing do pântano usando apenas sua mente: "Não acredito nisso!".
Yoda: "E é por isso que você fracassa".

Mágicos. Saltando da página escrita e da tela de cinema. Mestre Yoda, diretor Dumbledore, Gandalf, o Branco. Magos! Portadores do fogo da criação – *Majick*! Quem não gostaria de ser um mágico? Quem não gostaria de se transferir para Hogwarts? Quem de fato preferiria ser um trouxa?[11] Quem? Obviamente, trouxas!

Pois SE criamos nossa realidade e não há mágica nela, então nós a criamos, não é mesmo? Parece estranho que a maioria das pessoas adore a ideia de magia e gostaria de ser adepta dela, mas o controle remoto da TV é o mais próximo que conseguimos chegar.

Isso levanta uma questão interessante: o que é magia em oposição à ciência? Com certeza, um controle remoto de TV (e a TV!) seria alta magia há duzentos anos. Os antigos sumérios escreveram sobre os deuses que podiam se comunicar, como num passe de mágica, por voz e instantaneamente em todo o planeta. E hoje é tão simples quanto decidir sobre o plano de cinquenta ou cem minutos. Então, qual é a diferença? A ciência é vista como muito processual, mas a magia também é: os livros sobre magia têm procedimentos passo a passo, como um livro de receitas, sobre como produzir um resultado desejado. Parece, então, que a magia é simplesmente a ciência do outro lado do paradigma. E o que o Dr. Tiller está fazendo com suas caixas pretas é ultrapassar esse limite.

---

11. "Trouxa", dos livros de Harry Potter, refere-se a alguém que não possui magia. Hogwarts é a escola, dirigida por Dumbledore, onde a magia é aprendida.

O manual do não mago

Em vez de nos preocuparmos com o motivo de não sermos mágicos (já que só você pode responder a isso), vamos ler algumas páginas de um capítulo do *The UnWizard's Handbook* [O manual do não mago], intitulado "Como transformar um mágico em um sapo". E se algo começar a lhe parecer familiar, isso lhe dará uma pista sobre quem mais está lendo e usando esse manual.

#1. Convença as pessoas de que elas NÃO são mágicas.
#2. Ensine as glórias de se tornar uma vítima.
#3. Confunda e entrelace sistemas de crenças.
#4. Torne o novo conhecimento assustador e inacessível.
#5. Torne os mágicos assustadores e seja um mágico perigoso.
#6. Faça com que eles mintam.
#7. E nunca olhe para dentro.

"Era uma época de magia, quando a magia pairava pesadamente no ar. As árvores cantavam o canto dos pássaros que contavam histórias de poder. Os vales encantados guardavam segredos que, com uma palavra adequada, faziam o ouro brilhar do nada. A magia estava em toda parte. E eu estava lá. Imerso nas lascas cintilantes da criação que eu chamava de real."

A frase anterior foi tirada de um livro que nunca escreverei. Mas quantos de nós já lemos esses livros com o desejo de ter um teletransportador para nos levar até lá? Em uma era de magia, ela está em toda parte. Porque todo mundo SABE que é assim que o mundo é. Antes de os ocidentais chegarem ao Tibete, as histórias de "magia" eram comuns. Os Lamas tinham a capacidade de dar saltos de dez metros para poder percorrer centenas de quilômetros em uma hora. Coisa comum e que hoje não existe mais. O que leva à pergunta: "O que queremos para amanhã?".

Talvez eu escreva aquele livro, afinal...

– WILL

E para o caso de você ser um mago que se transformou em sapo, o *The UnWizard's Handbook* também tem antídotos para cada um dos itens anteriores.

#1. Convença as pessoas de que elas NÃO são mágicas.
Como todos são mágicos, se você os convencer de que não são, então é isso que eles serão. Nesse caso, não leia mais.

Antídoto: Lembre-se de sua grandeza: você já é um mago.

Ele fará também as obras que eu faço, e as fará maiores do que estas.
– JOÃO 14:12

Se lhe disserem que você é uma mutação fortuita da matéria e que seu senso de si mesmo é uma propriedade *epifenomênica* de partículas mortas, o quão mágico você se sente? Se seus momentos mágicos são explicados como coincidências, onde está a magia em sua vida? Se a sua visão do mundo é a morte, a doença, a guerra e o sofrimento (também conhecido como noticiário da noite), situações que lhe geram sensação de impotência, quão mágico você é?

E quando lhe dizem que você é um pecador desprezado, nascido em pecado e miserável aos olhos de Deus?

Você não pode acreditar nas pessoas que dizem que nada disso é verdade. "Nada disso é verdade" é relativo a elas.

> *O que você prefere escolher: que não seja assim ou que seja assim? Quem determina o que é verdade? Existe alguém por aí dizendo que isso é impossível ou alguém que diz que é absolutamente possível? Quem determina o que é verdade? Nós.*
>
> – J. Z. Knight

Há cerca de quarenta anos, um grupo de pensadores pioneiros, liderados pelo professor da Universidade de Brandeis, Abraham Maslow, tomou consciência de que a psicologia parecia estar quase totalmente preocupada com *problemas e doenças*: neuroses, psicoses, disfunções. Por que não estudar indivíduos saudáveis ou até mesmo muito saudáveis? Por que não analisar quais são as possibilidades mais elevadas para os seres humanos e criar maneiras de ajudar todos a desenvolverem seus poderes?

O grande escritor americano Henry David Thoreau escreveu cem anos antes: "As capacidades do homem nunca foram medidas; nem devemos julgar o que ele pode fazer com base em quaisquer precedentes, tão pouco foi experimentado".

Norman Cousins, autor e editor da *Saturday Review,* expressou a mesma ideia:

> O cérebro humano é um espelho para o infinito. Não há limite para seu alcance, escopo ou crescimento criativo. Ninguém sabe que grandes saltos de realização podem estar ao alcance da espécie quando toda a potencialidade da mente for desenvolvida.

Foi isso que os psicólogos do Potencial Humano se propuseram a descobrir.

Talvez o maior legado de Maslow e de seus colegas seja o fato de terem ajudado a tornar comum o conhecimento de que todos têm um enorme potencial latente, que há poderes e capacidades dentro de todos nós que ainda não vieram à tona!

> Aceitar que "eu crio minha realidade" não foi fácil nem divertido. Olhei em volta para a carnificina e o caos que eu havia criado e pensei: "Merda, isso é uma bagunça!". Mas, ei, se eu posso criar isso, então posso criar outra coisa.
>
> – Betsy

#2. Ensine as glórias de se tornar uma vítima.

Quando os mágicos aceitam ser vítimas, abrem mão de sua pretensão de criar a realidade. Para as vítimas, a realidade acontece com elas: é injusta e nunca é culpa delas. Portanto, elas nunca precisam olhar para dentro de si mesmas, onde verão a própria criação.

Antídoto: Aceitar a responsabilidade por sua vida.

As glórias de ser uma vítima são muitas. Você nunca é "culpado", portanto não precisa sentir culpa. As pessoas sentem pena de você, prestam atenção e o ajudam. E a culpa é o nome do jogo. Culpar os pais, a sociedade, o trabalho, o parceiro, a saúde e blá-blá-blá pelas circunstâncias de nossa vida com as quais não estamos felizes. Mas essa rede de desculpas cai por terra se aceitarmos que *a consciência cria a realidade* (CCR). Esse é o aspecto mais prático da CCR. Isso significa que *você* criou *sua* vida e *seu* mundo. Você pode reclamar e se lamentar porque parece não conseguir ter o que quer, quando, na verdade, você *tem* o que quer. Você está vivendo a vida que escolheu viver, *a vida que acreditava que poderia viver.*

Para saber realmente onde sua consciência se encontra, basta observar cada coisa, cada pessoa, cada lugar e cada evento em sua vida.

#3. Confunda e entrelace sistemas de crenças.

A crença é o motor da criação. Qualquer falha na crença de um ato mágico o fará descarrilar. As "autoridades" são muito úteis nesse empreendimento.

Antídoto: Não dê poder às autoridades e confie na própria experiência. Lembre-se: a crença é o motor da criação.

Jesus andou sobre a água?

Será que todos os anos milhares de pessoas caminham sobre brasas e não se queimam?

O marido de Betsy, Gordie, fez a caminhada do fogo três vezes sem nunca sentir. Depois, ele perguntou ao seu professor de fisiologia sobre isso, e este lhe explicou que isso não acontecia e que os carvões em brasa não estavam realmente quentes. Era o efeito de Leidenfrost. Na quarta caminhada, Gordie começou a se perguntar se o que o professor havia dito era verdade e se estava quente mesmo. Ele saiu das brasas com queimaduras de terceiro grau.

> *Quando um trouxa vê um dragão, por exemplo, o Ministério envia agentes chamados obliviadores para usar Feitiços de Memória e fazer com que o trouxa esqueça tudo o que aconteceu.*
>
> – Site do Léxico de Harry Potter

Então, o que ele fez? Primeiro, aplicou o antídoto nº 2 – em vez de culpar o professor ou o treinador do *firewalk*, ele percebeu como *criou esse resultado* e, em seguida, aplicou o antídoto nº 3. Ele não acreditou no efeito Leidenfrost, mas na própria experiência. A caminhada número cinco não teve problema algum.

Essa questão da crença é complicada. Quem quer ficar imaginando acontecimentos tão distantes da realidade a ponto de a desconexão o deixar louco? Mas, por outro lado, quem quer ser tão limitado pela realidade cotidiana comum e corriqueira, sem mágica em lugar algum? A ideia de andar sobre a água é uma loucura. Se não fosse por aquela famosa cena no mar da Galileia, todos lhe diriam, sem sombra de dúvida, que isso é impossível e, se você acha que é possível, você está louco!

É algo complicado porque nossos sistemas de crenças geralmente não são um todo integrado, bem pensado e consistente. Em outras palavras, pode haver um momento de alegria em que você acredita que pode voar, mas ainda acredita que o que sobe tem que descer. De acordo com Miceal Ledwith:

> Se eu acreditar que posso andar sobre a água e gritar para mim mesmo que vou andar sobre a água, em geral o que estou enfatizando é um disfarce da dúvida que tenho, portanto, se você sair com esse foco dividido em sua mente para andar sobre a água, você vai afundar.
>
> Mas se você tivesse aceitado absoluta e plenamente, sim, isso aconteceria porque a realidade se adapta à nossa intenção. Da mesma forma, se você puder se concentrar e aceitar que está curado, isso acontecerá, mas *o que de fato não aceitamos é o grau de dúvida* que se esconde por trás dessas afirmações.

Por que Donald Trump é rico? Porque ele aceitou ganhar US$ 3 milhões por dia. Ele construiu um modelo de possibilidade que a maioria das outras pessoas não tem. A maioria das outras pessoas tem um modelo de talvez poder ganhar US$ 200 por dia. Ele acrescentou um monte de zeros e aceitou isso. Ele não nasceu necessariamente com algum dom especial. É tudo uma questão de aceitação. Como você constrói seu nível de

> aceitação? Os atletas constroem esse nível treinando e depois fazendo uma corrida. Eles descobrem quais são suas limitações. Descobrem em que são bons. Seu treinador os ajuda e, por fim, eles podem ganhar medalhas olímpicas. Por que deveria ser diferente quando olhamos para a mente? Não deveríamos estar treinando a mente também? Não deveríamos estar dando informações à mente?
>
> – Mark

E se você se aprofundar o suficiente, a dúvida é sempre o resultado de um sistema de crenças que colide com a crença sobre a qual você está agindo. E até que esses conflitos sejam eliminados, o caça X-wing permanece no pântano. Como diz Ramtha:

> Quão amplo, profundo e alto é o nível de sua aceitação? Porque é isso que é a crença. Você nunca, jamais, poderá manifestar em sua vida aquilo que não aceita. Você só manifesta aquilo que aceita. Então, qual é a amplitude de sua aceitação? Ela é maior do que sua dúvida? Quais são as limitações de sua aceitação? É por isso que você está doente? É por isso que você está velho? É por isso que você é infeliz, porque o nível de sua aceitação é infeliz? Isso é tudo o que você recebe, sabe. Você não recebe nada maior.

#4. Torne o novo conhecimento assustador e inacessível

O novo conhecimento é a chave que desbloqueia antigos sistemas de crenças e abre a porta para realidades cada vez maiores. Além disso, o conhecimento fortalece a crença da pessoa no verdadeiro funcionamento do universo, fortalecendo assim o mago. Portanto, use a mais drástica das contramedidas: o medo.

Antídoto: "Buscai e achareis; batei e abrir-se-vos-á." (Mateus 7:8)

Quando pensamos em um mago, vêm à mente visões de alguém em seu escritório, com livros alinhados até o teto e instrumentos científicos espalhados. O Dr. Dispenza explica por quê:

> Você precisa ter conhecimento que lhe permita sonhar sonhos maiores. É preciso ter a disposição e a paixão para sair dos limites da própria zona de conforto e de sua necessidade de conformidade, para tentar fazer algo que a humanidade consideraria insano. No entanto, se for feito sem o conhecimento adequado, é insanidade. Se feito com o conhecimento adequado, é considerado heroísmo. É considerado brilhantismo. É considerado genial.

> *Ele [Gandalf] se levantou e não se apoiou mais em seu cajado...: "Os sábios falam apenas do que sabem, Grima, filho de Galmod. Você se tornou um verme sem inteligência. Portanto, fique em silêncio e mantenha sua língua bifurcada atrás dos dentes. Eu não passei pelo fogo e pela morte para trocar palavras tortas com um servo até que o raio caia." Ele ergueu seu cajado. Houve um relâmpago... Houve um clarão como se um raio tivesse atingido o telhado. Então tudo ficou em silêncio. Grima Língua de Cobra se esparramou sobre seu rosto.*

Amit Goswami concorda: "Sempre que nossos limites são expandidos, nos sentimos felizes. Sempre que nossos limites se contraem e nos identificamos com um pequeno casulo, ficamos infelizes. Portanto, a ideia é ampliar nossos limites".

O que mais os magos tinham em comum? Cajados. Tanto Gandalf quanto Yoda tinham um. "E ordenou-lhes que nada levassem para a viagem, a não ser apenas um cajado; nem alforje, nem pão, nem dinheiro na bolsa." (Marcos 6:8)

Por que um cajado? Ele era considerado o cajado do conhecimento. Ele apoiava o trabalhador da magia e o guiava na jornada. Ele também exercia um grande poder. É por isso que, ao longo dos séculos, se você quiser transformar seres imortais em sapos, você queima livros. De acordo com John Hagelin:

> *Como podemos pegar um dia comum e torná-lo super extraordinário? Tendo o conhecimento para pensar no extraordinário. O dia se torna isso.*
>
> – J. Z. Knight

> O conhecimento é o maior motivador. Se as pessoas simplesmente souberem qual é o potencial da vida, o que os estados superiores de consciência além da vigília, do sonho e do sono oferecem à vida e como será o mundo quando as pessoas estiverem vivendo a consciência unitária, elas se sentirão motivadas. A única razão pela qual as pessoas não estão motivadas é que não estamos expostos ao conhecimento.
>
> A mídia atual, que tipo de conhecimento a mídia apresenta às pessoas? Apenas o necessário para que elas saiam e comprem um hambúrguer. Na verdade, não é o suficiente. Não o suficiente para inspirar as pessoas e fazê-las saber o que é possível na vida.

#5. Torne os mágicos assustadores e seja um mágico perigoso. Os seres iluminados são magneticamente radiantes e buscam iluminar a todos. Removê-los de uma forma ou de outra elimina o problema e faz com que os outros se cansem de seguir seus passos.

Antídoto: Encontre aqueles com quem você pode aprender sabedoria e estudar.

Trazer a iluminação para o planeta tem sido uma ocupação perigosa há milênios. E não apenas para os professores espirituais. Os cientistas também tiveram uma vida difícil. Mas agora que é mais difícil simplesmente matar o professor problemático, eles são obrigados a parecer estranhos, assustadores ou sinistros. Se isso não funcionar, basta lançar sobre eles a expressão "líder de culto". Há um grande número de pessoas com as quais se pode aprender e a única maneira de saber é ver por si mesmo. Lembre-se do antídoto nº 3 – não acredite em autoridades; confie na própria experiência.

Quanto ao fato de ser perigoso, é, mas não tão ruim quanto costumava ser. Os tempos mudaram. Infelizmente, a memória na consciência coletiva permanece. O maior exemplo disso não são os milhares de professores que foram eliminados, mas cerca de cinquenta mil a cem mil bruxas que foram mortas em um período de quinhentos anos. É triste que todos os exemplos de mágicos sejam homens, sobretudo quando, de acordo com muitos professores, as mulheres são inatamente mais hábeis nessa arte. De acordo com o professor de Carlos Castaneda, o indígena Brujo Don Juan, quando os homens são apresentados a uma nova ideia mágica, eles pensam, conversam e debatem sobre ela, enquanto as mulheres a executam.

> *Mas buscai primeiro o reino de Deus e a sua justiça, e todas essas coisas vos serão acrescentadas.*
>
> – Mateus 6:33

#6. Faça com que eles mintam.

Uma mentira é uma desconexão com a realidade. Ela fragmenta os mentirosos, tornando-os uma casa dividida. Ela também rompe a integridade de seus sistemas de crenças, tornando insignificante qualquer mágica que façam. Portanto, torne a mentira aceitável.

Antídoto: Na iminência de uma mentira, pergunte a si mesmo: qual é a pior coisa que pode acontecer se eu disser a verdade, e será que vale a pena sacrificar minha herança mágica?

Hoje em dia, parece que todo mundo mente. Os chefes mentem, os repórteres mentem, os políticos mentem, os amantes mentem, os líderes religiosos mentem. Parece ser aceitável porque ninguém faz muito alarde sobre isso.[12] Mas os verdadeiros mágicos conhecem as consequências. Um dos votos de um monge budista é nunca mentir. Já foi dito que, como Jesus nunca mentiu e nunca o faria, quando Ele dizia algo, por nunca ter mentido, o universo *tinha* de obedecer. Portanto, quando Ele disse: "Levanta-te, toma a tua cama e vai para tua casa", era uma lei do universo. "E ele se levantou, e foi para sua casa". O Dr. Ledwith acrescenta:

Eis que o reino de Deus está dentro de vocês.
– Lucas 17:21

> Se não tivéssemos tempo para mentiras em nossa vida ou trapaças, se tivéssemos a absoluta impecabilidade do mestre espiritual, então faríamos essas coisas (milagrosas) sem esforço. Mas, você sabe, isso não é obtido ouvindo música maravilhosa, queimando incenso e todas essas coisas. É alcançado de uma forma muito prática: confrontando as mentiras, a falsidade e as atitudes de vítima que constituem o que somos. Se arrancarmos essas coisas pela raiz, as outras se seguirão imediatamente. Se nunca as erradicarmos e as encobrirmos com uma fachada de espiritualidade, então a ciência e a religião podem se unir por muito tempo, e isso não fará a menor diferença.

12. Caso em questão: os líderes dos Estados Unidos produziram uma série de mentiras para manipular o país em uma guerra que matou dezenas de milhares de pessoas. E, de modo geral, os Estados Unidos simplesmente dão de ombros.

#7. E nunca olhe para dentro.

Embora seja a última regra, ela é a pedra fundamental de todas as anteriores. Se as pessoas nunca olharem para dentro de si mesmas, nunca descobrirão a verdade sobre quem e o que realmente são. Portanto, convença-as de que a verdadeira felicidade está lá fora.

Antídoto: Não dê ouvidos – olhe para dentro.

O bombardeio diário dos anunciantes procura enfatizar a noção de que a realização é obtida por meio da conquista de algo no mundo exterior. Mas fato é que, ao final de mais carros, casas, dinheiro e fama, você fica com você mesmo.

No entanto, é importante lembrar que os anunciantes, os mentirosos e a mídia não são responsáveis pelo *status* de sapo de ninguém. Isso é ser uma vítima. No final, é sempre cada indivíduo que decide em que prestar atenção. Em que se concentrar. O que deixar entrar. Essa é sempre a nossa escolha pessoal. Culpar algo externo é diminuir o interior.

Imagine isso: andar por aí com o Reino de Deus, o Céu, a Iluminação, o Nirvana *dentro* de você. Quero dizer, *imagine* isso.

Mantenha essa imagem em sua mente – caminhando para o trabalho, para a escola, para o supermercado com *tudo isso* dentro de você. Para onde quer que vá, você leva o eterno com você...

Se isso não é a imagem de um mágico, não sei o que é.

Uma matriz de palavras

Temos discutido e investigado muitos conceitos. Chegou a hora de começar a uni-los…

Escreva o que você acha que é a relação entre essas palavras. Por exemplo, "A magia está fora do paradigma". Analise todas as relações.

Como em cima, assim embaixo

O símbolo antigo para isso é a estrela de seis pontas de dois triângulos que se cruzam, também conhecida como a estrela de Davi.

A partir da lista de palavras a seguir, veja quantas relações acima/abaixo você pode construir. Depois de fazer isso, sinta-se à vontade para criar as próprias relações.

CÉREBRO QUÂNTICO

Já ouvi algumas pessoas dizerem que a consciência é uma propriedade maravilhosa do universo que tem predileção pelo cérebro humano. Se for esse o caso, então a consciência pesa cerca de um quilo e meio e se parece um pouco com uma couve-flor cinza.

– Andrew Newberg

Jeff: "Hoje em dia, você pode colocar quântico em qualquer coisa. Há alguns anos, era criativo: divórcio criativo, culinária criativa. Agora é quântico: divórcio quântico, culinária quântica, cura quântica...".
Betsy: "O que é culinária quântica (risos)?".
Jeff: "Não sei, mas parece bom, certo?".

É de se admirar que o quantum esteja sendo aplicado em todos os lugares? É uma maneira tão diferente de ver o universo físico sobre o qual o resto é construído. Parece abrir as portas para muitas possibilidades e dar algumas respostas a enigmas que têm confundido a humanidade há milênios.

Uma das aplicações mais interessantes da quântica, fora da cozinha, é examinar alguns dos aspectos intangíveis de nossas vidas: consciência (isso de novo!), livre-arbítrio, intenção, experiência e, especificamente para este capítulo, o cérebro!

Consciência, cérebro e corpo

A consciência é apenas um produto do cérebro, um "epifenômeno" ou uma "propriedade emergente" da atividade bioelétrica dentro de nossa cabeça? É algo que surge quando um número suficiente de neurônios dispara em conjunto, produzindo um nível suficiente de complexidade computacional? Em caso afirmativo, o cérebro é apenas um computador biológico? E qual é a diferença entre nós e as máquinas? Poderia haver uma inteligência artificial que se igualasse à inteligência humana ou a superasse? Essas máquinas seriam "conscientes"? Elas poderiam aprender? Teriam livre-arbítrio?

Ou a consciência é um componente fundamental do universo, independente do cérebro, que pode ser vivenciado sem o corpo, como nas milhares de experiências fora do corpo e de quase morte documentadas? Nesses casos, o corpo de uma pessoa se desliga temporariamente e deixa de funcionar (na mesa de cirurgia, por exemplo), mas sua consciência continua a permanecer desperta para experimentar.

A diferença entre nós e uma rocha é que o comportamento humano, ao contrário do comportamento de uma rocha, tem suas raízes profundas no nível da mecânica quântica, a partir das moléculas individuais de DNA em cada célula do cérebro.
– John Hagelin, Ph.D.

Historicamente, as respostas a essas perguntas se enquadram em um dos três grupos:

- **Materialismo:** a matéria é primária; a consciência, seja ela qual for, é secundária. A consciência é um efeito da atividade cerebral. Não existe algo como a "consciência" em si; ela não tem realidade própria, é apenas um produto de nossa biologia, de redes neurais e interações eletroquímicas.
- **Dualismo:** a consciência e a matéria são realidades existentes. No entanto, elas são tão diferentes (uma sólida e tangível, a outra abstrata e intangível) que operam em reinos distintos e não relacionados. Descartes, nos anos 1600, dividiu o mundo em *res cogitans* e *res extensa* – o reino do espírito e do pensamento (*cogitans*) *versus* o reino da matéria e das coisas (*res extensa*). O mundo material, incluindo minerais, plantas, animais e seres humanos, é todo maquinário, regido pelas leis absolutas da causalidade. Não pode haver ação recíproca entre o reino livre e abstrato do

pensamento puro e o reino denso e localizado da matéria: são duas substâncias diferentes.

- **Idealismo:** a consciência é a realidade fundamental. Tudo é uma expressão da consciência. Viva, fluida e perpetuamente autorrenovável, ela se autoexpressa em um contínuo de níveis ou camadas, desde a consciência pura mais "suave" e abstrata, passando por todos os níveis sutis e mais "substanciais" (funções de onda quântica e partículas, fótons, átomos, moléculas, células etc.) até a matéria mais sólida. Nesse contínuo, tudo está conectado e relacionado; é tudo a mesma coisa, manifestando-se em diferentes frequências, níveis vibratórios ou densidades.

> Há um debate em andamento sobre os efeitos quânticos microscópicos e se eles aparecem em nosso mundo grande e macroscópico. Muitas das questões sobre o uso de quântico para falar sobre coisas como mente/matéria surgem dessas considerações, e elas precisam ser analisadas e consideradas. Mas acho que se encontrarmos efeitos quânticos em qualquer lugar de nosso grande mundo, será na parte mais sofisticada da estrutura física que já encontramos – nosso cérebro.
>
> – Will

Tanto no primeiro quanto no segundo caso, a consciência não tem identidade ou dignidade ou é eternamente impedida de interagir com o mundo material. Na terceira visão, o problema da relação entre a consciência e o corpo se dissolve: eles já estão e sempre estão relacionados e conectados; de fato, são apenas dois aspectos da mesma "coisa". Essa estrutura, embora considerada "extrema" por muitos, não só é consistente com o budismo, a tradição védica indiana e os místicos do cristianismo, judaísmo e islamismo, mas também é favorecida por vários físicos que mencionamos anteriormente. E a consciência poderia muito bem ser o "monismo neutro" do matemático e filósofo Bertrand Russell, no qual uma entidade subjacente comum dá origem a qualidades físicas e mentais.

Mas quais são os mecanismos pelos quais a consciência perde sua pura abstração, torna-se pensamento, percepção e sentimento e aparece como atividade elétrica ou química no cérebro? Aqui estão algumas tentativas teóricas de explicar como isso funciona.

Aviso: Esses pontos de vista não são aceitos pela maioria dos cientistas convencionais. Sua leitura pode fazer com que o cérebro seja religado. Consulte seu eu superior quanto à validade.

A visão de Stuart Hameroff sobre o cérebro quântico

"Como a matéria viva produz pensamentos, sentimentos e emoções subjetivos?", pergunta Hameroff, professor emérito dos departamentos de Anestesiologia e Psicologia e diretor do Centro de Estudos da Consciência da Universidade do Arizona. "Como nossos cérebros podem explicar a 'experiência' fenomenal – o cheiro de jasmim, a vermelhidão de uma rosa ou a alegria do amor?"

Embora questões como essas tenham ocupado filósofos e pensadores durante séculos, Hameroff ressalta o seguinte:

> O estudo da consciência passou por momentos difíceis durante a maior parte do século 20, quando os behavioristas dominaram a psicologia. Por que estudar algo que não pode ser medido? A consciência tornou-se um palavrão nos círculos científicos, eclipsada por

paradigmas de condicionamento operante, reflexos pavlovianos e outros parâmetros quantificáveis.

O ressurgimento do interesse pela consciência começou na década de 1970. Além de um grande número de pessoas, sobretudo da geração dos anos 1960, estar explorando ativamente a transformação da consciência por meio da meditação, de várias formas de terapia e de uma variedade de substâncias químicas que dominam a mente, os computadores possibilitaram o início de um trabalho intensivo em inteligência artificial (IA) e a análise rápida de dados derivados de leituras elétricas do cérebro (eletroencefalograma e outras medidas).

Nas décadas de 1980 e 1990, vários cientistas proeminentes aderiram ao movimento e produziram livros e teorias defendendo o cérebro como um computador magnífico, bem como a visão de que, como afirma Hameroff, "a consciência tinha algo a ver com os mistérios da mecânica quântica".

Em seguida, Hameroff entrou em contato com o trabalho de Sir Roger Penrose, o renomado matemático e físico britânico.

Teoria Quântica da Consciência de Penrose-Hameroff

Penrose propôs que a consciência surge quando as superposições de neurônios no cérebro atingem determinado limite e, em seguida, entram em colapso espontâneo. (Isso é semelhante ao colapso da função de onda devido à observação, reduzindo uma vasta gama de possibilidades a um valor pontual localizado. A diferença é que aqui a superposição entra em colapso por conta própria devido aos efeitos da gravidade quântica.) De acordo com Penrose, o que ele chamou de "reduções objetivas" são intrínsecas ao modo como a consciência opera. Essas reduções objetivas convertem várias possibilidades no nível pré-consciente, inconsciente ou subconsciente em percepções ou escolhas definidas no nível consciente, como considerar pizza, sushi ou pad thai (todos em superposição) e depois selecionar um (colapso ou redução). Hameroff sugeriu o *mecanismo* pelo qual isso poderia ocorrer e, juntos, ele e Penrose formularam sua teoria.

A MEMÓRIA ESTÁ REALMENTE NO CÉREBRO?

Vários cientistas estão estudando a proposição de que as memórias não são realmente armazenadas no cérebro. Descobriu-se que, se você remover parte do cérebro onde uma memória parece estar localizada, a memória ainda pode persistir! Onde ela é armazenada? Talvez em algum lugar na escala de Planck, ou no que algumas pessoas chamam de "registros akáshicos". O cérebro pode servir apenas como um instrumento para extrair as memórias do universo. Ele pode ser o armazenamento local, o disco local para o disco rígido cósmico.

No centro do modo como esse colapso, ou redução objetiva, ocorre estão os minúsculos *microtúbulos*, estruturas ocas em forma de palha dentro de cada célula, incluindo os neurônios. Antes considerados apenas como o *citoesqueleto* ou andaime da célula, descobriu-se que os microtúbulos apresentam inteligência extraordinária e capacidade de auto-organização. Eles funcionam como o sistema nervoso e circulatório *da célula*, transportam materiais e organizam a forma e o movimento da célula. Eles interagem com seus "vizinhos" para processar e comunicar informações e podem organizar as células vizinhas em um todo unificado e coerente. Nos neurônios, os microtúbulos também estabelecem e regulam as conexões sinápticas e estão envolvidos na liberação de neurotransmissores. Como diz o Dr. Hameroff, "eles estão em toda parte e parecem organizar quase tudo".

As mudanças estruturais, o processamento de informações e a comunicação entre os microtúbulos, dentro dos neurônios do cérebro, influenciam diretamente "um nível acima", na organização dos neurônios em redes chamadas de redes neurais. No entanto, os próprios microtúbulos são afetados por um fenômeno quântico a partir das profundezas da própria estrutura: as proteínas das quais eles são feitos respondem a sinais de um computador quântico interno que consiste em elétrons individuais. O Dr. Hameroff explica:

> Essas forças mecânicas quânticas nas bolsas dentro das proteínas controlam a forma conformacional da proteína. E isso, por sua vez, controla as ações dos neurônios, dos músculos e do nosso comportamento. Portanto, as proteínas que mudam de forma são o ponto de amplificação entre o mundo quântico e o nosso efeito sobre o mundo clássico em tudo o que o homem faz, seja bom ou ruim.

Hameroff continua dizendo que é o colapso espontâneo desses microtúbulos, cerca de quarenta vezes por segundo, que proporciona "um momento de consciência". Nossa consciência não é contínua, mas uma sequência de "momentos aha". Ele diz: "A consciência é como uma es-

Comecei a observar esses microtúbulos e como eles poderiam estar processando informações, e sua estrutura parecia me sugerir que eles eram algum tipo de computador, algum tipo de dispositivo computacional, porque as paredes dos microtúbulos são redes hexagonais muito interessantes com uma bela simetria matemática que parecia ser adequada para operações computacionais.

– Stuart Hameroff, M.D.

pécie de catraca através do espaço-tempo, e essa consciência é uma sequência de momentos de agora: agora, agora, agora...".

Onde ocorre a consciência?

Qual é o ponto de encontro entre o reino intangível do pensamento e da consciência que constitui nossa experiência subjetiva interna e a sopa bioquímica eletricamente carregada[13] do cérebro?

"Não sou um idealista, como o bispo Berkeley ou as abordagens hindus", diz o Dr. Hameroff,

> em que a consciência é tudo o que existe. Tampouco sou um "Copenhagueísta", no qual a consciência causa o colapso e escolhe a realidade entre várias possibilidades. Mas algo intermediário. A consciência existe no limite entre os mundos quântico e clássico. Penso mais como um budista quântico, no sentido de que há uma mente protoconsciente universal que acessamos e que pode nos influenciar. Mas ela existe de fato no nível fundamental do universo, na escala de Planck.

> O cérebro é quântico? Não faço a menor ideia. Mas não consigo encontrar outra maneira de explicar como sei que algo está prestes a acontecer ou que alguém está pensando em mim ou que está ciente de que estou fazendo o mesmo. Isso teria de significar que algo dentro da minha cabeça está se conectando a uma superestrada de informações independente do tempo e do espaço. Para mim, isso soa muito quântico.
>
> – Mark

13. Aqui está: culinária quântica.

A escala de Planck não foi apresentada, mas é um aspecto importante da teoria de Penrose-Hameroff. A escala de Planck (em homenagem ao físico quântico Max Planck) é a menor distância que pode ser definida. Com 10-33 centímetros, ela é dez trilhões de trilhões de vezes (não, isso não é um erro de digitação) menor do que um átomo de hidrogênio! De acordo com Hameroff, esse nível fundamental do universo...

> é um vasto depósito de verdades, valores éticos e estéticos e precursores da experiência consciente, prontos para influenciar todas as nossas percepções e escolhas conscientes. Estamos conectados ao universo e emaranhados com todos os outros por meio dessa onipresença onisciente, um mar de sentimentos e subjetividade. Se estivermos atentos e não agirmos de forma reflexiva ou precipitada, nossas escolhas podem ser guiadas por Deus. Penrose evita qualquer implicação espiritual de suas ideias, mas elas são inevitáveis. Os cálculos quânticos em nossos cérebros conectam nossa consciência ao universo "fundamental".

Não há lugar para a verdadeira aleatoriedade na dinâmica clássica determinística e, sem alguma fonte de aleatoriedade, não há opções... A única fonte conhecida de perfeita liberdade de ação reside na natureza quântica da matéria.

– Jeffrey Satinover, M.D.

Livre-arbítrio e caixas chinesas

Satinover, assim como Stuart Hameroff, um médico mergulhado na mecânica quântica, escreveu um livro chamado *O cérebro quântico*. E, embora relute em colocar a palavra quântico nas artes culinárias, Satinover apresentou um argumento matemático rigoroso que mostra o seguinte:

> O funcionamento do sistema nervoso e a maneira particular como ele implementa os efeitos quânticos – maneiras muito distintas e específicas, não gerais, não difusas, não imprecisas – abrem a porta para que o livre-arbítrio seja uma possibilidade que não viola os princípios científicos modernos.

O tema de Satinover está diretamente relacionado à estrutura em camadas descrita anteriormente. É que o não determinismo do nível quântico de existência, a aleatoriedade e o fato de que *a probabilidade*, em vez da certeza absoluta, governa a realidade quântica, nos dão a única possibilidade de livre-arbítrio.

No nível macro, o nível de grande escala da física clássica, todos os eventos, desde as órbitas dos planetas até os movimentos das moléculas, são mecânicos e determinados por leis matemáticas precisas. Portanto, somente se a aleatoriedade do nível quântico pudesse, de alguma forma, ser relevante no nível macro é que a escolha e o livre-arbítrio seriam possíveis.

Satinover diz o seguinte:

> No nível do cérebro, as redes neurais produzem uma inteligência global que

Em última análise, o que gostaríamos de [determinar] é a física da consciência. O que é a consciência? De onde ela vem? Quais são as origens da consciência? Quais são os limites do potencial humano? Acredito que agora estamos em condições de responder a isso, embora certamente ainda não haja um consenso na comunidade científica a esse respeito. Vocês fizeram as perguntas no primeiro filme; agora estamos prestes a responder a essas perguntas.

– John Hagelin, Ph.D.

> está associada ao cérebro como um todo. Mas quando você observa os neurônios individuais, o interior dos neurônios é uma implementação física diferente do mesmo princípio. E, de fato, em todas as escalas que você desce, como caixas chinesas aninhadas umas nas outras, cada elemento de processamento individual em uma escala pode ser composto de inúmeros elementos de processamento menores dentro dele.

Começando pela escala "mais baixa" ou menor, o processo pelo qual as proteínas se dobram, que Stuart Hameroff descreveu como operando dentro do microtúbulo,

> obedece à mesma dinâmica de auto-organização matemática de como uma rede neural processa informações. Portanto, o dobramento de uma proteína é matematicamente idêntico à geração de um pensamento ou à solução de um problema. E é aí que entra a noção de cérebro quântico. Não que o cérebro como um todo seja uma entidade quântica, mas sim que os efeitos quânticos no nível mais baixo não só são capazes de, mas necessariamente são amplificados para cima devido a esse arranjo de caixas chinesas aninhadas do sistema nervoso. É por meio de um tipo muito particular de interação vizinho a vizinho entre os neurônios que a inteligência global, no nível do cérebro como um todo, emerge.

De acordo com essa teoria, o cérebro foi de fato projetado para ampliar esses efeitos quânticos e projetá-los "para cima" em elementos de processamento cada vez maiores, até atingir o nível do cérebro.

Em resumo, diz Satinover, "a mecânica quântica permite que o fenômeno intangível da liberdade seja incorporado à natureza humana. Toda a operação do cérebro humano é sustentada pela incerteza quântica". Isso ocorre porque "em todas as escalas, desde o córtex até as proteínas individuais", o cérebro "funciona como um processador paralelo. Esses processos formam uma hierarquia aninhada, sendo que um computador paralelo inteiro em uma escala é apenas um elemento de processamento no próximo computador maior".

Intenção e Zeno Quântico

As investigações sobre mente/matéria se concentraram, pelo menos no lado da mente, no papel da intenção – esse ato, permitido pelo livre-arbítrio, que escolhe o efeito a ser observado no mundo externo. E, embora haja evidências de que a intenção é a chave, a *forma como* essa chave é girada ainda está em aberto.

O Efeito Zeno é o velho paradoxo de que se o coelho que persegue a tartaruga diminuir pela metade a distância entre ele e a tartaruga, ele nunca alcançará a tartaruga.

Henry Stapp, um físico teórico, trouxe o formalismo matemático da Teoria da Mecânica Quântica de von Neumann para essa área de estudo. Na teoria de von Neumann, há três processos de observação (consulte "Observador"). O primeiro é fazer a pergunta. É aqui que as coisas ficam interessantes…

De acordo com o Dr. Stapp:

> Um recurso importante das regras dinâmicas da teoria quântica é o seguinte: suponha que um evento do processo 1 que leve a um resultado "Sim" seja seguido por uma sequência rápida de eventos do processo 1 muito semelhantes. Ou seja, suponha que uma sequência de atos intencionais muito semelhantes seja realizada e que os eventos dessa sequência ocorram em uma sucessão muito rápida.

Então, as regras dinâmicas da teoria quântica implicam que a sequência de resultados será, com alta probabilidade, toda "Sim": o estado "Sim" será, com alta probabilidade, mantido aproximadamente no lugar pela rápida sucessão de atos intencionais. *Em virtude das leis quânticas do movimento, uma intenção forte, manifestada pela alta rapidez dos atos intencionais semelhantes, tenderá a manter no lugar o modelo associado para a ação.*

Os tempos das ações do processo 1 são controlados pelas "escolhas livres" por parte do agente. Se adicionarmos às regras de von Neumann a suposição de que a rapidez dessas ações semelhantes do processo 1 pode ser aumentada pelo esforço mental, então obteremos, como uma consequência matemática rigorosa das leis dinâmicas básicas da mecânica quântica descritas por von Neumann, um efeito potencialmente poderoso do esforço mental na atividade cerebral!

Esse efeito de "manter-se no lugar" é chamado de Efeito Zeno Quântico. Esse nome foi usado pelos físicos E.C.G. Sudarshan e R. Misra.

O que isso significa é que, ao sempre mantermos a mesma intenção, ao fazermos a mesma pergunta ao universo, afastamos a probabilidade quântica da aleatoriedade. Foi isso que aconteceu quando cem milhões de pessoas fizeram a pergunta culpado/não culpado no julgamento de O.J. Simpson? Ou quando uma pessoa está mantendo "mais 1s do que 0s"?

Mas o Dr. Stapp acredita que esse fenômeno pode mostrar como a "mente" insubstancial controla o cérebro muito substancial:

Portanto, se quiséssemos olhar para isso de forma poética, poderíamos dizer que os seres humanos parecem ter sido projetados para maximizar a liberdade disponível em sua estrutura material em um grau que imita a criação do próprio universo.
– Jeffrey Satinover, M.D.

> A mecânica quântica contém um mecanismo específico que, em princípio, permite que o esforço mental mantenha afastadas as forças intensas que surgem do lado mecânico da natureza e permite que a intenção mental influencie os processos cerebrais.

Afinal, a culinária quântica

Até o momento, temos a experiência da consciência no cérebro decorrente do colapso espontâneo da função de onda nos microtúbulos. Dentro dessa consciência existe a opção de livre-arbítrio, ou escolha, devido ao arranjo amplificado da caixa chinesa ascendente de eventos quânticos. Com base no exercício desse livre-arbítrio, mantemos determinado resultado em nosso cérebro e repomos essa questão arbitrariamente rápido (o que parece contínuo como "manter", mas na verdade é uma sequência de momentos de agora) para afetar as probabilidades do mundo quântico.

Com certeza, esse é um verdadeiro caldeirão de ideias quânticas, todas reunidas para produzir uma fatia da realidade.

Ou, do Livro de Receitas Quânticas:

- Pegue alguns trilhões de microtúbulos e permita que eles entrem em colapso em um molho de redução (objetivo).
- À medida que a incerteza quântica borbulha do fundo da panela (do cérebro), separe uma bolha do conjunto de bolhas (possíveis).
- Mantenha essa bolha repetidamente sobre a chama da consciência até que esteja sólida (realidade colapsada).
- Perceba para provar. Oops, "prove para perceber"...

FAZENDO PERGUNTAS

Reflita um pouco sobre isto...

- Considerando a noção de que as perguntas (processo 1) são um elemento importante no colapso (processo 3), isso explica algo para você sobre a importância das Grandes Perguntas?
- Por que você acha que continuamos fazendo tantas perguntas?

INTRODUÇÃO AO CÉREBRO

O cérebro funciona como
um laboratório. É um arquiteto.
Ele projeta modelos e junta as peças.

– JOE DISPENZA

Parece engraçado que os seres humanos tenham explorado o fundo do oceano e as luas dos planetas e desenvolvido todos os tipos incríveis de tecnologia, mas ainda estejam em um mistério sobre o cérebro. Os cientistas são forçados a incluir efeitos quânticos, teoria da complexidade e modelos holográficos em seus modelos teóricos para explicar conceitos básicos como percepção, consciência e memória.

Isso não é surpreendente. Calcula-se que há mais conexões possíveis em um cérebro humano do que átomos em todo o universo. Mesmo em um cérebro pequeno, o funcionamento é incrível. Estima-se que, para resolver o problema de um pássaro pousando em um galho ao vento, o maior supercomputador levaria dias para calcular uma solução, *se* pudesse. Esse problema pode ser computacionalmente insolúvel. No entanto, os cérebros dos pássaros fazem isso o tempo todo, e em pouco tempo.

Os modelos tradicionais comparam o cérebro a uma central telefônica ou a um supercomputador. No entanto, essas comparações evocam imagens de algo pesado e semelhante a uma máquina, e o cérebro não é assim; é um órgão muito vivo, plástico e flexível, capaz de aprender, compreender e se reconectar dinamicamente com base em nossas demandas.

Embora a ciência esteja longe de compreender toda a extensão das capacidades do cérebro, há muitas coisas conhecidas. Sabemos que ele é a estrutura mais complexa do planeta e, portanto, de nosso universo conhecido. Ele dirige e regula todas as atividades de nosso corpo, desde a frequência cardíaca, a temperatura, a digestão e o funcionamento sexual até o aprendizado, a memória e as emoções. E, embora não saibamos muito sobre como ele funciona, o que sabemos responde a muitas perguntas sobre por que fazemos o que fazemos.

Nas palavras do pesquisador do cérebro Andrew Newberg:

> O cérebro é capaz de milhões de coisas diferentes, e as pessoas deveriam aprender como ele é incrível e como suas mentes são mesmo incríveis. Não só temos essa coisa inacreditável dentro de nossa cabeça que pode fazer tantas coisas por nós e nos ajudar a aprender, mas também pode mudar e se adaptar, e pode nos transformar em algo melhor do que somos. Ela pode nos ajudar a transcender a nós mesmos.
>
> E pode haver alguma forma de nos levar a um nível mais elevado de nossa existência, onde podemos entender o mundo e nossa relação com as coisas e as pessoas de uma forma mais profunda e, por fim, podemos dar mais significado a nós mesmos e ao nosso mundo. Há uma parte espiritual em nosso cérebro; é uma parte à qual todos nós podemos ter acesso; é algo que todos nós podemos fazer.

O que se segue é uma versão muito simplificada da estrutura e do processamento do cérebro. O estudo do cérebro é uma área imensamente fascinante que é muito divertida de explorar. O discutido aqui é apenas o básico necessário para ver como essas estruturas interagem com nossa experiência cotidiana do mundo e de nós mesmos. Estamos carregando o baú de ferramentas da transformação com conhecimentos e ideias sobre como estamos conectados e desconectados, ligados e desligados.

Fatos surpreendentes sobre nosso cérebro

- O cérebro é pelo menos mil vezes mais rápido do que o supercomputador mais rápido do mundo.
- O cérebro contém tantos neurônios quanto o número de estrelas na Via Láctea – cerca de cem bilhões.
- Número de sinapses no córtex cerebral = sessenta trilhões.
- Um pedaço de cérebro do tamanho de um grão de areia contém cem mil neurônios e um bilhão de sinapses.
- O cérebro está sempre "ligado" – ele nunca desliga ou mesmo descansa durante toda a vida.
- O cérebro vai se reconfigurando ao longo da vida.

Neurônios e redes neurais

O cérebro é composto de aproximadamente cem bilhões de minúsculas células nervosas chamadas *neurônios.* Cada neurônio tem entre mil e dez mil *sinapses,* ou locais onde se conectam com outros neurônios. Esses neurônios usam as conexões para formar redes entre si. Essas células nervosas integradas ou conectadas formam o que chamamos de *redes neurais.* Uma maneira simples de pensar sobre isso é que cada rede neural representa um pensamento, uma memória, uma habilidade, uma informação etc.

Entretanto, essas redes neurais não são isoladas. Elas estão todas interconectadas, e é a interconexão delas que constrói ideias, memórias e emoções complexas. Por exemplo, a rede neural para "maçã" não é uma simples rede de neurônios. É uma rede muito maior que se conecta a outras, como as redes de neurônios para "vermelho", "fruta", "redondo", "gostoso" e assim por diante. Essa rede neural está conectada a muitas outras, de modo que, quando você vê uma maçã, o córtex visual, que também está conectado, dispara essa rede para lhe dar a imagem de uma maçã.

> Toda vez que sinto a necessidade de fazer uma mudança em um padrão/hábito, sento-me e visualizo o cérebro e, em seguida, as redes neurais. Encontro as redes neurais que estão conectadas ao meu hábito específico e as vejo se afastando, desaparecendo. Observo meu cérebro se reconectar a algo novo.
>
> – Betsy

Cada pessoa tem a própria coleção de experiências e habilidades, representadas nas redes neurais de seu cérebro. Como comenta o Dr. Joe Dispenza:

> Se crescemos em uma família monoparental, se fomos criados com muitas outras crianças, se frequentamos a faculdade, quais eram nossas crenças religiosas, qual era nossa cultura, onde morávamos, se fomos amados e incentivados quando criança ou se fomos abusados fisicamente – tudo isso forma as redes neurais em nosso cérebro.

Todas essas experiências moldam, neurologicamente, a estrutura do que está ocorrendo em nossa percepção e em nosso mundo, diz o Dr. Dispenza, e quando os estímulos vêm de nosso ambiente, "certos aspectos dessas redes neurais vão entrar em ação, ou se ativar, causando mudanças químicas no cérebro". Essas mudanças químicas, por sua vez, produzem reações emocionais, colorem nossas percepções e condicionam as respostas que damos às pessoas e aos eventos em nossas vidas.

Nervos que disparam juntos se conectam

Uma regra fundamental da neurociência é que *as células nervosas que disparam juntas se conectam.* Se você fizer algo uma vez, um conjunto solto de neurônios formará uma rede em resposta, mas se você não repetir o comportamento, ele não "criará uma trilha" no cérebro. Quando algo é sempre praticado, essas células nervosas desenvolvem uma conexão cada vez mais forte, e fica cada vez mais fácil acionar essa rede.

Se você continuar a apertar o botão de repetição nas redes neurais, esses hábitos se tornarão cada vez mais arraigados no cérebro e serão difíceis de mudar. À medida que uma conexão é usada repetidamente, ela se torna mais forte, mais bem estabelecida, como abrir um caminho através da grama alta ao percorrê-lo várias vezes. Isso pode ser vantajoso – é chamado de aprendizado – mas também pode dificultar a mudança de um padrão de comportamento indesejado.

> *Se fizermos algo várias e várias vezes, pelo simples fato de estarmos repetindo, o processo de aprender o que quer que estejamos aprendendo começa a se tornar simples e automático. Começa a se tornar familiar. Começa a se tornar fácil. Começa a se tornar natural e subconsciente.*
>
> – Joe Dispenza

Felizmente, há outro lado: *As células nervosas que não disparam juntas não se conectam mais.* Elas perdem seu relacionamento de longo prazo. Toda vez que interrompemos o processo mental ou físico habitual refletido em uma rede neural, as células nervosas e os grupos de células conectados uns aos outros começam a romper seu relacionamento. O Dr. Dispenza compara esse fato a uma experiência que a maioria de nós já teve. Quando você se forma na faculdade e se separa do colega de quarto com quem tanto compartilhou, vocês prometem trocar cartões-postais, uma vez por mês mais ou menos, apenas para manter a amizade e informar um ao outro como estão. Com o passar do tempo, vocês começam a enviar cartões apenas na época do Natal, e o relacionamento começa a se enfraquecer e desaparecer.

Esse efeito é um reflexo exato do que está acontecendo dentro do cérebro. À medida que você pensa cada vez menos no colega de quarto, a conexão das redes neurais diminui, até que não haja conexão alguma. O que acontece é que os *dendritos* muito finos que se espalham a partir do corpo da célula e se conectam a outras células se desprendem e ficam disponíveis para se conectar mais uma vez a outras células nervosas, deixando de lado os padrões antigos e, potencialmente, formando novos padrões.

A tradição védica se fundamenta na premissa da unidade suprema da vida e na capacidade do cérebro humano, um instrumento muito precioso no universo, de experimentar diretamente essa unidade central e vivê-la. E se você observar a estrutura do cérebro humano, verá que ele foi projetado e concebido com cuidado para vivenciar o campo unificado, para vivenciar a unidade da vida.

– John Hagelin, Ph.D.

Aprendizagem

O cérebro aprende de duas maneiras principais. A primeira é por meio de dados factuais e intelectuais que dominamos e/ou memorizamos. Por exemplo, você estuda história e memoriza nomes e datas, ou lê Platão e tira conclusões sobre seu conceito de governo ideal. Cada nome e data, cada argumento lógico, aumenta as redes neurais do cérebro. Quanto mais você revisar o material, mais firmemente ele ficará em sua memória – porque as redes neurais se tornam mais fortes.

A segunda forma de aprendizado do cérebro, em geral mais poderosa, é por meio da experiência. Você pode ler um livro sobre como andar de bicicleta e, ao processar intelectualmente todas as informações sobre como trocar as marchas em subidas ou descidas, como se equilibrar, quão apertados devem ser os raios, você terá alguma ideia sobre como fazer isso. Mas é só quando você sobe na bicicleta e começa a pedalar que as informações são integradas.

Independentemente do tipo de método, o aprendizado é a integração de redes neurais para formar novas redes neurais. No exemplo da maçã, não se tratava apenas de uma única rede neural de "maçã", mas sim de maçã ligada a outras redes neurais de "redondo", "vermelho" e assim por diante. Na verdade, aprender é construir novas estruturas com base em estruturas anteriores. Observe um bebê e você verá esses conceitos básicos sendo formados, em geral pela experiência.

Lembra-se da seção Uma matriz de palavras em "Por que não somos mágicos?"? (Veja que você formou uma rede nela!) Havia o exercício de ligar uma série de palavras de diferentes maneiras relacionais. Cada um dos vínculos dava significado aos conceitos vinculados. E quanto mais os diferentes vínculos relacionais eram examinados, melhor era a compreensão de cada conceito. É assim que o cérebro aprende e é conectado. E é por isso que reexaminar as principais ideias e crenças pode mudar sua vida. Ao reexaminar, você pode passar por todos os vínculos e encontrar suposições ocultas que estão desencadeando reações por meio do processo chamado Memória Associativa.

Certa vez, escrevi todos os pensamentos que tive por cerca de uma hora. Fiquei atônito e maravilhado com a forma como um pensamento levava a outro nessa longa sequência de ideias aparentemente não relacionadas. *Ah, preciso ligar para o Barry hoje – sabe, gosto do restaurante dele, o chef dele faz aquela salada de bife ótima – e uma noite aquela atriz muito bonita e maluca entrou no restaurante com dreadlocks – me lembra aquela outra modelo de mão esquisita com quem trabalhei na África do Sul há quinze anos – uau, o pôr do sol lá era incrível – e aquele rinoceronte branco que seguimos na mata do pôr do sol ao pôr do sol.* E tudo isso porque eu queria me lembrar de ligar para o Barry. Foi então que percebi por que meus pensamentos demoram tanto para se manifestar e os resultados de minhas criações são tão tortuosos.

– MARK

UMA HISTÓRIA MEIO SEM SENTIDO DE JEFFREY SATINOVER

Há uma história famosa sobre um residente em radiologia nos primórdios das tomografias computadorizadas na Faculdade de Medicina Baylor que fez uma tomografia computadorizada de sua cabeça, não porque tivesse um problema, mas apenas porque estavam aprendendo sobre tomografias computadorizadas. Descobriu-se que lhe faltava uma metade – uma *metade inteira de seu cérebro.* É uma condição rara, mas ocorre...

E ele era um residente de medicina e um médico tão bom quanto qualquer outro. Essa pode ser uma oportunidade para os advogados fazerem piadas sobre os médicos, mas o fato é que ele não precisava de todo o cérebro, mas isso não significa que as pessoas possam ou devam ter apenas metade do cérebro. É que as funções são distribuídas por qualquer cérebro disponível. Faz parte da natureza de uma rede neural funcionar dessa forma.

Memória associativa

Com mais conexões neurais possíveis do que átomos no universo, o cérebro tem um grande problema: como encontrar uma memória. E se o proverbial tigre da selva estiver indo em sua direção, ou se a tia Rosie, parecendo muito bêbada, estiver correndo em sua direção, como o cérebro encontra a memória certa *rapidamente*? As emoções o ajudam.

Portanto, as emoções, que são elas próprias, em parte, uma rede neural, estão ligadas a todas as outras redes neurais. Essas conexões permitem que o cérebro encontre primeiro as memórias mais importantes. Elas também garantem que algo importante, como não colocar a mão no fogão, não seja esquecido rapidamente. É por isso que todos se lembram de onde estavam e do que estavam fazendo quando ouviram falar do 11 de setembro e da queda do World Trade Center, ou quando o presidente Kennedy foi baleado.

O próximo capítulo, "Emoções", fala sobre como a memória associativa afeta nosso comportamento e nossa reação ao mundo, mas há uma função importante relacionada ao cérebro que deve ser analisada. Dissemos que as emoções são, em parte, redes neurais. A outra parte é que as redes neurais emocionais estão conectadas a um pequeno órgão no cérebro – o hipotálamo. O hipotálamo pega as proteínas e as sintetiza em neuropeptídeos, ou neuro-hormônios. E todos nós sabemos o que os hormônios fazem – pelo menos todos após a puberdade sabem. Eles preparam o corpo para a ação!

Isso significa que as emoções são boas ou ruins? Não. As emoções são projetadas para que reforcem quimicamente algo na memória de longo prazo. É por isso que as temos.

– Joe Dispenza

Se for um tigre, um tigre faminto, o hipotálamo secreta substâncias químicas para preparar o corpo para correr. O sangue deixa o cérebro e a parte central do corpo e vai para as extremidades – "lutar ou fugir".

As emoções avaliam a situação rapidamente – na verdade, sem que você sequer pense nisso – e enviam os mensageiros químicos para lutar ou fugir, sorrir ou franzir a testa.

O lado negativo da memória associativa é que, como percebemos a realidade e tratamos as novas experiências com base em nosso banco de dados mental/neuronal armazenado do passado, é difícil ver o que de fato existe no momento. Em vez disso, a tendência é apenas fazer referência a experiências do passado. Isso parece criar um perpétuo *Feitiço do tempo*, em que o mesmo acontece dia após dia.

E com quem estaria acontecendo o mesmo de sempre? Quem estaria reagindo a situações com base no passado? Esse conjunto amplamente integrado de redes neurais que estamos chamando de "personalidade". Assim como todas as células do corpo se juntam e se inter-relacionam para produzir um organismo funcional, as redes neurais também se inter-relacionam ou se associam para produzir essa entidade que consideramos nossa personalidade. Todas as emoções, memórias, conceitos e atitudes são codificados neurologicamente e se interconectam, resultando no que tem sido chamado de ego, filho do homem, eu inferior, humano, personalidade.

Nos casos de personalidades divididas, há vários conjuntos integrados que, em geral, não estão conectados uns aos outros. É por isso que, quando a personalidade muda, não há memória da "outra pessoa". O grupo de redes a partir do qual a pessoa está operando não está conectado a essas memórias.

A partir disso, fica evidente por que um cérebro programado resulta em uma personalidade programada, imutável e rígida. E, embora a personalidade possa passar a gostar de lattes, em vez de cappuccinos, essa mudança não altera de fato a personalidade para uma nova. Há um milhão de outras redes que permanecem as mesmas e, portanto, o agregado continua sendo "você". Apesar de isso parecer bastante sombrio, felizmente o cérebro foi criado para levar um espírito encarnado até a iluminação, e é por isso que ele veio equipado com neuroplasticidade.

> *O cérebro gosta de surpresas. Depois de uma surpresa, a neuroplasticidade do cérebro aumenta muito. É fácil entender por quê: suponha que você esteja caminhando na selva e a tia Rosie em um collant salte na sua frente. Surpresa! De imediato, seu cérebro tem que entrar em alta velocidade para encontrar uma maneira de lidar com uma nova situação.*
>
> *De modo instantâneo, as conexões devem ser acionadas para ligar todas as soluções possíveis e ajudá-lo a escolher entre elas. Você precisa processar as informações muito rapidamente para sobreviver. A neuroplasticidade também aumenta após o riso. E como a neuroplasticidade é o principal ingrediente do aprendizado, você aprende melhor depois de uma boa risada.*

Neuroplasticidade

Assim como o personagem de Bill Murray em *Feitiço do tempo* finalmente muda o comportamento que o mantém preso no tempo, todos têm essa opção. É possível romper as redes neurais conectadas no cérebro, mudar hábitos e ganhar liberdade. A chave está na capacidade natural do cérebro de formar novas conexões. Neuroplasticidade é o termo que designa a capacidade do cérebro de fazer essas novas conexões – em outras palavras, de os neurônios se conectarem a outros neurônios.

Antes se acreditava que, na adolescência, o cérebro já estava bem programado para a vida, mas pesquisas mais recentes confirmaram que o cérebro não só é muito plástico e maleável, mesmo na velhice, como também *cria novas células.* Como explica o Dr. Daniel Monti:

> A boa notícia é que há um enorme potencial para mudar o tipo de comportamento e os padrões característicos que adotamos. E o potencial de mudança, em nosso sistema nervoso, em toda a nossa fisiologia, é enorme.
>
> Na verdade, se você ouviu e se lembrou de alguma coisa que eu disse, sua fisiologia está diferente do que era antes! Essa memória foi codificada, e sua estrutura genética mudou. E, embora antes falássemos sobre o sistema nervoso como algo muito rígido que não tinha tanta capacidade de mudar, agora sabemos que, em vários níveis, isso não é verdade. Há uma enorme quantidade de plasticidade, que significa capacidade de mudar, no sistema nervoso.

A pesquisa citada pelo Dr. Monti se encaixa perfeitamente no Movimento do Potencial Humano, que sempre disse que somos muito mais ilimitados do que qualquer um jamais percebeu. Pensar que nosso crescimento cessa na adolescência é, nas palavras de John Hagelin, "uma visão bárbara do potencial humano".

> A tradição védica não apenas fala sobre o campo unificado, mas o descreve com muita precisão e fornece técnicas de experiência, técnicas meditativas para experimentá-lo e vivenciá-lo. E os benefícios práticos de viver a unidade da vida são imensos. Há centenas de estudos que eu poderia citar sobre os profundos benefícios para a saúde, os profundos benefícios mentais, quando a ordem do funcionamento do cérebro é sistematicamente desenvolvida.
>
> O funcionamento coerente do cérebro resulta quando experimentamos a unidade interior, e esse funcionamento coerente do

cérebro se traduz em aumento do QI, aumento da criatividade, melhor capacidade de aprendizado e desempenho acadêmico, raciocínio moral, estabilidade psicológica, maturidade emocional, tempo de reação mais rápido, maior atenção. Tudo o que o cérebro tem de bom depende de seu funcionamento ordenado.

E agora a ordenação da função cerebral pode ser desenvolvida de forma longitudinal e sistemática em estudantes de todas as idades, mesmo após os dezesseis anos, quando o QI tradicionalmente começa a se deteriorar. "É tudo ladeira abaixo a partir daí", costumava-se acreditar. Mas esse não é o caso. Essa é uma visão bárbara do potencial humano. *Fomos projetados, concebidos para evoluir em criatividade e inteligência ao longo da vida* – mas para isso é preciso acessar a capacidade inata do cérebro, e as ferramentas, a chave, para desenvolver o cérebro de forma holística é experimentar a realidade holística, o estado meditativo, a chamada experiência espiritual, a experiência do campo unificado na fonte do pensamento.

Ao pesquisarmos sobre o cérebro para o filme, nos deparamos com a parte sobre surpresas e risadas que aumentam o aprendizado. Aha! É por isso que entramos na cena com Marlee e o espelho (em que a heroína, Amanda, passa por um colapso de ódio por si mesma e depois por uma revelação) logo após a bem-humorada festa de casamento. O objetivo da festa era fazer com que o público desse boas risadas e se distanciasse de todas as informações intelectuais sérias. Nadando na neuroplasticidade, o público reconfigura o cérebro para aceitar todas essas informações, limpando as lousas, para que seja mais fácil aceitar a experiência de Marlee como se fosse a sua.

– Will

O lobo frontal e a livre escolha

O principal fator que distingue os seres humanos de todas as outras espécies é o nosso grande lobo frontal e a proporção desse lobo frontal em relação ao restante do cérebro. O lobo frontal é uma área do cérebro que nos permite focar a atenção e nos concentrar. É fundamental para a tomada de decisões e para manter uma intenção firme. Ele nos permite extrair informações de nosso ambiente e de nosso depósito de memórias, processá-las e tomar decisões ou fazer escolhas diferentes das decisões e escolhas que fizemos no passado.

Mas muitas escolhas estão longe de ser livres. Grande parte de nosso comportamento consiste em respostas condicionadas, aprendidas ou automáticas a estímulos. O Dr. Joe Dispenza oferece este exemplo:

> Se você estivesse em um beco escuro e eu o ameaçasse, a escolha normal que você faria seria baseada em uma resposta fisiológica de medo, o que significa que o mecanismo do seu corpo lhe daria sinais para correr para salvar sua vida ou ficar e lutar.

Um processo semelhante ocorre quando outras redes neurais entram em ação e produzem respostas automáticas, como reagir a alguém que conhecemos, acender um cigarro ou ir até a geladeira quando estamos estressados. Essas respostas habituais e automáticas dificilmente se qualificam como "escolhas".

Uma segunda maneira de fazer escolhas ocorre quando, de modo consciente, nós nos separamos do ambiente e de seus estímulos, nos afastamos de nosso comportamento habitual ou biológico e nos tornamos observadores. A partir desse ponto de vista tranquilo, como diz o Dr. Dispenza, podemos então raciocinar cuidadosamente, com base no que sabemos... O lobo frontal pega as informações que desenvolvemos ao longo da vida, por meio da experiência e de dados intelectuais factuais, e diz: "Eu entendo essa rede neural e essa rede neural, mas e se eu pegar essas duas redes neurais e integrar esses dois conceitos para construir um novo modelo, um novo ideal, um novo design?".

Voltamos ao observador. Como observa o Dr. Wolf:

> Parece surpreendente que um observador tenha qualquer poder no mundo. Em certo sentido, o observador não tem poder. Em outro sentido, o observador tem uma quantidade enorme de poder. No sentido de não ter poder, diríamos que as observações são realizadas da mesma forma que anteriormente, várias e várias vezes, em um sentido repetitivo. Então, chega-se a um ponto em que não vemos mais o papel de nossas observações, porque elas se tornam habituais. É como ser viciado em alguma coisa. Você perde o poder de observação. Quando recuperamos o poder da observação, podemos ver que, por meio de nossas escolhas, podemos alterar, restringir ou mudar o que vemos "lá fora".

No primeiro cenário, as redes neurais biológicas fazem a escolha. O cérebro reage ao ambiente, e certos aspectos do cérebro ativam centros automáticos que fazem com que o corpo responda, como o piscar dos olhos quando um objeto se aproxima demais ou a clássica "resposta automática" quando o médico toca seu joelho. No segundo cenário, diz o Dr. Dispenza, "a consciência está se movendo pelo cérebro e usando o cérebro para examinar suas opções e possibilidades". Em vez de o cérebro entrar no piloto automático e nos comandar, começamos a usar o cérebro. A consciência passa a ter domínio sobre o corpo.

Consciência, o observador, intenção e livre-arbítrio

É claro que temos livre-arbítrio. O livre-arbítrio reside em nosso córtex frontal (lobo), e podemos nos treinar para fazer escolhas mais inteligentes e estar conscientes das escolhas que estamos fazendo.
– CANDACE PERT, PH.D.

Já examinamos esses conceitos antes. E aqui estamos nós novamente, dentro da estrutura mais complexa do universo conhecido, o cérebro, mais uma vez examinando esses conceitos.

Lembra-se de como, no mundo quântico, nós: temos a intenção de fazer uma pergunta sobre a realidade (processo 1), as possibilidades (processo 2) surgem, e então a observação as transforma em uma escolha definitiva (processo 3)? O que o Dr. Dispenza está dizendo é que é possível transformar a escolha em uma nova vida:

> Talvez sejamos apenas maus observadores. Talvez não tenhamos dominado a habilidade da observação, e talvez ela seja uma habilidade. E talvez estejamos tão viciados no mundo externo e tão viciados no estímulo e na resposta do mundo externo que o cérebro esteja começando a trabalhar com base na resposta em vez de na criação. Se recebermos o conhecimento adequado, a compreensão adequada e a instrução adequada, devemos começar a ver um retorno mensurável em nossa vida.

Como podemos traduzir isso em ações de mudança e transformação? A partir de sua investigação científica sobre os dispositivos eletrônicos de impressão de intenção (IIED), o Dr. Tiller aprendeu que: "É muito importante sustentar o pensamento e a intenção se você quiser que ocorra uma transformação… quando se quer focar a intenção, é preciso ter uma mente única". E o reflexo disso no cérebro é o lobo frontal.

As ferramentas para mudanças e transformações estão sendo construídas...

E como você se SENTE em relação a isso determinará, em última análise, quais delas você usará e quais ficarão no baú de ferramentas. Mas esse é o próximo capítulo.

Parece lógico que o dispositivo físico mais maleável, complexo e sofisticado seria a interface entre o mundo espiritual "intangível" e o mundo material "tangível". E que ele espelharia processos em ambos os mundos. "Como em cima, assim embaixo, como dentro, assim fora."

FAZENDO PERGUNTAS

Reflita um pouco sobre isto...

- Liste três conceitos ou redes neurais que você associou à felicidade.
- Agora, liste três redes neurais associadas às listadas. Quantos níveis você percorre antes de voltar à felicidade?
- Você consegue pensar em uma maçã sem pensar em uma maçã redonda?
- Acione sua rede neural para LÁPIS. Agora acione sua rede neural para sua comida favorita. Você se sente diferente?
- Passamos vinte minutos tentando criar uma imagem com a qual você não teria nenhuma associação. O melhor que conseguimos foi LÁPIS. Você consegue pensar em algo com o qual não tenha nenhuma associação?

EMOÇÕES

Não há nada bom ou ruim, mas o pensamento o torna assim.

– WILLIAM SHAKESPEARE

"Vamos nos divertir!" – Praticamente todo mundo

Aqui estamos, Emoções. Por fim, podemos nos divertir um pouco! Chega de sofrer com tarefas do tipo "Pense nisso". Saímos da aula sobre o cérebro e entramos na diversão! Emoções! Alegria, tristeza, esperança, desespero, paixão, saudade, ganhar, perder, e assim por diante.

Haveria *rock and roll* sem emoções? Existiria você? Vamos pensar em todas as coisas que não existiriam se não houvesse emoções:

- Concursos de beleza
- Cassinos
- Guerras
- Poesia
- Victoria's Secrets
- Jogos de futebol americano do ensino médio

Em outras palavras, poderíamos continuar falando de todos os aspectos bons, ruins e feios, maravilhosos, surpreendentes e enriquecedores da vida humana. Você riria ou sorriria se não houvesse emoções? Provavelmente não. E você nem se importaria!

Emoções: misticismo ou bioquímica?

Então, o que são as emoções? Elas são alguma propriedade mística da experiência que é indefinível ou são algo muito mais concreto e tangível?

> Uma das melhores partes de trabalhar com Will e Mark foi poder ver a mim mesma e minhas emoções refletidas em mim. Sempre que eu ficava irritada com Mark ou Will por alguma atitude ou comportamento, me surpreendia ao perceber que eram reflexos do meu estado emocional. Quando Will teve seu momento "aha!" sobre a criação de situações em que ele poderia experimentar o "eu te disse", percebi que eu tinha os mesmos problemas. Descobri que, se não consigo identificar meu estado emocional – olho ao meu redor, ele está se refletindo em mim.
>
> – Betsy

No início dos anos 1970, a Dra. Candace Pert caiu de um cavalo. Durante a recuperação, ela foi medicada com morfina 24 horas por dia. Como cientista, ela se perguntava como as drogas produziam os efeitos que ela estava experimentando. Assim, quando surgiu a oportunidade de investigar por que elas funcionavam, ela a aproveitou.

Em teoria, havia sido previsto que as células tinham "receptores" ao redor da parede celular externa aos quais os produtos químicos se "acoplavam". A teoria sustentava que era a estrutura química da droga que permitia que ela se encaixasse nesses receptores, mas ninguém havia conseguido encontrar os receptores reais. A Dra. Pert encontrou os receptores de opiáceos que revestem a parede celular. Essa descoberta mudou a face da biologia.

> Quando realmente encontramos esses receptores, começamos a nos perguntar: por que Deus colocaria esses receptores nos cérebros se eles não estivessem lá para algum outro propósito? Então, após alguma reflexão, várias pessoas em todo o mundo começaram a pensar que deveria haver uma substância natural produzida em nosso cérebro. Bem, cerca de três anos após a descoberta dos receptores de opiáceos,

uma equipe na Escócia descobriu que o cérebro produz neuropeptídeos chamados *endorfinas*.

Já ouviu falar de endorfinas? Também conhecidas como a euforia dos corredores? Elas são nossos opiáceos gerados internamente. Mais pesquisas se seguiram, e os peptídeos começaram a aparecer por toda parte. Diz a Dra. Pert:

> Em meu laboratório no NIH, comecei a mapear receptores para qualquer outro peptídeo que alguém já tivesse descoberto em qualquer sistema biológico. E, com certeza, sempre que eu procurava esses receptores, nós os encontrávamos... Fizemos um mapeamento muito detalhado dos receptores e pudemos ver que não apenas os receptores de opiáceos, mas também esses outros peptídeos, eram encontrados nas partes do cérebro que se pensava mediar a emoção.

Após essa descoberta, os cientistas começaram a ver os receptores e peptídeos sob uma luz totalmente nova. Como diz a Dra. Pert, "começamos a pensar nesses neuropeptídeos e em seus receptores como as *moléculas da emoção*".

Ficou evidente que tudo o que sentimos, cada emoção, produz uma substância química específica, ou um conjunto de substâncias químicas, que corresponde a ela. Essas substâncias químicas, ou neuropeptídeos, ou moléculas da emoção (MOEs) são uma cadeia de aminoácidos, composta de proteínas, e são fabricadas no hipotálamo. "O hipotálamo", explica o Dr. Dispenza, "é como uma pequena

> *As emoções são a química que reforça uma experiência neurologicamente. Nós nos lembramos de coisas que são mais intensas e mais emocionais, e é assim que deve ser.*
> – Joe Dispenza

minifábrica, um lugar que produz certas substâncias químicas que correspondem a certas emoções que experimentamos". O que isso significa é que toda emoção tem uma substância química (MOE) associada a ela, e é a absorção dessa substância química em nosso corpo pelas células que dá origem ao *sentimento* dessa emoção.

Prazer/Dor

Os pesquisadores não só encontraram MOEs que combinam com as emoções, como também as identificaram até mesmo em criaturas unicelulares. A Dra. Pert descobriu que o que provou que as moléculas da emoção eram, de fato, moléculas da emoção foi que, como ela diz:

> Temos as mesmas moléculas idênticas nas criaturas mais simples de uma célula. E assim, as emoções são preservadas ao longo da evolução. As endorfinas estão na levedura e na tetrahina, organismos simples unicelulares, portanto o prazer é tão básico. E fomos projetados para funcionar com prazer. Acho que somos viciados em prazer, e nosso cérebro está preparado para registrar o prazer e buscar o prazer. Este é o objetivo final – encontrar prazer e evitar a dor. É isso que impulsiona a evolução humana.

A conexão dessas MOEs com o que percebemos e experimentamos é muito direta. Por exemplo, a parte do cérebro que controla os movimentos rápidos dos olhos e decide em que focar está repleta de receptores de opiáceos. Do ponto de vista da evolução, isso faz sentido. Prestamos atenção ao que é importante, e o que é importante, ou o que tem mais significado para nós, é quimicamente transmitido, e com rapidez, ao corpo por essas moléculas de emoção.

Com o passar do tempo, esse simples botão de prazer/dor passou a ser sobreposto a dezenas de outras ideias, atitudes e memórias. E, embora a evolução de uma ameba em busca de alimento até a renda francesa seja longa, as emoções *tiveram* que ser conectadas ao corpo de uma maneira muito convincente para resolver o proverbial cenário do "tigre na selva". E resolvê-lo rapidamente.

Para ilustrar o que acontece no interior e manter o tema do nosso capítulo divertido, o seguinte "experimento mental" investiga o funcionamento da interface memória/emoções/resposta.

ROBOTOMUS

Imagine por um momento que você é um pequeno ser que vive em um "robô biogênico" – o Robotomus. Você vive na cabeça do Robotomus em uma pequena sala de controle e olha através dos olhos dele. Usando alavancas complexas, botões e um computador, você alimenta o Robotomus com informações vitais.

E você tem a tarefa de reconhecer o que o Robotomus vê e interpretá-lo para que ele saiba o que fazer. Agora, interpretar o que aquela coisa "lá fora" SIGNIFICA não tem nada a ver com peças móveis; é uma abstração – do reino da mente – algo que os robôs são incapazes de computar. É por isso que você conseguiu o emprego.

Bem, felizmente, atrás da sua pequena cadeira de controle, há uma enorme

> *Portanto, na realidade, não podemos dizer que estamos vendo o mundo objetivamente como ele é. Não existe uma avaliação objetiva de nada, porque nossa avaliação de tudo tem a ver com nossas experiências anteriores e nossas emoções. Tudo tem um peso emocional.*
>
> – Daniel Monti, M.D.

parede de armários de arquivo. Eles se abrem e se fecham com base no que o Robotomus vê "lá fora". Então, você olha pelas janelas dos olhos e vê algo! De repente, um monte de armários de arquivo aparece, e há um monte de pastas brilhando. Muito bem! Parece um humanoide bípede. Em seguida, você olha para trás através dos olhos e vê que é uma forma um tanto curvilínea. Aha! É uma mulher! Você se volta para os armários, e as pastas referentes a homens se fecham. Ótimo, você reduziu as opções.

Você então olha um pouco mais de perto para ver que tipo de mulher... A mulher está fazendo uma expressão facial estranha. Atrás de você, todos os armários de arquivos, exceto um, voltam a se abrir. Uma única pasta está brilhando. Você a pega e a retira. Ela diz: "Tia Rosie". Você a abre e dá uma olhada no histórico do personagem – algo sobre ela ser abusiva, cruel e violenta.

Você se volta para a tela do computador e a palavra SIGNIFICADO? olha para você. Um cursor abaixo dela pisca. O Robotomus está congelado. Você digita... DEFENDER, INIMIGO À FRENTE. De imediato, o Robotomus começa a tremer, e você olha pela janela e percebe que a pessoa lá fora não é a tia Rosie, mas exibe uma breve expressão que de longe se assemelha à foto da tia Rosie no arquivo. Você se aproxima freneticamente do computador e digita: SIGNIFICADO ERRADO... SIGNIFICADO DESCONHECIDO! Mas é tarde demais; há substâncias químicas sendo liberadas por toda parte e está ficando extremamente quente na sala de controle. As pernas do Robotomus estão cheias de sangue e adrenalina, mas agora ele está tremendo porque recebeu significados conflitantes e uma tonelada de substâncias químicas. Você suspira, coloca o cinto de segurança e decide que terá de levar o Robotomus para correr mais tarde...

Parece familiar? Primeiro, há o reconhecimento de um estímulo, depois a aplicação de um significado ou interpretação a ele, depois a instrução do hipotálamo para liberar neuropeptídeos na corrente sanguínea e bum! Aí está o sentimento. Que belo sistema. Então, as emoções são boas, certo? Sem dúvida. Elas são vitais.

Excelente, então qual é o problema?

Como explica o Dr. Dispenza:

> analisamos cada situação para determinar se ela é familiar, e esse sentimento familiar se torna o meio pelo qual prevemos um evento futuro. Qualquer coisa que não tenha sentimento, nós automaticamente descartamos ou rejeitamos porque não conseguimos nos relacionar com o sentimento.

Qual é o problema com as emoções?

A própria beleza do atalho de estímulo e resposta é o que parece nos prender. Em vez de avaliar uma experiência realmente nova a partir de uma nova perspectiva, tendemos a presumir que se trata de uma experiência que já tivemos.

Quando os mesmos eventos químicos se repetem várias vezes, o resultado é um histórico emocional cumulativo. Esse histórico vem acompanhado de padrões identificáveis e respostas previsíveis, que se tornam incorporadas ou "programadas" em nosso cérebro.

> *Quando reexperimentamos continuamente as mesmas emoções e nunca as desenvolvemos, ficamos presos no mesmo padrão de resposta a estímulos.*
> – Joe Dispenza

Isso significa que nossos padrões e respostas se repetem sem que tenhamos de pensar neles: estímulo-resposta-

-estímulo-resposta-estímulo-resposta. O mecanismo de atalho de sobrevivência se torna uma armadilha para a mesma coisa repetidamente.

Outra "pegadinha" são as emoções ocultas, enterradas e/ou reprimidas. A tia Rosie pode não ser sempre má; ela apenas estava com uma dor de dente horrível no dia em que brigou com você. No entanto, essa rede neural ainda está lá e ainda é disparada, mesmo que você não esteja mais ciente disso.

Ou, esquecendo que estamos no século 21, o chefe chega, deixa seu relatório sobre a mesa e comenta: "Não é um relatório muito bom". Você entra em pânico, e as emoções correm soltas: Chefe descontente→ Perda do sustento→ Família desprotegida→ Bárbaros invadem a aldeia→ Matar o chefe. E, embora seja pouco provável que você vá atrás do chefe com o mouse, seu corpo já reagiu a situações passadas e as substâncias químicas estão agindo.

> Uma das coisas que tenho praticado é entrar e sair de uma emoção. Em outras palavras, se eu puder me pegar antes de reagir a algo e seguir o caminho de uma cascata química imparável, faço essa coisa predeterminada. Eu me movo meio que indiferentemente para o sentimento emocional e depois me afasto, quase como se estivesse fora de mim, observando. Faço isso várias vezes para praticar a capacidade de transitar entre esses dois estados. Isso ajuda a me treinar para entender que, na verdade, tenho uma escolha. Ficar para trás é como ser um observador silencioso. Passar para esse estado é como adormecer em um sonho sobre o qual não tenho controle.
>
> – Mark

E a boa notícia é...?

Para começar, a sobrevivência. Suas emoções o ajudam a sobreviver, dando-lhe uma referência semelhante a um relâmpago que monta o quebra-cabeça antes mesmo de você conhecer as peças. E quando se tem um corpo, essa é, de fato, uma boa notícia. Passar pela vida com emoções lhe proporciona uma experiência genuína de estar vivo, sentir, amar, odiar, viver. Sem essas emoções, a vida seria entediante. Elas são o tempero da sopa (quântica); a cor do pôr do sol.

Elas proporcionam muito mais do que a mera sobrevivência. Elas contribuem para a constante evolução. Isso é evolução, não no sentido corporal, mas no sentido não físico e espiritual. Joe Dispenza diz:

> Bem, não tenho uma definição científica para alma, mas o que posso dizer é que ela é um registro de todas as experiências que possuímos emocionalmente. E as coisas que não nos pertencem emocionalmente, nós as reexperimentamos sempre nesta realidade, em todas as outras realidades, nesta vida e em todas as outras vidas. Portanto, não conseguimos evoluir. Se continuarmos a reviver a mesma emoção e nunca transformarmos essa emoção em sabedoria, nunca evoluiremos como uma pessoa com alma. Não nos sentimos inspirados. Não temos a ambição ou o desejo de ser outra coisa que não o produto das substâncias químicas em nosso corpo físico que nos mantêm na roda da vida de nosso destino genético.
>
> Uma pessoa com alma supera o destino genético, supera a resposta do corpo, supera o ambiente, supera sua propensão emocional. Pense nisso. Se quiser evoluir como pessoa, escolha uma limitação que você conhece sobre si mesmo e aja conscientemente para alterar suas propensões. Você ganhará algo… sabedoria.

Em outras palavras, essas emoções podem estar apontando para algo que não seja o tigre. Elas podem estar apontando para a pérola. Ou melhor, elas podem ser o grão de areia na ostra que produz a pérola; aquele pouquinho de irritação que a ostra cobre e cobre e cobre, até que a pérola da sabedoria seja obtida. Faz sentido que a irritação, a dor, nos leve a mudar. As emoções felizes e prazerosas não são irritantes. São as *outras* que são reprimidas, sofridas ou transformadas em sabedoria – aquela compreensão mais completa da vida e de quem somos. (Quem sou eu?)

Mais que isso. Ramtha costuma perguntar a seus alunos quando foi a última vez que tiveram um êxtase, um orgasmo, no sétimo selo.[14] Todos estão familiarizados com os êxtases relacionados ao sexo (primeiro selo), à sobrevivência (segundo selo) e ao poder (terceiro selo), mas e quanto a essas experiências nos centros superiores? Uma nova e profunda compreensão, um "aha!" revelador, que também libera endorfinas no corpo, é um êxtase do sexto selo. A experiência da consciência cósmica, a conexão definitiva e íntima com Deus, é um orgasmo do sétimo selo. O amor incondicional completo é um dos aspectos do quarto selo.

DOMINAR UMA EMOÇÃO

Um dia, eu estava ao telefone com a Betsy falando sobre coisas de animação. Eu estava reclamando que alguns dos animadores estavam dizendo que o que eu queria que eles fizessem era loucura e que eu nunca conseguiria fazer isso. Comecei a falar sobre como as pessoas sempre me dizem o que não consigo fazer, e que isso sempre aconteceu, desde o ensino médio. Comecei a voltar no tempo, listando todos os "você não pode", quando de repente parei. Alguém disse "emoção repetida"?

14. Um chakra, ou centro de energia sutil. São nexos de energia não física no corpo. Eles se alinham com as glândulas sem dutos no corpo físico e são supostamente a chave para desbloquear dimensões superiores.

> Percebi que eu estava criando essa situação há décadas! Por quê? Para que eu pudesse ter a emoção do "eu avisei, sou mais esperto do que você, vai tomar no cu". Eu a usava como motivação para ser melhor do que alguém. E, por trás disso, havia uma insegurança! Eu estava projetando (criando inconscientemente) minha dúvida. *Em vez* de todo esse drama, motivação e satisfação de baixa qualidade, eu poderia simplesmente criar.
>
> Esse foi o momento em que eu enfim entendi o que significa "dominar uma emoção". E ela foi "aposentada"? Já se passaram três anos, e ninguém me disse o que eu não posso fazer.
>
> – Will

Nunca chegamos a essas dimensões porque, na maioria das vezes, a humanidade está presa nos três primeiros selos: sexo, sobrevivência e poder. E a maneira de sair do "porão inferior da humanidade" é pegar as emoções dos selos inferiores e, como diz o Dr. Dispenza, "transformá-las em sabedoria". Ou, como diz a ostra, lidar diretamente com o irritante até que ele se transforme em uma pérola.

Com certeza, uma vida sem emoções é iogurte natural com aveia no café da manhã, no almoço e no jantar (sem mel). Repetir a mesma emoção várias vezes é iogurte de mirtilo e açúcar mascavo com granola no café da manhã, no almoço e no jantar. Toda a nossa evolução está conectada às emoções durante toda a nossa vida – elas são inevitáveis. Portanto, a questão realmente é: como as usamos? Para que as estamos evoluindo? Em que estamos nos tornando?

A paixão, o amor divino, o sentimento de unidade com tudo, a felicidade e as experiências místicas são todas emoções – elas geram os neuropeptídeos que inundam o corpo e alteram a própria consciência. Uma realização profunda, que não tenha a ver com o corpo – em outras palavras, poder, sexo ou sobrevivência – pode reconectar o cérebro de forma tão significativa que, quando as pessoas voltam dela, estão diferentes, e este mundo nunca mais é o mesmo. Diz Andrew Newberg:

> Uma das coisas que nossa pesquisa tem tentado mostrar é que, quando as pessoas têm uma experiência mística, algo está acontecendo em seu cérebro.
>
> Não é uma experiência delirante ou alucinação, mas algo muito real, no sentido de que neurologicamente algo está acontecendo. Isso está nos afetando. Afeta nossos corpos. Afeta nossas mentes e como reagimos a isso, como trazemos essas informações para nossas vidas; afeta nossos comportamentos e muda quem somos como pessoas. E, é óbvio, isso tem consequências muito reais para nós como seres humanos.

Uma compreensão como essa é descrita por Ramtha como um pensamento abstrato: "Você é um Deus em formação... mas um dia terá de amar o abstrato mais do que ama a condição de dependência. E se você a amar primeiro, a realidade se manifestará e seu corpo a experimentará, e teremos emoções novas, como você nunca conheceu antes".

Emoções novas. Todas as nossas emoções já foram novas em algum momento. E a razão pela qual continuamos a revisitá-las é porque elas eram deliciosas. A atração da evolução é a possibilidade de um novo conjunto de emoções totalmente novas. Ainda mais cativante, ainda mais inspirador. Descascar as camadas da memória e do hábito para interagir com um mundo que agora é uma revelação explosiva. Essa é uma festa da qual vale a pena participar.

FAZENDO PERGUNTAS

Reflita um pouco sobre isto...

- Quando foi a última vez que você teve um orgasmo em um nível mais alto?
- Quais emoções você experimenta com mais frequência?
- Elas evoluem a cada vez que você as experimenta?
- *Você* evolui a cada vez que as experimenta?
- Está na hora de "dominá-las"?
- O que seria uma nova emoção para você?

VÍCIOS

A única diferença entre um sulco e
um túmulo é a profundidade.

– Charles Garfield

O vício é uma supressão. Você sabe o que isso significa? Significa que ele suprime você em sua caixa.

– Ramtha

Tomemos como exemplo uma das drogas mais viciantes, a heroína, para ver como os vícios funcionam dentro das células do corpo. Após ser injetada, a heroína se acopla aos receptores de opiáceos de uma célula. Esses são os mesmos receptores biologicamente projetados para receber endorfinas, um neuropeptídeo fabricado pelo hipotálamo. Em vez de receber as endorfinas, a célula recebe a heroína e se vicia nela.

Agora vamos tentar o mesmo cenário com as emoções. As emoções produzem peptídeos, ou moléculas de emoção (MOEs), que se acoplam a receptores na célula. A mesma coisa que acontece com o uso repetido de heroína ocorre com o uso repetido da mesma emoção: os receptores de opiáceos de seu corpo começam a esperar – e até mesmo a desejar – esse peptídeo específico. Seu corpo se torna viciado nessa emoção.

Chocante, não é? E você gosta de pensar que é imune a essas coisas. Ao passar pelo alcoólatra esperando no meio-fio, pelos drogados enfileirados em frente às clínicas de metanfetamina, pelo fumante inveterado com dedos amarelos e pulmões escuros, você pode pensar: "Eu não!". Pense novamente; sim, você!

Chocante. Mas isso explica *muita* coisa! Algum destes itens lhe parece familiar?

- Estados emocionais destrutivos.
- Sempre as mesmas situações.

- Incapacidade de mudar.
- Sentir-se incapaz de criar algo novo.
- Desejos profundos por determinadas respostas emocionais.
- Vozes na cabeça dizendo: "Eu quero. Me dê, me dê".
- Dizer que nunca mais fará algo e, três horas depois, fazê-lo.

Por todas as vezes que você já passou por essas experiências, este capítulo é uma terapia de choque. E é para todos nós (e somos todos nós) que temos neuropeptídeos correndo em nossas veias.

> *Os usuários de heroína têm receptores para a heroína e, quanto mais heroína usam, sua capacidade de produzir as próprias endorfinas internas, a própria heroína interna, basicamente começa a diminuir. Então, seus receptores começam a se tornar subsensíveis, ou seja, há menos deles, portanto há essas mudanças reais. Há também essas novas informações sobre como menos células cerebrais estão sendo produzidas, o que faz com que as pessoas, em todos os vícios, fiquem presas a padrões antigos. Ficam com os mesmos pensamentos e não conseguem pensar em algo novo.*
>
> – Candace Pert, Ph.D.

Humanoide (substantivo): um organismo autoconsciente e autocontrolado

Por meio de sua pesquisa, a Dra. Pert descobriu que temos receptores específicos para a maconha. Por que temos esses receptores? Porque nosso corpo produz internamente substâncias químicas que nos dão o mesmo tipo de sensação gerada pela maconha. Isso vale para qualquer droga na qual os seres humanos sejam fisicamente capazes de se tornar viciados – há uma substância química dentro do corpo que é análoga a todas as drogas e um receptor no qual ela se encaixa. Ela explica:

> Temos receptores de maconha e temos a maconha natural chamada endocanabinoides. Toda vez que as pessoas fumam, a maconha exógena[15] se liga a receptores que costumam ser destinados à regulação interna fina. Portanto, as drogas exógenas se conectam à mesma rede destinada à autorregulação da fisiologia endógena. Essas são as moléculas da emoção. Há dados suficientes agora para sugerir que nenhuma droga psicoativa funciona a menos que esteja se ligando a um receptor normalmente destinado a uma substância interna.

> Vícios? Eu não tenho nenhum. Bem, tudo bem, sou viciado em algumas coisas. De que tipo? Insegurança, estresse, preocupação, insistência em estar certo, presunção, controle, raiva, inflexibilidade, mandonismo, medo... eu já disse estresse?
>
> – Mark

Em outras palavras, qualquer droga externa que atue em nosso corpo tem uma contraparte interna – é por isso que nosso corpo reconhece, responde e se torna viciado nessas drogas. As drogas externas usam os receptores internos destinados às substâncias químicas internas.

No capítulo "Introdução ao cérebro", abordamos como as emoções e as memórias de experiências emocionais são codificadas em redes neurais e como essas redes neurais estão conectadas ao hipotálamo. É assim que nos tornamos organismos autocontrolados. Tudo o que temos de fazer é acionar a rede correta, e as substâncias químicas começam a fluir internamente. Como diz Ramtha:

15. As *substâncias químicas exógenas* são externas ao corpo. As substâncias químicas endógenas são fabricadas pelo corpo e são "internas".

> O vício é a sensação de uma descarga química que se espalha pelo corpo por meio de uma série de glândulas e glândulas sem dutos. Uma sensação que alguns chamariam de fantasia sexual. Basta uma fantasia sexual para que um homem fique com tesão. Em outras palavras, basta um pensamento aqui [o cérebro] para que um homem tenha uma ereção em seu membro.

Para muitos, esse é o exemplo mais direto de como a concentração em um pensamento produz os neuropeptídeos adequados. Há muitos outros exemplos: lembrar-se daquele momento glorioso no ensino médio em que você garantiu a vitória do time, a primeira vez que percebeu que estava apaixonado ou o sucesso, como sonhar com o momento em que a mídia o chama de artista inspirado ou de extremamente bem-sucedido. Em todos esses casos, o lobo frontal mantém o pensamento específico, ativando a rede específica que envia seu sinal para nossa farmácia interna.

Isso significa que toda vez que alguém aciona esse mecanismo, ele é um viciado? Você é um alcoólatra toda vez que toma um drinque? Claro que não. Se uma vez por ano você se lembra daquele momento glorioso de 1972, quando conseguiu a jogada final, isso não é um vício. Se todos os dias você desejar aqueles dias de glória – adivinhe? Você tem um hábito.

Efeitos biológicos

É de conhecimento geral que os vícios têm sérios efeitos de longo prazo sobre o corpo. Com a descoberta do mecanismo do receptor de peptídeo, a base biológica do efeito do vício, como explica a Dra. Pert, tornou-se óbvia:

Se determinado receptor para determinada droga ou substância interna estiver sendo bombardeado por muito tempo em alta intensidade, ele literalmente encolherá; haverá menos deles ou será dessensibilizado ou desregulado, de modo que a mesma quantidade de droga ou substância interna provocará uma resposta muito menor. O melhor exemplo disso com o qual as pessoas estão familiarizadas é a tolerância. Todos sabemos que um viciado em opiáceos precisa tomar doses cada vez maiores de drogas para obter o mesmo efeito.

Todo mundo é viciado. Não importa quem sejam. E são viciados porque nunca tiveram nada melhor para substituir o vício e ter um motivo para acordar todas as manhãs e viver por ele. O homem que é viciado em poder levanta-se todas as manhãs e conduz coisas que demonstram seu poder. Ele precisa ter muitas pessoas nas quais se apoiar, para reprimir, para dar ordens, para se sentir digno. Porque ele não se sente digno. Ele precisa das emoções para se sentir digno.

– Ramtha

O mesmo efeito de tolerância é observado nas emoções. O caçador de emoções que se esforça cada vez mais para fazer *bungee jumping* para obter a adrenalina, ou o viciado em sexo que busca cada vez mais prazer, ou o político que se candidata a cargos cada vez mais altos, não por um desejo de servir, mas em uma busca por mais poder. Se você começar a procurar esses cenários em pessoas que conhece ou, principalmente, na própria vida, verá exemplos em toda parte.

Enquanto isso, essas pobres células estão passando fome. O uso excessivo e constante das substâncias químicas necessárias para produzir uma emoção, como a raiva, no corpo resulta na criação de locais receptores dessensibilizados para se adaptar a todos esses neuropeptídeos da raiva. As células não recebem mais uma refeição balanceada, pois recebem a emoção em que estão viciadas mais do que as outras, de modo que precisam receber um suprimento mais restrito de nutrição. Quanto mais raiva a personalidade criar, mais saciada a célula se sentirá. Essa é a história por trás de um indivíduo que, na sexta-feira à noite, sai à procura de uma briga. Ele não está com raiva por um motivo específico; ele está apenas alimentando suas pequenas células amigas. E esses carinhas podem fazer um grande barulho quando precisam de algo. Você já ouviu uma vozinha em sua cabeça que diz: "Estou com fome" ou "Estou com sede"?

Você já se perguntou quem disse isso? Bem, de acordo com Ramtha, essas vozes em sua cabeça são a voz coletiva de suas células. Elas estão lhe dizendo: *"Alimente-me"*. E se a emoção for uma que você acha que é social ou moralmente incorreta, você não ouvirá: "Vamos fazer alguém se sentir estúpido para que possamos nos sentir, em termos de intelecto, superiores", mas haverá um desejo nebuloso que o fará, de modo inconsciente, sair e fazer isso acontecer. Em outras palavras, você o criará.

> *Quando jejuamos dessas emoções, dessas vozes que surgem, as células enviam impulsos nervosos para o cérebro, para que ele saiba que está morrendo de fome, que o corpo está morrendo de fome, do que depende quimicamente. E essas substâncias químicas são portadoras de informações muito poderosas.*
>
> – Joe Dispenza

Os vícios emocionais explicam muita coisa – por que alguém constantemente agride outras pessoas, ou entra no mesmo relacionamento abusivo, ou na mesma situação de vida horrível várias vezes. Em outras palavras, os vícios emocionais são a razão pela qual as pessoas continuam a criar determinada realidade em suas vidas, embora digam: "Bem, eu nunca criaria *isso*". A única maneira de superar esses comportamentos repetitivos e vícios é dizer: "Bem, eu crio *isso* várias vezes, então devo estar viciado nisso".

Para muitas pessoas, todas as criações em suas vidas são de base emocional e viciante. Como exemplo de criação de algo "ruim" em sua vida, vejamos a "mentalidade de vítima". De início, algo ruim aconteceu, você contou a alguém, *a pessoa se sentiu mal por você* (agora ela também está sofrendo) e resolveu o problema. Alívio. *Ei, nada mal,* você deve estar pensando. *Vamos ver se consigo fazer isso funcionar mais uma vez.*

De repente, as pessoas estão cuidando de você. Elas estão lhe dando dinheiro, apoiando-o emocionalmente, são solidárias e estão disponíveis sempre que você precisa delas. A desvantagem, é óbvio, é que o relacionamento vítima/salvador tem um prazo de validade. Todo salvador precisa se sentir tão especial quanto a vítima e, por isso, tende a seguir em frente depois que a "adrenalina" inicial passa. Se um dos dois não mudar, ambos redescobrem seu vício com outras pessoas. E continuam, nas palavras de uma verdadeira vítima, "tendo situações ruins e injustas acontecendo comigo". Parece bem diferente de: "Eu crio continuamente situações que me permitem obter a simpatia e o apoio das pessoas".

O Dr. Joe Dispenza colocou isso de forma eloquente quando disse: "Minha definição de vício é muito simples – é algo que você não consegue parar. Se você não consegue controlar seu estado emocional, deve estar viciado nisso".

Emocionais Anônimos

De certa forma, é um quadro bastante sombrio. Eu sou viciado; você é viciado – vamos nos reunir e esfregar nossos vícios um no outro. Na verdade, isso não parece tão ruim; é o que todo mundo faz o tempo todo. Somos específicos em termos de frequência com essas emoções e, portanto, trazemos para nossa esfera seres que pensam da mesma forma. De acordo com Ramtha: "As pessoas que amamos são aquelas que estão dispostas a compartilhar nossas necessidades emocionais, nossos sentimentos". O Dr. Dispenza descreve isso da seguinte forma:

> Estamos quebrando a dependência de todos esses acordos quimicamente. Esse é um estado desconfortável para o ser humano... porque você procura alguma evidência em sua vida de que está fazendo a coisa certa, e em todos os lugares que você procura evidências em sua vida estão as pessoas com quem você fez todos esses acordos.

> *Não é possível curar um viciado até que você lhe dê tudo o que ele quer e ele não peça mais nada. É nesse momento que adquirimos uma experiência. E é aí que nos tornamos sábios. Junte isso a uma receita de fato nova para a mente. E a receita para a mente é o conhecimento. A partir do conhecimento, é como construir blocos; construímos novos hologramas e criamos realidades.*
>
> – Ramtha

Mas, ainda assim, é triste porque os vícios são difíceis de serem quebrados. É isso que os torna vícios. E a forma como essas emoções se tornaram um vício é por meio da tentativa contínua de recriar uma experiência inicial. A primeira experiência de sexo, simpatia ou poder não é um vício. O que se torna um vício é perseguir essa sensação repetidamente. Diz Ramtha:

> E as pessoas que são viciadas em sexo, heroína ou maconha? Bem, todos fazem químicas diferentes no cérebro. Tentam tocar o centro do prazer no cérebro. *Não é para isso que o cérebro foi planejado.* Portanto, as pessoas reinventam experiências em seu cérebro distribuindo as mesmas substâncias químicas, a mesma sensação.

E qual era a função do cérebro? Sonhar novos sonhos, novas realidades, depois levá-los à manifestação e experimentar aquele primeiro momento emocional incrível... um momento com uma nova emoção.

Parece ótimo – novas emoções, novos picos – então por que é tão difícil abandonar o hábito?

VICIADO EM UM SENTIMENTO

A ciência sabe agora que o hipotálamo produz neuropeptídeos, e esses neuropeptídeos são substâncias químicas fortes. Por exemplo, eles pegaram animais de laboratório e conectaram eletrodos em determinadas partes do cérebro que produzem esses neuropeptídeos. Em seguida, treinaram o animal de laboratório a pressionar uma alavanca para obter essa liberação química, essa liberação de neuropeptídeos.

Ele escolhia a liberação de neuropeptídeos mais do que a fome, mais do que o sexo, mais do que a sede, mais do que o sono. De fato, ele chegou ao ponto de exaustão física e entrou em colapso, antes de cuidar de si mesmo fisicamente. E isso é o que o estresse faz com nosso corpo. Ficamos tão viciados no estresse em nossa vida que não conseguimos largar o emprego, mesmo que ele não nos sirva. Não podemos deixar nosso relacionamento, porque ele não nos serve. Não conseguimos fazer escolhas, porque o estímulo e a resposta produzem a química que obscurece nossas escolhas. E não somos diferentes do cão, que não tem a capacidade de fazer escolhas por causa de seu lobo frontal menor.

– Joe Dispenza

E ainda estamos nos perguntando como acabar com esses vícios!

Possivelmente, o programa mais bem-sucedido de todos os tempos para lidar com vícios é o Alcoólicos Anônimos (AA). Milhões de pessoas conseguiram vencer o vício do álcool "um dia de cada vez" por meio da implementação do programa de doze etapas. Seria um desserviço tentar abordá-lo aqui, e qualquer pessoa interessada deve pesquisá-lo.

Mas pare um momento e considere esta parte do programa – o alcoólatra é instruído a reafirmar sempre: "Eu sou um alcoólatra". E, embora no início isso seja necessário para enfrentar a realidade da situação, isso prende a pessoa para sempre a essa personalidade. Portanto, nunca acaba. O vício nunca foi assumido e abandonado. A pessoa se identifica continuamente com aquilo que está tentando afastar e liberar. Por fim, nega à pessoa a possibilidade de transformação completa e total, que é o motivo de estarmos aqui.

As emoções das quais dependemos por tanto tempo agora não estão mais sendo fornecidas à célula, e a célula entra em decadência. Se persistirmos, assim como fazemos com qualquer vício, paramos a resposta, porque não estamos respondendo à voz em nossa cabeça. Ao mesmo tempo, estamos interrompendo a resposta química, porque agora a célula não está recebendo suas necessidades químicas. A célula, por fim, será liberada de sua dependência química e, agora, quando se reproduz, ela se "regula". Ela libera todos os locais receptores que foram responsáveis por esses estados emocionais e se coloca em um estado melhor de harmonia, e o corpo experimenta alegria.

Por que estamos aqui?

Ahh, de volta às grandes perguntas. E por que elas são grandes? Será que é porque não são óbvias ou fáceis de responder? Ou porque parecem significativas? Ou porque soam bem em um coquetel, e você consegue impressionar as pessoas quando fala sobre as Grandes Perguntas? É porque elas são a resposta para tirar alguém de uma grande confusão.

> *Estamos aqui para sermos criadores. Estamos aqui para nos infiltrar no espaço com ideias e mansões de pensamento. Estamos aqui para fazer algo desta vida.*
>
> – Ramtha

> *Nosso objetivo aqui é desenvolver nossos dons de intencionalidade. E aprender a sermos criadores eficazes.*
>
> – William Tiller, Ph.D.

> *A questão é que estamos aqui para fazer algo com nós mesmos. Estamos aqui para explorar os limites totais da criação; estamos aqui para tornar conhecido o desconhecido.*
>
> – Miceal Ledwith

> *Todo o propósito desse jogo: preparamos nosso corpo quimicamente, por meio de um pensamento, para ter uma experiência. Entretanto, se continuarmos a preparar nosso corpo quimicamente para ter os mesmos pensamentos, para ter as mesmas experiências, nunca evoluiremos como seres humanos.*
>
> – Joe Dispenza

Criar, evoluir, romper com velhos padrões, ser mágico – o fato de sermos criadores, de criarmos nossa experiência de vida, nossa realidade, o fato de termos essa capacidade indica por que estamos aqui. Em resumo, para usá-la ou perdê-la.

Se estamos aqui, como diz o Dr. Ledwith, "para tornar conhecido o desconhecido", isso significaria experimentar por nós mesmos algo que nunca experimentamos antes. O mesmo de sempre, o mesmo de sempre, torna-se sempre novo, sempre novo.

Os vícios são quebrados pela mudança, pela evolução.

E se é por isso que estamos aqui, essas novas emoções serão tão surpreendentes, gratificantes e deliciosas que as antigas parecerão um velho livro do colégio – uma grande coisa na época, mas que agora está guardada em uma estante esquecida. A Dra. Pert relata que a biologia apoia essa transformação por meio de descobertas muito recentes. Atualmente, há evidências de que, quando pessoas ou animais de laboratório, como ratos, são viciados em uma droga (nicotina, álcool, cocaína, heroína), todos os participantes do teste têm algo em comum: o crescimento de novas células cerebrais é bloqueado. Mas quando deixam de tomar a droga, as novas células cerebrais continuam crescendo. Como diz a Dra. Pert: "A pessoa pode se recuperar e pode se decidir e criar uma nova visão para si mesma, um novo cérebro". Há esperança em um novo começo para muitos, desde os menores vícios até os maiores.

Sessenta a oitenta por cento dos crimes estão ligados a drogas e dependência. Pense nas possibilidades de mudança, não apenas em nível pessoal, mas também em nível social.

Ramtha resume a saída:

Devemos buscar o conhecimento sem qualquer interferência de nossos vícios. E se pudermos fazer isso, manifestaremos o conhecimento na realidade, e nossos corpos experimentarão novas formas, novas químicas, novos hologramas, novas outras esferas de pensamento, *além de nossos sonhos mais loucos.*

Reflita um pouco sobre isto...

- Por que é tão bom se sentir tão mal?
- Liste alguns de seus vícios emocionais.
- Certo, então qual é o vício que você não listou?
- Liste os vícios das pessoas mais próximas a você.
- Como você é capaz de reconhecer os vícios delas?
- Todos os vícios são ruins?

DESEJO ↓
ESCOLHA ↓
INTENÇÃO ↓
MUDANÇA

É mesmo uma questão de desejo, desejo, desejo e somente desejo. Não tem nada a ver com habilidade, talento, inteligência ou qualquer outra coisa.

– Fred Alan Wolf

Quando você introduz a palavra *escolha*, a consciência escolhe entre os possíveis eventos, o evento real da experiência entra em cena. E assim, pela primeira vez, a ciência se depara com o livre-arbítrio.

– Amit Goswami

Portanto, na verdade, quando se quer concentrar *a intenção*, é preciso ter uma mente única.

– William Tiller

A boa notícia é que há um enorme potencial de *mudança*.

– Daniel Monti

O desejo tem uma reputação ruim nos círculos espirituais. Frases como "eliminar o desejo" fazem parecer que se um ser não tiver desejos, a iluminação virá rapidamente. A segunda das quatro nobres verdades de Buda é:

> A origem do sofrimento é o apego a coisas transitórias e a ignorância em relação a elas. As coisas transitórias não incluem apenas os objetos físicos que nos cercam, mas também as ideias

O sábio indiano Ramakrishna, ao se referir às emoções, disse: "A fumaça ainda surge, mas no iluminado ela não gruda nas paredes". Em todos esses ensinamentos, não é a emoção, mas o apego (vício), que traz sofrimento e dor a todos.

e, em um sentido mais amplo, todos os objetos de nossa percepção. Ignorância é a falta de compreensão de como nossa mente está apegada a coisas impermanentes. As razões para o sofrimento são o desejo, a paixão, o ardor, a busca de riqueza e prestígio, a luta pela fama e popularidade ou, em suma, *o anseio* e *o apego*.

Uma leitura rápida disso parece colocar o desejo, a paixão, o ardor etc. na lista de culpados. Portanto, os buscadores se esforçam para remover essas emoções de suas mentes e viver uma vida sem desejo e sem paixão. Entretanto, *o anseio e o apego* dão uma pista do verdadeiro culpado – não é o desejo, mas o apego ao desejo. (Observe também que isso não é ruim, apenas ignorante, ou a falta de compreensão de como nossa mente está apegada.)

Apego ao desejo parece muito com vício em emoção. De fato, é a mesma coisa. Tente trocar as duas expressões para verificar isso por si mesmo.

Esse é um daqueles casos em que a ciência cruzou o caminho dos grandes ensinamentos espirituais e redescobriu os mesmos fenômenos. De acordo com as tradições budistas, é esse apego que nos mantém eternamente na roda da vida, da morte e do renascimento, dando voltas e mais voltas, sem parar. Como disse a Dra. Pert: "Em todos os vícios, você fica preso a padrões antigos. Você só tem sempre os mesmos pensamentos e não consegue pensar em algo novo".

Se os teus olhos forem bons, todo o teu corpo terá luz.
– Mateus 6:22

Desejo e paixão: amigo ou inimigo?

O desejo e a paixão alimentam a evolução e a mudança. O Dr. Dispenza diz: "Você precisa ter a disposição e a paixão para sair dos limites da própria zona de conforto". Certamente, essa cena de Jesus é uma cena de paixão: "E, tendo feito um flagelo de cordas miúdas, expulsou todos do templo, as ovelhas e os bois; e derramou o dinheiro dos cambistas, e derrubou as mesas" (João 2:15).

> O desejo é um mecanismo para que eu me examine e reflita meu entendimento na realidade para a experiência. Por meio de qualquer desejo que eu esteja tendo, posso examinar por que tenho esse desejo. Faço perguntas como: o que a realização desse desejo realizará em mim? É por causa de um vício emocional? A realização desse desejo me trará uma nova experiência? Estarei reproduzindo uma experiência antiga? Quando consigo examinar meus desejos de concordância dessa forma, consigo ver por que os tenho, e isso me ajuda a ter clareza em minha intenção. Se meu desejo é poder e reconheço que quero experimentar o poder a partir de uma nova perspectiva e por que quero experimentar o poder, então posso ter essa experiência e seguir em frente, porque sei o que quero e por que quero. A clareza e a honestidade trazem a experiência de uma forma que eu sei que posso obter conhecimento com ela.
>
> – Betsy

Ao analisar determinado desejo, é importante fazer duas coisas: não julgar e ser honesto sobre o que o desejo significa. Para olhar claramente para um desejo, é preciso fazer julgamentos, pois é a rotulação de um desejo como ruim que o envia para o porão da repressão. Os desejos surgem. Alguém o corta na estrada – por um momento, o desejo é ter um canhão a *laser* montado na lateral e jogá-lo para fora da estrada. Se você se sentir horrível e envergonhado, há uma grande chance de que a causa dessa raiva nunca seja descoberta.

Quanto ao que é o desejo, veja um exemplo: alguém que está concorrendo a um cargo público. Ela deseja o poder. Mas, muitas vezes, as pessoas se sentem culpadas (julgam) por declarar com tanta ousadia seu verdadeiro desejo que inventam uma história longa e complicada sobre como ajudar os cidadãos, quando na verdade querem experimentar a sensação de poder. E quem pode dizer que, para elas, esse não é o próximo degrau em sua escada de evolução? Ou talvez elas digam que querem o poder para encobrir um profundo sentimento de insegurança e inutilidade. Nesse caso, obter o poder não lhes trará nenhum benefício.

Há também um motivo muito prático pelo qual é imperativo chegar à raiz do desejo. Manifestação! Como Bill Tiller mencionou, você quer ter uma mente única. Se o desejo verdadeiro estiver sendo sobreposto a um desejo politicamente correto, ou se um desejo tiver outro desejo por baixo, isso significa que duas redes neurais estão sendo ativadas. É uma casa dividida, o que não funciona com a intenção. Mas, antes disso, dos desejos intermináveis (ou assim parece), que borbulham de todos os cantos do eu, a grande questão é: em qual deles devemos apertar o botão "ir"?

O COMPLEXO INDUSTRIAL DE ENTRETENIMENTO

Nos anos 1960, todos falávamos sobre o Complexo Industrial Militar (Military Industrial Complex, MIC). E, embora essa ainda seja uma força operante, de forma silenciosa e constante, ao longo dos anos, ela foi suplantada pelo Complexo Industrial do Entretenimento (Entertainment Industrial Complex, EIC). Isso afeta a vida de todos, momento a momento, cem vezes mais do que o MIC. Veja bem, o EIC é mestre em duas coisas importantes: manipular o desejo e a escolha e desempoderar as pessoas. Ele usa o entretenimento para criar o desejo e o vazio que fazem com que você compre o que ele produz. E embora, em princípio, isso não seja muito diferente do coliseu romano, com o alcance da tecnologia isso é avassalador. Basta observar como todos os noticiários, revistas, filmes e programas de TV criam desejos e/ou fazem você se sentir impotente e vazio – sentimentos que somente os produtos podem preencher.

– Will

Escolha

Alguém tem que escolher. E quem escolhe? Para simplificar, digamos que seja uma de duas entidades. Uma é a personalidade, e a outra é o eu transcendental. Essa maneira de organizar seus dois eus nos leva de volta à divisão ego/deus, matéria/espírito. Sabemos que, se for a personalidade, a escolha vem das redes neurais preexistentes, ou seja, das experiências e emoções passadas e de seus vícios. Nesse caso, o botão "ir" pode ser renomeado como botão "repetir". E, na maioria das vezes, essa escolha vem de uma decisão inconsciente, assim como os animais de laboratório que continuam pressionando a alavanca de peptídeos.

A melhor maneira de um ser humano se tornar esse observador é, em primeiro lugar, ter a consciência ou o entendimento intelectual de que nem sempre precisa fazer as mesmas escolhas repetidas vezes. E, em segundo lugar, ser colocado em determinadas situações, experimentalmente, na própria vida pessoal, em que você anule esses mecanismos em seu corpo, e isso requer prática.

– Joe Dispenza

O verdadeiro botão "ir" vem do lado espiritual. A escolha, nesse caso, não é motivada pelo passado, mas por tornar conhecido o desconhecido ou evoluir. Mas, diante disso, uma pergunta interessante é: dos desejos que surgem, como posso saber quais são baseados no ego e quais são baseados na alma? Sobretudo quando se considera que os que surgem do lado espiritual são geralmente um pouco estranhos, fora da caixa ou loucos e esquisitos quando comparados com nossas rotinas normais.

Há ótimos exemplos disso nas histórias de alunos e professores espirituais. Em muitos desses relacionamentos, o professor é a voz da natureza espiritual adormecida do aluno. A ideia é que o aluno, por si só, levaria milênios para ouvir a própria voz interior, então o professor a comunica para ele. Normalmente, achamos que a guerra é ruim, certo? Mas no exemplo de Krishna, ele está dirigindo a carruagem de guerra de Arjuna, dizendo-lhe que é sua tarefa espiritual ir à guerra contra os Kurus.

Outro exemplo é a história budista sobre Marpa e Milarepa, que construíram uma enorme casa de pedra. Ao terminar a construção, Marpa pediu a Milarepa que colocasse cada pedra de volta no lugar em que a pegou, desconstruindo a casa inteira. Isso pode parecer loucura, mas não tanto quanto o fato de que eles repetiram essa dança mais quatro vezes.

Don Juan fez seu aluno Carlos Castaneda, que já era um autor de *best-sellers*, virar hambúrgueres em uma lanchonete durante meses. Será que Don Juan visava a iluminação por meio de hambúrgueres e batatas fritas? Acontece que, depois de alguns meses, uma bela jovem foi à procura de Carlos. Carlos ficou quieto até que uma grande limusine parou. A mulher disse: "É o Carlos", quando Carlos percebeu que ainda desejava a fama e, naquele momento, descobriu sua verdadeira identidade.

Muitas vezes é aquela voz que vem do lado transcendental, aquele desejo louco por sabedoria, que faz uma transformação que ninguém poderia imaginar. É por isso que é tão importante não julgar os desejos, mas observá-los atentamente antes de escolher. E depois há a escolha.

Diz a Dra. Pert.

> O livre-arbítrio reside em nosso córtex frontal, e podemos nos treinar para fazer escolhas mais inteligentes e ter consciência das escolhas que estamos fazendo. E acho que isso requer prática, diferentes ti-

pos de prática. Podemos ir à academia e aumentar nosso bíceps, ou podemos aumentar nosso córtex frontal fazendo ioga, meditação e outras práticas.

Então, *quem* escolhe? É claro que *você* escolhe, mas aí voltamos à pergunta: "Quem sou eu?". Qual você (personalidade/ego ou transcendental/espírito) faz a escolha? Neurologicamente, parece que a questão é: a escolha vem de uma rede neural existente ou vem do córtex frontal? Estamos tirando proveito dessa aleatoriedade quântica que borbulha nas caixas chinesas[16] para nos permitir escolher algo novo ou somos a máquina mecanicista que executa tudo com base em condições preexistentes (antigas)?

E mais uma vez voltamos à pergunta: em que mundo você vive? O universo vivo, orgânico, ativo e interconectado, ou o soldado de brinquedo de corda, tique-taque, dividido?

A escolha é sua.

Estamos operando o holodeck. Ele é muito flexível, mas qualquer coisa que você possa imaginar ele criará para você. Sua intenção faz com que essa coisa se materialize quando você estiver consciente o suficiente e aprender a usar sua intencionalidade. Você aprende a controlar as intenções. E tudo isso é um processo de construção, cada vez mais e mais, para que você experimente esses sinais mais profundos das várias camadas do biovestido e sinta a realidade mais ampla.

– William Tiller, Ph.D.

16. Da teoria do cérebro quântico de Jeffrey Satinover sobre o livre-arbítrio.

Intenção

> *A única coisa constante é a mudança.*
> – I Ching

E do outro lado da escolha está a ação! Quando o Dr. Tiller fez sua pesquisa sobre a intenção que afeta os sistemas físicos, usou "quatro meditadores muito bem qualificados, indivíduos autogerenciados internamente". Como sugere a Dra. Pert, essa capacidade de usar a intenção é uma habilidade que pode ser desenvolvida. O Dr. Tiller acrescenta em relação à capacidade de concentrar a intenção: "É por isso que alguns dos antigos ensinamentos ocultos ensinam as pessoas a se concentrarem em uma chama. Você aprende a trazer sua atenção para um canal muito nítido, de modo que a densidade de energia se torne maior".

Neste ponto, *ainda* estamos falando sobre a criação da realidade. Mas agora se trata de por que estamos criando o que somos, de que níveis estamos criando e como tornar essas criações mais conscientes e mais poderosas. Parece que nosso incrível cérebro está conectado ao lobo frontal exatamente para esse propósito. Diz o Dr. Dispenza:

> O que nos separa de todas as outras espécies é a proporção de nosso lobo frontal em relação ao restante do cérebro. O lobo frontal é uma área do cérebro responsável pela firme intenção, pela tomada de decisões, pela regulação do comportamento e pela inspiração. E à medida que desenvolvemos essa capacidade como seres humanos, fazemos outras escolhas que, de fato, afetarão nosso potencial ou nossa evolução.
>
> O que pode levar um canino, ou um cão, a precisar de literalmente milhares de anos para fazer outra escolha, o ser humano, devido ao seu lobo frontal ampliado, pode fazer a escolha em questão de instantes.

Então, já falamos sobre por que o desejo é necessário e nem sempre "ruim", e é por isso que você deve tomar a decisão executiva e alinhá-la com a intenção de trazer à realidade saúde, riqueza e felicidade. Se ainda estiver sentindo uma desconexão, Ledwith diz: "Por que não consigo alcançar essas coisas? Fundamentalmente, por falta de foco. Não conseguimos manter o foco; a mente vaga por toda parte, por muito tempo, e estamos muito sintonizados com as vibrações deste plano material". Aí está o problema. Para que a intenção funcione, ela precisa estar concentrada – mas o mundo em que vivemos está sempre, sempre chamando sua atenção. Bilhões de dólares são gastos para que você preste atenção no que eles querem que você se concentre. (E a palavra-chave é pagar.)É um verdadeiro dilema, observa o Dr. Dispenza:

> a maioria das pessoas para porque procura os resultados no mundo após um pequeno esforço e, quando não vê esses resultados, de imediato descarta a possibilidade. No entanto, bem do outro lado disso, logo após o ponto em que elas param, o potencial ainda existe. Como seres humanos, somos preguiçosos. Vivemos em um mundo de conveniência e, se não conseguimos uma solução rápida e imediata para o que precisamos, ficamos impacientes.

Mas, é claro, não podemos culpar o mundo por nossa falta de foco. Essa é a mentalidade de vítima. Em vez disso, para sermos realmente bons no exercício da *intenção,* precisamos *desejar* ser bons nisso e fazer a *escolha* de desenvolvê-la. É uma reação em cadeia com resultados extraordinários.

Se a realidade é minha possibilidade, a possibilidade da própria consciência, então imediatamente vem a pergunta: como posso mudá-la? Como posso torná-la melhor? Como posso torná-la mais feliz? No pensamento antigo, eu não posso mudar nada, porque não tenho nenhum papel na realidade. A realidade já está lá. São objetos materiais que se movem à sua maneira, a partir de vidas determinísticas. Eu, o experimentador, não tenho nenhum papel. Na nova visão, sim, a matemática pode nos dar algo; ela nos dá as possibilidades que todo esse movimento pode assumir. Mas ela não pode nos dar a experiência real que terei em minha consciência. Eu escolho essa experiência e, portanto, crio minha realidade.

– Amit Goswami, Ph.D.

Já vi algumas pessoas burras se tornarem excelentes cientistas, ganhando até mesmo prêmios Nobel. Já vi pessoas extremamente inteligentes e talentosas pedindo dinheiro nas ruas de São Francisco. É desejo, desejo, desejo.

– Fred Alan Wolf, Ph.D.

No capítulo "Cérebro quântico", falamos sobre o efeito Zeno Quântico – quando alguém mantém continuamente (ou seja, concentra a mente) a mesma intenção direcionada ao mundo quântico, a realidade é afetada. Mais uma vez citando Henry Stapp: "Em virtude das leis quânticas do movimento, uma intenção forte, manifestada pela alta rapidez dos atos intencionais semelhantes, tenderá a manter no lugar o modelo associado para a ação". Portanto, não é apenas ter uma intenção e ir ao cinema, mas o desejo repetido, o desejo, o desejo, o foco, o foco que faz a mágica acontecer.

Mudança observável

Estamos falando há alguns capítulos sobre as glórias da mudança e o beco sem saída (literalmente) de nunca se aventurar no desconhecido.

Portanto, a esta altura, ou você está ansioso por alguma experiência alucinante ou já está na hora de dormir.

Para encerrar essa longa cadeia de fatores operáveis e inter-relacionados, pedimos ao Dr. Dispenza que nos explicasse como fazer tudo isso acontecer para todos. Como ele nos disse em um capítulo anterior, "o mundo subatômico responde à nossa observação, mas a pessoa comum perde a capacidade de atenção a cada seis a dez segundos". Como podemos superar isso?

QUANTUM: DO MINÚSCULO AO HUMANO

Então, como o superior pode responder a alguém que não tem a capacidade de se concentrar? Talvez sejamos apenas maus observadores. Talvez não tenhamos dominado a habilidade da observação, e talvez ela seja uma habilidade. E talvez estejamos tão viciados no mundo externo e tão viciados no estímulo e na resposta do mundo externo que o cérebro esteja começando a trabalhar com base na resposta em vez de na criação.

Se recebermos o conhecimento adequado, o entendimento adequado e a instrução adequada, devemos começar a ver um retorno mensurável em nossa vida. Se você se esforçar para se sentar e projetar uma nova vida e fizer disso a coisa mais importante, e passar tempo todos os dias alimentando-a como um jardineiro alimenta uma semente, você produzirá frutos. Pode levar algum tempo no início; pode levar algum tempo para desenvolver a arte de controlar sua mente de tudo o que ela precisa fazer.

Mas devemos estar dispostos a nos sentar todos os dias, separar uma parte do nosso dia e agradecer por estarmos vivos e pela vida que temos. Em seguida, começar a observar com pura sinceridade para projetar um novo futuro possível para nós mesmos. Se fizermos isso de modo correto e observarmos adequadamente, as oportunidades começarão a aparecer em nossa vida – não igual ao que podemos prever, mas fora de nossa previsão. Deve estar fora de nossa previsão porque, quando isso acontece, sabemos que veio de uma mente superior.

Se for igual à nossa previsão, então estaremos criando mais do mesmo. Como podemos criar um novo mundo se podemos prever o resultado? Não estamos criando nada novo [quando] buscamos *feedback* em nosso mundo. O cérebro adora *feedback*. Ele gosta de saber quando foi bem-sucedido ou quando de fato realizou uma tarefa para que possa fazê-la novamente. Essa sinceridade, nesse nível mental, dá às pessoas a oportunidade de aplicar algum princípio de escolha de uma realidade potencial e observá-la. E, ao fazer isso, elas estão dispostas a dizer: "Eu sei que a física quântica funciona para o que é muito pequeno".

Mas quando você se torna independente e diz [o que] todos os grandes nomes que já viveram disseram? Tudo sempre começa com o pensamento e o sonho. E por que não começar a aplicar isso em sua vida pessoal? Não é que o campo quântico não responda; é que temos de elevar nosso nível de vontade e sinceridade; e quando isso acontecer, veremos resultados mensuráveis em nossa vida.

– Joe Dispenza

Você não pode pensar para mudar. Você não pode usar o mesmo cérebro que o colocou em uma situação difícil para sair dela e fazer uma mudança em sua vida. É preciso sair de si mesmo para obter uma perspectiva maior. Para algumas pessoas, isso pode ser tão simples quanto tomar um banho e contemplar as

> coisas, ou estar na natureza, ou se concentrar, ou meditar, ou fazer uma caminhada no fogo... o que quer que seja para cada pessoa que a coloque em um estado diferente.
>
> – MARK

Portanto, para ver o que é necessário para a mudança, basta voltar ao caminho que acabamos de percorrer. Para mudar, temos a intenção de mudar. A intenção é o resultado de uma decisão (livre-arbítrio) de mudar, e essa decisão surge de um desejo de mudar.

Você precisa querer mudar. Queremos dizer *querer* mudar, desejá-la como você desejou sua primeira... qualquer coisa. Pois o mundo material, o mundo da matéria, funciona como um relógio e resiste à mudança, enquanto o mundo invisível do espírito a chama. A escolha é em qual mundo viver.

FAZENDO PERGUNTAS

Reflita um pouco sobre isto...

- O que você deseja e quer que seja verdade?
- Por que você deseja isso?
- De onde vem esse desejo?
- O que a realização desse desejo preencherá em você?
- Como sua realidade mudaria se você realizasse esse desejo?
- Seu paradigma também mudaria?
- Você está disposto a abrir mão de tudo em seu paradigma atual para alcançar esse desejo? Você precisa fazer isso?

INTERLÚDIO DA BETSY

"O que tudo isso de fato significa para mim?"

Enquanto fazia *Quem somos nós?*, deixei todo mundo louco ao fazer essa pergunta repetidamente. Como faço para integrar todas essas novas informações em minha vida para efetuar mudanças reais? Como faço para passar da filosofia à experiência? Quando comecei esse filme, eu nem sabia soletrar física quântica nem me importava muito com "espiritualidade". Eu estava vivendo feliz pensando em sapatos, fugindo da realidade. Penso em mim mesma como a "criadora acidental".

Nos últimos quatro anos em que trabalhei no filme, neste livro e viajei pelo mundo falando sobre ele, passei a entendê-lo desta forma: os vícios (ou apegos) emocionais parecem estar ligados ao início de tudo. Eu crio minha realidade com base em meu estado emocional, que é um estado que escolho porque meu corpo se tornou viciado nas mesmas experiências/emoções/químicas. Essas experiências estão conectadas ao meu cérebro com base em experiências antigas, dados antigos.

Então, como posso passar de meu estado de dependência emocional para um estado mais elevado ou um nível mais elevado de mim mesma e, a partir daí, criar novas emoções? Como posso "dominar" uma emoção? O que isso significa?

Para mim, dominar uma emoção significa que ela não tem mais poder sobre mim ou sobre minhas escolhas. Eu escolho meu estado emocional, não é ele que me escolhe. Uma vez que eu domino uma emoção, isso não significa que nunca mais a terei. Quando ela surge, não entro em pânico e tento reprimi-la. Não deixo que ela cause estragos em meu sistema. Eu observo.

"Como começo – por onde começo?" Bem, se os vícios emocionais são o ponto de partida para criar minha realidade, então vou dar uma olhada neles. Tento trabalhar em apenas um, mas geralmente descubro que muitos estão interconectados e podem ser atribuídos a uma ou duas experiências que tive no início da vida.

Portanto, primeiro percebo que os tenho – reconheço-os.

A próxima etapa é superar o julgamento. Descobri que, quando descobria um vício, passava um tempo me sentindo mal por causa dele, julgando-me, e o engraçado é que eu me julgava a partir do meu estado de vício. Aqui está um exemplo: sou viciado em fracassar. E me julgo por não ser bom o suficiente para superar o fracasso (que é o fracasso!). Ugh! Lembro-me de que não estou sozinho nesse problema. Todos são viciados em alguma coisa, e todos, inclusive eu, têm a capacidade de mudar seus vícios. Mas o julgamento é uma daquelas questões profundamente arraigadas. A culpa e o julgamento parecem estar enraizados em nós devido a séculos de "moralidade" que nos é imposta. Portanto, mesmo que você pense que não é uma pessoa que julga, isso está presente em algum lugar.

Então, o que devo fazer?

Passo alguns dias escrevendo cada emoção que sinto, cada vez que a sinto e o evento ao qual ela está ligada. Esse é um exercício que abre os olhos. Não que eu me sinta qualificada para dar exercícios (ops, fracasso!), mas isso me ajuda a ver meus vícios. Faço isso a cada dois meses.

Depois de ter uma lista, comecei a interromper meu padrão. Toda vez que começava a sentir uma emoção à qual estava viciada, eu parava e fazia estas perguntas:

- Eu realmente preciso seguir em frente com isso?
- A quem/o que ela atende?
- Isso resolverá o problema?

- Por que vejo isso como um problema?
- Isso me fará evoluir?

Responder a essas perguntas me deu tempo de observação para começar a ver como posso escolher meu estado emocional – para afetar minha realidade de uma forma que me faça avançar. Outra coisa que percebi é que há muitas camadas nos vícios emocionais. A raiva é um subproduto do ressentimento, que é um subproduto do fracasso, que é um subproduto da vitimização, e assim por diante.

Depois de superar as emoções do tipo "isso é impossível, nunca vou resolver isso", eu vi a diversão nisso. Era uma nova experiência. Reconstruir-me de dentro para fora em vez de sentir que o exterior estava me construindo!

Nem sempre são as coisas grandes ou óbvias. É preciso olhar profundamente e para o muito pequeno para chegar ao grande (soa um pouco como quântico). Observo meu ambiente – minha realidade – minhas pessoas, lugares, coisas, tempo e eventos. Ao observar essas coisas, posso ver como meus vícios criaram minha realidade. Também posso ver como esses vícios continuam a me manipular em determinadas situações.

Exemplo: em determinado momento da minha vida, eu chegava atrasada ao trabalho todos os dias. Não importava o quão cedo eu levantava, ou o que fazia para tentar chegar ao trabalho a tempo, estava sempre atrasada, eu sempre ficava presa atrás de um ônibus escolar. Todos os dias era o mesmo maldito ônibus, o que me deixava estressada, apressada e sobrecarregada no trabalho. Eu sentia que nunca conseguia fazer nada. Eu era irritadiça, e todo mundo pisava em ovos ao meu redor. Eu tinha vinte e poucos anos e um trabalho que a maioria das pessoas esperaria que um homem mais velho estivesse fazendo. Eu tinha um complexo. *Não mereço esse emprego; não sou capaz de fazer isso; ninguém me respeita. Quer dizer, se eu não consigo nem aparecer no horário, não deveria estar aqui!* Agora vejo que o ônibus foi minha criação para me ajudar a satisfazer minhas necessidades químicas de fracasso! Dei boas risadas com essa história.

Como eu disse, faço isso a cada mês, mais ou menos, para ver meu progresso. Para me conhecer melhor. Quando estou consciente de meus pensamentos, minhas emoções e faço minhas perguntas, é como se eu pudesse parar o tempo, ir para o futuro e experimentar minhas escolhas possíveis e, então, fazer a escolha que melhor me fará evoluir. Talvez seja meu verdadeiro desejo ter essa experiência.

Também reservo um tempo para sentar todos os dias e criar conscientemente minha realidade. Mas não é que eu me sente e diga: "Hoje eu quero que US$ 1 milhão caia do céu". Eu me concentro na abundância e permito que meu deus a traga para mim de uma forma que me faça evoluir. Porque é disso que se trata – evoluir para um nível mais elevado de consciência. O que significa que tenho emoções e experiências que preciso ter e, em seguida, assumir. Ao reservar um tempo para observar a mim mesma, minha realidade, meu estado emocional, posso fazer escolhas que me levarão a um caminho mais elevado, em vez de ficar pulando pelas paredes e comprando sapatos.

Recebemos muitas cartas de pessoas de todo o mundo que transformaram esse conhecimento de filosofia em experiência. Há algumas histórias excelentes para inspirar você! Aqui estão algumas:

> Há cerca de quatro anos, meu marido faleceu. Ele deixou para trás um pássaro muito triste, sem mencionar sua esposa. Não importava o que eu tentasse, o pássaro continuava a morder, gritar, arrancar suas penas e ser muito autodestrutivo. Por fim, depois de assistir ao filme, pensei que se eu mudasse meus pensamentos e minhas ações, orasse por ele e acreditasse, poderia ser diferente. Tudo começou há cerca de duas semanas. Ele me deixa segurá-lo, dar banho, brincar com ele e não morde. Isso

é incrível [porque] esse pássaro sempre mordeu. Ele está mais feliz. Estou impressionada com o fato de que, ao mudar meus pensamentos e minhas ações, tive um impacto sobre os dele. Antes eu estava desesperada porque não sabia o que fazer com ele. Agora ele tem um futuro melhor.

– Jean

Eu sofro de febre do feno muito forte. Meu pai e meu irmão também sofrem. Todos nós sofremos tanto que usamos muitos medicamentos para tratá-la, como Sudafed e Claritin D, para passar os verões. Esse foi um problema que durou a vida inteira para todos nós. Então, um dia, enquanto lia *A força da intenção*, tive um [momento] "aha!". Lembrei-me das imagens do filme em que o cérebro produz todas essas substâncias químicas, e o Dr. Joe Dispenza diz que o cérebro humano tem a própria minifarmácia. Assim, decidi estabelecer a intenção de que, toda vez que os efeitos da febre do feno começassem a se manifestar, eu visualizaria meu cérebro produzindo o que fosse necessário para que eu pudesse interromper os efeitos da febre do feno em meu corpo (como os comerciais de alergia mostram o que o medicamento faz para bloquear as partículas causadoras da alergia). Não usei nenhum medicamento externo para tratar minha febre do feno nos últimos dois meses. Sinto os efeitos quase que diariamente, mas aprendi a interrompê-los por conta própria.

No início, isso acontecia com mais frequência do que agora. Não sei se é obra minha ou se é possível que o que causa a febre do feno não esteja tão presente, mas sei que essas ocorrências estão diminuindo.

– Nick

Uma série de eventos sincrônicos me levou a ver *Quem somos nós?* aqui em Cardiff, no sul do País de Gales. Nos últimos dois anos, tenho lido livros sobre mecânica quântica (não sou matemática) e não sei por que me senti tão atraída por eles. Também tive experiências maravilhosas no ano passado, depois de visitar um círculo nas plantações em Silbury Hill, Wilts. Três meses depois dessa experiência, tive uma cura espontânea. Eu havia sido diagnosticada com degeneração macular dos olhos – uma doença progressiva que acaba destruindo a visão. Eu já estava com a visão distorcida. Certa manhã, acordei e vi que minha visão havia sido restaurada. O especialista do meu hospital ficou surpreso e quer fazer um estudo especial sobre mim, pois disse que nunca tinha visto essa doença se curar sozinha. Depois de assistir a *Quem somos nós?* percebi o maravilhoso potencial que havia em mim e senti como se fosse uma confirmação de algo que eu sabia desde sempre. Desde então, minha visão continuou a melhorar, e não preciso de lentes tão fortes para ler. Dia após dia, sei que estou criando minhas circunstâncias.

– JENNIFER

PARADIGMAS: O OUTRO LADO

Um paradigma é um conjunto de suposições implícitas que não foram feitas para serem testadas; na verdade, são essencialmente inconscientes. Fazem parte de nosso *modus operandi* como indivíduos, cientistas ou sociedade.

UM PUNHADO DE CAPÍTULOS ATRÁS...

Temos falado muito sobre o paradigma científico e como ele tem determinado as atitudes e a maneira como vemos o mundo. "Mudança de paradigma" são palavras muito usadas que preveem um mundo novo e maravilhoso no qual as antigas suposições básicas da visão de mundo newtoniana desapareceram.

Mas, no mundo dos paradigmas, há um gorila de mais de 350 quilos parado bem no meio da sala.

Diga olá para a religião.

E, embora muitas pessoas queiram dizer adeus, a religião, em todas as suas variadas formas, é a nave mãe rainha dos paradigmas.

... não foi feito para ser testado...

... essencialmente inconsciente...

De fato, como veremos em breve, esse foi o *modus operandi* que deu início à divisão espírito/ciência newtoniana. Não foi a ciência que fez isso; foi a Igreja.

Um mundo de religião

Sem dúvida, a maior linha divisória entre as civilizações oriental e ocidental é causada pelas crenças em torno de Deus. Elas não apenas definiram as culturas em um grau enorme, mas as próprias crenças são radicalmente diferentes. Enquanto as principais religiões ocidentais são construídas em torno de um Deus único e todo-poderoso, as orientais costumam ter muitos deuses ou, em algumas delas, como o budismo e o taoismo, essa palavra nem é usada.

As tradições religiosas orientais ensinam que Deus (ou o Tao, Brahman, a consciência pura, o Vazio etc.) está em toda parte e pode ser mais bem experimentado dentro de nós mesmos. De fato, a afirmação é que Deus *é* a própria pessoa ou talvez seja melhor dizer que a própria pessoa é Deus.

Nas tradições ocidentais, Deus está separado de nós. E embora se atribua a Descartes a "invenção" do dualismo, essa ideia dualista de um Deus "lá fora" é anterior a Descartes em milhares de anos. De certa forma, essa visão dividida de Deus/humanidade abriu a porta para que o dualismo se estabelecesse no Ocidente e levou a uma série de problemas (e a uma série de descobertas maravilhosas!).

Como a civilização ocidental é, hoje, a mais dominante e parece estar dominando o mundo, falaremos principalmente sobre as religiões ocidentais. E, embora estejamos analisando algumas das ideias e dogmas e apontando seus efeitos problemáticos, é importante não esquecer o outro lado da moeda: vidas foram inspiradas, e milhões de pessoas, ao longo dos séculos, obtiveram esperança e discernimento com os ensinamentos de várias igrejas.

Evolução e o empreendimento humano

Uma coisa sobre nós, seres humanos: estamos incansavelmente seguindo em frente. Às vezes, para onde não temos certeza, mas mesmo assim seguimos em frente. Porque em todos os sistemas vivos, aquilo que não se move, muda e evolui fica estagnado e morre. Diz Miceal Ledwith:

O método da ciência é produzir uma conjectura sobre a realidade e, em seguida, começar a refutá-la. Nesse processo, você conseguirá remover os acréscimos e os periféricos e, com sorte, chegará a um núcleo que seja sólido e rápido. Mas, como você sabe, 90% dos novos conhecimentos vão para a lata de lixo em poucos anos, e é assim que deve ser.

Agora, a única exceção a isso no campo do esforço humano é a religião, porque a religião diz: "Ah, nós já temos toda a verdade desde o primeiro dia" e, portanto, ela nunca pode mudar, portanto não podemos tentar refutá-la; e como ela nunca tenta refutar os aspectos periféricos de suas pressuposições, a religião tem se tornado cada vez mais irrelevante para a evolução do pensamento humano.

A SEMENTE DE MOSTARDA

Então... um grão de mostarda. Essa parábola é brilhante para uma época em que não havia ciência. Jesus sabia disso há dois mil anos. Como ele iria ensinar física quântica a um bando de pescadores, cobradores de impostos e montadores de jumentos? O que somos de fato? Somos ainda menores do que o menor espaço de tempo, desde a energia do ponto zero até seu reconhecimento. Então, quão pequenos somos? Somos o ponto zero e flutuamos a partir desse zero. Por isso, ele diz a seus discípulos que o Reino dos Céus não está no céu. E veja, muitos dirão que está aqui, está ali. Mas, na realidade, um grão de mostarda, a menor das sementes, é o Reino dos Céus. E o que isso significa? Significa quem somos e onde temos nossa eternidade, onde sempre estivemos e sempre estaremos, e esse eu é menor do que um grão de mostarda e o Reino no qual Deus vive é ainda menor. E isso, minha amada entidade, é consistente com o mundo quântico que compõe as grandes distrações preguiçosas chamadas realidade.

– RAMTHA

Mas nem sempre foi assim, mesmo aqui no Ocidente. O exemplo mais óbvio e conhecido disso são os ensinamentos de Jesus. O Deus do Antigo Testamento, que era o *Godus Operandus* na época de Jesus, era uma entidade irada, vingativa e rancorosa. Uma pessoa que parecia se entusiasmar em matar primogênitos, humanos, cabras, gado. Não importava, ele era "um Deus ciumento". O que é bem diferente das palavras de Cristo de que "Deus é amor". Conforme descreve o Dr. Ledwith:

> Houve uma mudança bastante perceptível na orientação dos ensinamentos de Jesus em relação, digamos, aos ensinamentos do Antigo Testamento. Por exemplo, ele disse que foi dito aos homens da Antiguidade, citando Moisés: 'Olho por olho e dente por dente', mas eu lhes digo: perdoem seus inimigos.

E, de fato, muitos dos ensinamentos de Jesus pareciam enfatizar o distanciamento da figura de barba branca, que cavalgava sobre as nuvens, que distribuía julgamento e ira, para um Deus mais pessoal, ou o distanciamento da ideia do céu como um lugar, para o céu como um estado de espírito. Conforme citado anteriormente, "o Reino de Deus está dentro de você".

De fato, os aspectos revolucionários do ensinamento de Jesus ainda estão chegando até nós ao longo dos séculos. De acordo com o Dr. Ledwith:

> E ele sempre enfatizava a importância do pensamento, até mesmo superior à ação que poderia seguir o pensamento. Portanto, se eu, por exemplo, tiver um pensamento de que quero matar meu vizinho, mas nunca o concretizar, bem, então, obviamente, faz diferença para o meu vizinho que ele não tenha sido morto, mas em termos do reino

que estou construindo dentro de mim mesmo, não há, no entanto, nenhuma diferença entre o pensamento e a ação que segue o pensamento, porque na visão quântica do mundo com a qual estamos mais familiarizados agora, obviamente o pensamento é o fator decisivo, o pensamento é primordial.

Mas em algum ponto do caminho até agora, as religiões ocidentais ficaram presas. Livros foram excluídos da Bíblia e livros foram editados. Pontos de vista diferentes foram impiedosamente eliminados e, à medida que a Igreja se tornava poderosa, todos os caminhos levavam a Roma.

Dos livros excluídos, o que a maioria dos estudiosos acredita ser o mais próximo dos verdadeiros ensinamentos de Jesus e da igreja primitiva é o Evangelho de Tomé. Esse documento foi descoberto em 1945 perto da cidade de Nag Hammadi, no Egito.

E agora há centenas de religiões fragmentadas, cada uma com a última palavra sobre a verdade. Como diz a autora Lynne McTaggart:

> Um dos problemas das religiões organizadas, porém, é que existe esse senso de separação. Que só é bom ser protestante ou que as pessoas que são católicas são as únicas que conhecem o caminho. E acho que agora nosso entendimento atual da física quântica é esse entendimento de unidade completa e, portanto, temos que derivar nossa espiritualidade de um senso de unidade.

Evolução e o empreendimento pessoal

Então, considerando o que sabemos sobre visões de mundo e como elas restringem nossa visão da realidade, como as visões predominantes que se desenvolveram a partir dos grandes ensinamentos nos afetam?

O Dr. Ledwith relata esta história:

> *Eles nunca pecaram; nunca erraram. Erraram, sim, em confrontos morais com a sociedade, mas essa é a adversidade deles, é por isso que estão aqui, para errar, aprender, pesquisar e usar a sabedoria disso para criar sonhos ainda maiores. Nós criamos tudo para isso. Todas as pessoas são pessoas divinas.*
>
> – Ramtha

Tive um incidente uma vez na Austrália, há alguns anos. Eu estava falando sobre a ideia de céu e inferno, e um jovem de mais ou menos vinte anos me disse:

— Sabe, isso foi muito interessante, mas, graças a Deus, graças a Deus, eu não sou religioso.

— É mesmo? — eu disse.

E ele respondeu:

— Sim, não sou religioso. Meus pais não tinham nenhuma crença, e eu cresci sem nenhuma crença.

E ele havia me dito no dia anterior que seu pai havia morrido quando ele tinha oito anos de idade, então eu disse:

— Se importa se eu perguntar, para onde disseram que seu pai foi quando morreu?

Ele disse:

— Bem, eles me disseram que ele foi para o céu.

Eu disse:

— Isso me parece muito com uma visão religiosa. E analisei as cerca de vinte coisas, você sabe, crença no certo e no errado, retribuição por boas e más ações etc., e em cada uma delas ele foi aprovado

> com louvor como uma pessoa com uma visão religiosa da realidade. Ele nunca esteve em uma igreja, sinagoga ou mesquita em sua vida, mas era uma pessoa religiosa.

De acordo com o Dr. Ledwith, o maior obstáculo à nossa evolução é a maneira como nossa cultura costuma ver Deus – como um Deus sentado em algum lugar

> registrando as pontuações em seu computador para saber se estamos agindo de acordo com seus desígnios ou ofendendo-o, como se diz, uma ideia absolutamente ultrajante. Como poderíamos ofender a Deus? Como isso pode ser tão importante para ele? Como isso poderia, acima de tudo, ser importante a ponto de ele considerar essa situação tão grave a ponto de nos condenar a uma eternidade de sofrimento? Essas são ideias bizarras.

E são ideias bizarras: que nesse vasto universo, onde há mais galáxias do que grãos de areia em todos os oceanos, que nessa vastidão, um grupo de pessoas – bem, *homens* na verdade – em um pequeno planeta obteve a franquia exclusiva para os arcos do portão perolado do céu. E todos os outros seres do universo passarão uma eternidade de sofrimento no inferno. É difícil imaginar uma ideia mais bizarra. E se esse é o tipo de Deus em que você acredita, você deve se perguntar: como isso afeta sua visão do mundo?

> *Portanto, acho que qualquer pessoa que esteja trilhando o caminho da iluminação será absolutamente impecável em tudo o que fizer. É por causa do medo da condenação? Não. Ou da punição de Deus, ou porque pequei e não recebi o perdão? Não, não, não. A pessoa iluminada verá que toda*

ação tem uma reação com a qual devo lidar e, se eu for sábio, não farei coisas que me levarão a ter que enfrentá-las, resolvê-las e equilibrá-las em minha alma mais tarde. Esse é o verdadeiro critério. Portanto, você não pode pecar contra Deus porque a presença divina está em todos nós, e estamos cumprindo o mandato divino em tudo o que fazemos. Logo descobriremos, devido à realidade ação-reação, que há algumas coisas que não me fazem evoluir, e teremos de aprender isso mais cedo ou mais tarde. Mas, você pode pecar contra Deus? Isso é impossível.

– Miceal Ledwith

No entanto, há centenas de milhões de pessoas que aprendem essas ideias de medo de fazer coisas erradas, medo da condenação e medo de viver. Como Ramtha observou: "É o único planeta da Via Láctea que é habitado e que está mergulhado em uma enorme subjugação da religião. Você sabe por que isso acontece? Porque as pessoas estabeleceram o certo e o errado".

Durante uma entrevista com uma jornalista depois que o *Quem somos nós?* foi lançado, eu estava falando sobre dogmas religiosos. Ela disse que eu parecia tão dogmático quanto as religiões sobre as quais eu estava falando. Ela era uma escritora que cobria o cenário religioso e tinha ouvido e visto muitas coisas maravilhosas relacionadas a essas religiões, e que eu estava abrindo mão do bom ao descartar o ruim. Isso me fez parar. Também me fez apreciar a dedicação de uma jornalista que busca a verdade.

– Will

Mas essa ideia de que, de alguma forma, o certo e o errado bagunçam o verdadeiro significado e a realização da evolução é, a princípio, difícil de aceitar. É correto assassinar alguém? Posso roubar do meu vizinho? Destruir uma cidade?[17] A razão pela qual esse é um conceito tão difícil de entender é porque ele é fundamentalmente uma maneira diferente de abordar a vida e a evolução.

O certo e o errado são baseados em um conjunto de regras. Essas regras evoluíram a partir de ensinamentos, valores culturais e conveniência política. Todas elas vêm de fora, de nossas crenças culturais. A evolução vem de dentro. Olhar para as decisões sob a perspectiva da evolução faz a suposição básica de que, no fundo, cada pessoa é basicamente divina. Isso é muito diferente da ideia de que nascemos pecadores ou seres miseráveis que precisam saber o que fazer porque somos nojentos por natureza. E assim, para manter esses animais humanos na linha, há a ameaça de uma eternidade de sofrimento.

"Pecadores nas mãos de um Deus irado" é o título de um famoso sermão de Jonathan Edwards, um dos primeiros pregadores puritanos dos Estados Unidos. Pode-se argumentar que, em determinados estágios da evolução, a raça humana precisou desse tipo de "orientação", assim como se diz a uma criança de três anos para não enfiar o garfo na tomada elétrica. Mas o que estamos sugerindo é que é hora de ir além de um sistema de valores baseado em julgamentos de certo/errado para um sistema de evolução pessoal. E, assim como a criança aprende sobre forças superiores – eletricidade –, a pessoa também aprende sobre as leis superiores do universo: "Não julgueis e não sereis julgados: não condeneis, e não sereis condenados; perdoai, e sereis perdoados" (Lucas 6:37). Ou, como já dissemos, sua atitude interior se refletirá na realidade exterior.

No decorrer do ano passado, enquanto viajava pelo mundo todo conversando com fãs e com a imprensa, tive uma per-

17. É claro que tudo isso é uma escala. Se uma pessoa faz qualquer uma dessas coisas, é "ruim"; se um país faz isso com um vizinho, é uma conquista justa.

cepção muito parecida com o entendimento de Will. Eu estava usando a ciência para fazer com que as religiões fundamentais estivessem erradas. Usando uma abordagem do tipo "o poder está certo", eu estava demonstrando a mesma atitude que vi em algumas tradições calvinistas. Ao mesmo tempo, eu esperava que essas tradições divergentes pudessem encontrar um ponto em comum. Talvez elas só encontrem um ponto em comum quando eu começar a fazer o mesmo. O fato de destruir qualquer ideia pressupõe que há apenas uma resposta correta. E a mecânica quântica mostrou claramente que não é assim. Essa tem sido a minha grande humildade.

– Mark

Jesus disse: "Quando vocês conhecerem a si mesmos, serão conhecidos e entenderão que são filhos do Pai vivo. Mas se não conhecerem a si mesmos, então viverão na pobreza e serão a pobreza".

– Evangelho de Tomé

Esse conceito de evolução baseado no aumento da sabedoria está muito mais próximo das quatro nobres verdades de Buda mencionadas antes: "A origem do sofrimento é o apego a coisas transitórias e sua ignorância". O sofrimento não é a consequência de desagradar a um Deus irado e ciumento; é simplesmente o resultado da ignorância – não saber. E, como tal, não é uma punição, mas um indicador, um empurrão, um sinal de trânsito no Caminho.

Salve-me de mim mesmo!

Um dos princípios básicos do cristianismo é a noção de que "Jesus vai me salvar". E, de fato, não tenho esperança de fazer isso sozinho, sendo um pecador nascido em pecado e ferrado desde o início. É difícil imaginar uma ideia mais desempoderadora.[18]

A ironia é que são justamente esses erros, decisões ignorantes, "pecados", que nos fazem evoluir para estados cada vez mais elevados. E se alguém sempre pode salvá-lo, então você nunca precisa assumir a responsabilidade por nada, o que é a mentalidade clássica de vítima. De fato, muitas dessas ideias têm a palavra *vítima* escrita por toda parte.

> Quando eu era jovem, íamos à igreja todos os domingos. O problema é que eu nunca sabia para qual igreja iria. Íamos a uma diferente a cada semana, sobretudo porque meu pai adorava ouvir a música. Eu sempre ficava impressionada com a semelhança de cada igreja em seus entendimentos – amor, bondade, unidade. Mas também ficava triste com a separação de todas elas. Eu perguntava ao meu pai: "Por que tantas igrejas diferentes?". Ele dizia: "Porque o homem tem o hábito de pensar que ele e apenas ele sabe o que é certo e errado, e aqueles que não concordam com ele estão errados!". Esperamos que um dia o homem aprenda que não existe "certo e errado"; existem apenas graus de entendimento que devem ser aceitos por você mesmo para evoluir.
>
> – Betsy

18. Se conseguir pensar em uma, talvez queira adicioná-la à seção do manual sobre como transformar magos em sapos.

J. Z. Knight coloca isso da seguinte forma:

> Agradar a Deus nos livra da obrigação de viver. Quero dizer, o próprio fato de que tivemos que deixar alguém morrer por nossos pecados é uma espécie de roubo, não acha? Quero dizer, acho que todos nós deveríamos ter tido o privilégio de viver nossos pecados e, em virtude da experiência, sermos enriquecidos com sabedoria por causa deles. E não vejo como podemos crescer e nos tornar seres extraordinários a menos que estejamos repletos da praga da experiência que é ruim e prejudicial e todas essas coisas, porque só então alcançamos a sabedoria que nos permite entender todo mundo.

A religião é ruim?

Está começando a parecer que a religião é a culpada – transformando-nos em ovelhas medrosas, esperando que o martelo do julgamento caia sobre nós. Além disso, há o infeliz histórico de guerras santas, caça às bruxas, queima de livros e sistemas de castas, para citar alguns. Não é exatamente o retrato da orientação divina. Mas seria um tanto hipócrita falar *mal* da religião depois de continuar falando sobre como o bem e o mal não existem.

Vejamos todas as atividades religiosas como um paradigma, ou como um borbulhar de consciência, que encontra sua expressão nas várias religiões. E com certeza há muitos dados para apoiar isso. Veja todas essas coisas "ruins": guerras, caça às bruxas, queima de livros, sistemas de castas – *todas* elas tiveram expressão frequente fora de qualquer igreja. Se os seres humanos quiserem entrar em guerra, encontrarão um motivo. Se as pessoas quiserem se sentir superiores às outras e donas do único caminho, encontrarão um paradigma que lhes dê essa identidade.

Durante algum tempo, algumas religiões podem ter tido uma verdadeira fonte divina, mas depois passaram a ser administradas e degeneradas por humanos. Assim, doutrinas como "pecado original", que nunca fez parte dos ensinamentos de Jesus, são acrescentadas. "Dar a outra face" se torna "matar os árabes na terra santa". Mas o mais importante é que a raiz desses desenvolvimentos não está nos ensinamentos, mas nos recessos da humanidade. A saída não é atacar as religiões, mas evoluir para a próxima geração, a próxima versão da humanidade. Não nos livramos das guerras ao nos livrarmos das igrejas ou dos governos, mas ao evoluirmos para além dos vícios que nos levam a fazer o que fazemos. O problema com as religiões é que elas pararam e se limitaram a dizer o que é a verdade. Para que o impulso religioso evolua para além dessa postura estagnada, ele precisa olhar para o outro lado da moeda – a ciência – e aprender o que tornou a ciência grandiosa. O que está faltando é a disposição de estar errado na busca de uma compreensão cada vez maior.

> *Acho que o ponto importante a ser entendido é que quando dizemos que Deus está dentro de nós, não estamos falando de nós mesmos como um recipiente dentro do qual Deus está encerrado. Sempre penso naquela velha imagem dos filmes de alienígenas com a criatura saindo do seu peito; Deus não é assim dentro de nós. Ele não está encerrado em nós. Portanto, quando dizemos que o Reino dos Céus está dentro de você, como disse Jesus, em vez de que Deus está dentro de você, estamos falando de uma identificação completa de nosso ser com a fonte divina que está na origem de tudo.*
>
> – Miceal Ledwith

A mudança acontece. Certamente há sinais por toda parte de como as imagens de Deus estão mudando. O "Grande Pai Branco" no trono do julgamento, embora muito popular na Idade Média, está sendo substituído por uma ideia menos humana e mais abstrata.

Diz Andrew Newberg:

> As pessoas meio que se afastaram de Deus, a pessoa, [para] ter uma concepção mais ampla e infinita. Deus, em alguns sentidos, permeando o mundo, mas também, em alguns sentidos, sendo além do próprio mundo. Portanto, não é que Deus seja o universo, por si só, mas que Deus emana por todo o universo, e isso incluiria todas as coisas, todas as partículas e todos os seres.

Isso incluiria a ideia de que Deus está dentro de nós.

Os sumérios viam Deus como seres que andavam pela Terra e interagiam com eles. A visão de Ed Mitchell, conforme discutimos anteriormente, era o oposto: "Em um momento, percebi que este universo é inteligente. A própria consciência é o que é fundamental". Os nativos americanos viam o espírito como algo que estava em toda parte e imbuído em tudo. Assim, eles conversavam com o espírito do vento, o espírito do búfalo.

Então, o que é Deus? O que é Espírito? O que é espiritual? O espiritual é apenas esse reino do qual a ciência foi expulsa há quatrocentos anos? Quando ele voltará?

Deus/Espírito/Matéria/Ciência

O divórcio já terminou? Qual é o acordo? *Esse* é um divórcio quântico? Quem fica com as igrejas e quem fica com os laboratórios? Quem traiu quem? Quem foi enganado? Quem é o culpado?

As religiões deram início a isso com ideias como a de um universo dualista com Deus lá em cima e nós, os peões, aqui embaixo. Em alguns aspectos, a Igreja tentou assumir o controle de todas as formas de esforço humano. Não apenas a ciência, mas também todas as artes. Até que a ciência provou que eles estavam errados – então, nesse ponto, a única solução foi dividir o bolo. Deus e companhia ficam com o espírito; a ciência fica com a matéria. E não é irônico que essa divisão tenha sido o que levou a ciência aos patamares em que se encontra hoje? Se observarmos as religiões orientais, elas nunca tiveram o dogma dualista, portanto a ciência nunca foi excomungada. No entanto, foi essa separação extrema do mundo espiritual que permitiu que a ciência ocidental descobrisse que a mente e a matéria são a mesma coisa.

O quê? Bem, se isso for verdade, então a separação entre ciência e espírito é artificial e não se baseia em nenhuma realidade. E quem traiu quem? Ninguém e todo mundo. Esses dois mundos são dois lados da mesma moeda, e essa moeda é a humanidade, girando através da realidade. Talvez esses dois ramos do pensamento humano tenham se separado apenas para que a ciência pudesse se concentrar na matéria, fazer descobertas e melhorar a qualidade de vida. Com certeza, o dogmatismo que é apontado com frequência na religião é igual ao do lado científico. É como as próprias formas religiosas variadas, um borbulhar do campo de consciência subjacente da humanidade. Como John Hagelin observou anteriormente: "Não cometa o erro de pensar que os cientistas são científicos. Eles são humanos como todo mundo".

O antigo paradigma

Jeffrey Satinover disse: "Há cientistas que são tão preconceituosos como seres humanos quanto qualquer outra pessoa. Existe o método científico, que é especificamente um método para minimizar a influência do preconceito". O Dr. Satinover vai ainda mais longe; a divisão entre ciência e espírito, segundo ele, afeta (ou talvez infecte) todos nós.

> A implicação da afirmação que surgiu durante o Iluminismo é que cada ação que um ser humano realiza, cada evento que ocorre na vida, pode ser explicado em princípio, em última análise, da mesma

forma que cada ação em um jogo de bilhar. No início, todas as bolas se chocam e começam a se mover, e cada movimento subsequente a esse não tem nenhum significado. Portanto, qualquer coisa que você faça em sua vida e que julgue ser proposital, intencional, significativa, todos esses pensamentos sobre intenção, propósito e significado, tudo isso é uma completa ilusão.

Assim, até mesmo as pessoas que não acreditam ou não entendem esse conceito foram total e completamente encharcadas, imersas e infectadas por ele, desde os dedos dos pés até o topo da cabeça. E assim, sem perceber – deixe-me exagerar um pouco essa proposição –, mesmo as pessoas que insistem em não acreditar nisso são totalmente crentes na visão mecanicista da vida. É impossível não ter sido infectado por ela. Ela domina tudo. E nos privou de quase qualquer senso vívido de que o mundo e o universo estão vivos. É como um veneno que se infiltrou em tudo. Até mesmo as pessoas que insistem em não acreditar são afetadas por ela.

Isso soa assustadoramente parecido com a afirmação do Dr. Ledwith de que a visão de mundo religiosa se infiltrou, e todos nós somos afetados por ela. E se ambas forem verdadeiras, isso significa que todos nós estamos vivendo uma visão de mundo esquizofrênica, um sistema de crenças desintegrado e despedaçado: que nossas ações sem sentido e sem propósito são julgadas por algum Deus e, embora não tenham sentido, nossa jornada de trabalho na eternidade depende delas.

E quem foi enganado nesse divórcio? Como sempre, as crianças. Enquanto os padres e os professores se enfrentavam, a humanidade ficou com uma história confusa e fragmentada do universo. E ambos os lados se empenharam e gritaram o quanto estavam certos.

Pergunte a dez pessoas se elas gostariam ou não de saber se existe uma base científica para a oração e a cura, os pensamentos e a telepatia, e você terá mais respostas afirmativas do que negativas. Ainda assim, a grande maioria do *establishment* científico não adotará o método científico e se dedicará a investigar esses domínios. Quem perde? Nós. Alguém poderia ter sido salvo se tivesse alguma garantia de que suas orações ajudaram, em vez de ser informado por "esses cientistas brilhantes" de que tudo isso era bobagem.

Chegaram dezenas de e-mails de pessoas que assistiram ao filme *Quem somos nós?* e que ficaram tão inspiradas pelo fato de cientistas inteligentes, com credenciais reais, estarem mencionando a palavra "Deus" e falando sobre essas coisas e, conforme relatado anteriormente, coisas incríveis aconteceram porque agora acreditavam que essas possibilidades eram reais.

O Dr. Radin acrescenta:

> Se elas forem reais, isso significa que a maior parte da ciência ignorou algo de profundo interesse e, provavelmente, de profunda importância. Porque sempre que a ciência ignora algo ou separa essa área do mundo, "não vamos analisar", isso significa que não estamos obtendo uma visão abrangente da realidade.

E agora?

Uhull! A humanidade está borbulhando mais uma vez, e dessa piscina saem cientistas que estão dedicando suas vidas a descobrir onde esses dois mundos aparentemente díspares se cruzam. Diz Andrew Newberg:

> Durante muito tempo, a ciência e a religião estiveram em desacordo uma com a outra, e as pessoas chegaram a ser bastante inflexíveis em relação a um lado ou a outro. O que tentamos fazer foi adotar um

tipo diferente de perspectiva sobre a questão, para descobrir como podemos de fato integrar as duas coisas, em vez de separá-las.

E acho que, quando analisamos a relação entre ciência e religião, as ciências neurológicas [são] uma das áreas mais ricas para explorarmos de fato como essas duas podem se unir, porque acho que elas podem se unir com muito sucesso, sem necessariamente diminuir a outra ou até mesmo serem combativas.

Portanto, meu objetivo final com o trabalho que realizamos é ajudar a criar um diálogo entre pessoas com orientação mais religiosa e pessoas com orientação mais científica e dizer: "Sabe de uma coisa? Podemos analisar essas questões de forma segura, de modo a preservar a ciência, mas, ao mesmo tempo, podemos ser respeitosos e preservar as implicações religiosas e espirituais da ciência, e encontrar uma maneira de unir essas duas coisas".

Foi muito importante que, há muito tempo, tenhamos tomado a decisão de separar o espírito da ciência. Assim, pudemos aprender a fazer ciência. Mas agora aprendemos e podemos assumir a tarefa mais rica de aprender a fazer ciência quando a consciência faz parte do experimento.

WILLIAM TILLER, PH.D.

Fred Alan Wolf acrescenta:

Não se trata de a ciência trazer a espiritualidade. É mais uma questão de expandir o círculo dentro do qual a ciência e a espiritualidade se encontram, de modo que o tipo de pergunta que podemos fazer possa ser analisado a partir dos diferentes pontos de vista que a ciência e a espiritualidade trazem. É importante perceber que o assunto, o "espaço interior", é digno de grande exploração. É importante perceber que as maneiras como exploramos o "espaço interior" podem não ser as mesmas como exploramos o "espaço exterior". Mas as maneiras como entendemos o espaço interno podem ser muito auxiliadas pelas maneiras como entendemos a natureza quântica do mundo físico.

A porta gira para os dois lados. A compreensão da natureza quântica das partículas pode ser muito auxiliada pela inclusão do estudo da consciência. Certamente, sempre que dois grandes ramos do esforço humano se unem, uma civilização nova é criada. A própria ciência está sempre buscando modelos cada vez melhores para descrever o misterioso universo.

De muitas maneiras, essa interseção entre Deus e a matéria, o espírito e a ciência, é resumida na resposta de Ramtha às grandes perguntas: "Por que estamos aqui? Qual é o nosso propósito?". Pois este é, de fato, o grito de guerra da ciência:

"Para tornar conhecido o desconhecido."

FAZENDO PERGUNTAS

Reflita um pouco sobre isto...

- Como o paradigma religioso afetou sua percepção da realidade?
- Como o seu paradigma é uma construção de suas crenças sobre o certo e o errado?
- O que é certo?
- O que é errado?
- Quem define o que é certo e errado? Você? A Igreja? Seus pais? Seu marido? Sua esposa? A ciência?
- Você vê seu paradigma se expandindo?
- Por que estamos aqui?
- Por que você está aqui?

UMA CARTA DE UM OBSERVADOR

Como supervisor musical, assisto a uma cena do filme centenas de vezes enquanto experimento várias músicas para ela. Trabalhar em *Quem somos nós?* assistir a essas cenas e às mensagens nelas contidas me motivou a lidar com o medo de água e de afogamento que sempre tive e a me tornar um triatleta.

Joe Dispenza explica em uma cena como, ao termos os mesmos pensamentos repetidamente, consolidamos conexões na rede neural do nosso cérebro. Esses pensamentos repetitivos fazem com que ajamos da mesma forma sempre. Joe explicou então que, ao mudarmos nossos pensamentos, podemos "quebrar" essa conexão neural e estabelecer uma nova conexão neural. Com essa mudança em nossos pensamentos e uma crença sincera de que nos tornaremos o que esses novos pensamentos descrevem, vem uma mudança na ação.

Decidi testar essa teoria. Eu tinha medo de água e de me afogar (eu não conseguia entrar em uma piscina de um metro e meio sem sentir esse medo), mas, além disso, um dos meus irmãos havia se afogado no oceano. Eu sabia que queria me tornar um nadador. Mas foi apenas quando me vi nadando, vi meus movimentos na piscina e acreditei honestamente e sem esforço que eu era aquele nadador, que comecei o trabalho que os nadadores fazem. A etapa final foi visualizar-me nadando cerca de um quilômetro e meio por dia no oceano. A partir de junho de 2004 e durante todo o ano passado, quando as condições permitiram, nadei uma média de cinco a seis quilômetros e meio no mar por semana, inclusive no inverno.

Você precisa *querer isso,* sim. Mas é quando você se vê sem esforço em uma situação e acredita honestamente que é aquela pessoa naquela situação, que você age como se já estivesse naquela situação.

– TIM

ENTRELAÇAMENTO

A natureza, ao que parece,
é composta de uma hierarquia
aninhada de sistemas coerentes e
conectados não localmente.

– Ervin Laszlo

Executamos os geradores e, com certeza, vimos um pico com probabilidade de mil para um.

– DEAN RADIN, EM RELAÇÃO AO EXPERIMENTO DE O. J. SIMPSON

Você se lembra do entrelaçamento? Foi a tentativa de Einstein de desacreditar a teoria quântica com a "ação assustadora a distância" – o fenômeno no qual duas partículas emaranhadas podem ser separadas em lados opostos do cosmos, e algo pode ser feito a uma, e a outra responde instantaneamente. Às vezes é chamado de "não local" porque a ideia de algo ser local significa que não está distante e, no entrelaçamento, parece não existir distância. Tudo se toca o tempo todo.

Erwin Schrödinger foi citado antes como tendo dito: "O entrelaçamento não é uma propriedade quântica; ele é *a* propriedade". Mas isso é física quântica – a física da matéria, da energia e das partículas. E quanto a outras áreas da experiência? Esse fenômeno é observado em sistemas biológicos, sociais ou globais? Ou a extrapolação para essas áreas é apenas uma ilusão dos filósofos da Nova Era?

De muitas maneiras, tais teorias, experimentos e debates estão no ponto zero do Novo Paradigma e, em essência, traçam a linha muito clara entre um universo morto e desconectado e um universo intrinsecamente vivo e interconectado.

Mentes emaranhadas

Não parece muito exagerado (para nós, pelo menos) pensar que as mentes se entrelaçam. As partículas o fazem, e as partículas são como informações, e a mente como matéria, e a matéria como mente, então por que as mentes não se entrelaçam? Embora os experimentos com partículas não provem que as mentes se entrelaçam, eles com certeza apontam para uma área de estudo atraente e que qualquer mente que esteja buscando uma teoria mais geral e inclusiva de tudo gostaria de investigar.

Pelo menos foi isso que o Dr. Radin pensou. *Mentes interligadas*[19] parecia responder a muitas anomalias que encontramos no mundo, então ele decidiu testá-la em um laboratório. Ele começou pedindo a duas pessoas que mantivessem a outra em mente durante todo o experimento. O Dr. Radin descobriu que pode envolver mentes pedindo às pessoas que mantenham outra em mente. Depois disso, as duas pessoas foram separadas e enviadas a dois lugares diferentes para que não houvesse comunicação física entre elas. Os cientistas conectaram as duas pessoas fisiologicamente e fizeram o equivalente científico ao que o Dr. Radin chama da seguinte maneira:

> cutuque uma delas e veja se a outra se retrai. E se você conseguir cutucar essa pessoa e ela se arrepiar como resultado, essa é uma forma de demonstrar que elas ainda estão interligadas, mesmo que não estejam mais no mesmo lugar... Esse tipo de experimento foi feito com muitos parâmetros fisiológicos diferentes.

Ele faz experimentos como usar uma lanterna para iluminar os olhos de uma pessoa e depois ver se o cérebro da outra pessoa, especificamente a parte posterior do cérebro, chamada de lobo expositor, registra uma mudança. Em experimentos como esse, realizados ao longo de duas décadas, ele descobriu que

> o brilho da luz no cérebro de uma pessoa produz uma resposta cerebral muito característica na pessoa que viu a luz... A pessoa que está sentada em uma sala escura sem fazer nada, o parceiro, seu cérebro não

19. *Mentes interligadas* é o título de seu livro sobre esse assunto. Os experimentos mencionados neste capítulo são abordados em grande profundidade nesse livro.

se ilumina da mesma forma porque não está sendo conduzido por informações sensoriais, mas ele muda; ele muda seu comportamento de uma maneira mais ou menos em sincronia com o que está acontecendo no lado emissor... De acordo com o modelo de *Mentes interligadas*, eles estão conectados o tempo todo: quando eu cutuco um, o outro se retrai; não é porque algo tenha viajado magicamente, mas porque cutucar um é como cutucar o outro, e é por isso que eles se retraem.

Acho que há muitas evidências que sugerem que uma "perturbação na força" é real; não é apenas uma metáfora, não é mitologia. Algumas pessoas podem senti-la melhor do que outras, mas sim, eu chamaria essa força de "coisa da mente interligada" [ou] quaisquer palavras que quisermos usar para ela.

– Dean Radin, Ph.D.

O Dr. Radin relata o incrível fenômeno desse acontecimento em termos de probabilidades:

Na pesquisa envolvendo mentes emaranhadas, a evidência é de cerca de mil para um contra o acaso para os tipos de conexões que vemos. Isso se baseia em uma metanálise. Em outros experimentos feitos sobre o fenômeno comum de ter a sensação ou o sentimento de estar sendo encarado, o número de acordo com o acaso subiu muito, muito acima de um trilhão para um.

Esse número enorme baseia-se na coleção de milhares de experimentos realizados durante décadas e combinados estatisticamente na metanálise do Dr. Radin.

Então, a PES (percepção extrassensorial) é algum tipo de ação assustadora? O Dr. Radin descobriu que, ao considerar toda a gama de fenômenos de PES como diferentes aplicações de emaranhamento, eles são colocados sob uma teoria unificada.

> Vamos supor que a experiência esteja emaranhada, então como ela se manifestaria? E podemos começar a analisar as maneiras pelas quais ela se manifestaria. Se houver uma conexão com outras mentes, podemos chamá-la de *telepatia*; se houver uma conexão com algum outro objeto em outro lugar, podemos chamá-la de *clarividência*; se houver uma conexão que transcenda o tempo, podemos chamá-la de *precognição*. Se houver uma conexão em que minha intenção é expressa em algum lugar do mundo, você pode chamá-la de *psicocinese* ou *cura a distância*. Assim, você pode fazer uma lista de talvez doze tipos de experiências psíquicas que receberam rótulos ao longo dos anos, como telepatia, mas isso é apenas a ponta do iceberg.

Qual é a profundidade do iceberg? Se houver algum tipo de fenômeno de emaranhamento não físico ocorrendo entre duas pessoas, o que implica que há algum tipo de espaço mental ou campo mental onde as interações ocorrem, deve haver efeitos agregados, ou efeitos que se estendem a centenas, milhares e milhões de mentes. Para verificar se isso é verdade ou não, o Dr. Radin e seus colegas inauguraram o Projeto de Consciência Global. Inspirados pelos resultados do julgamento de O. J. Simpson e pelo efeito sobre os geradores de eventos aleatórios (REGs), eles criaram uma rede mundial de REGs, que de modo contínuo enviam suas leituras para um servidor em Princeton.

Diz o Dr. Radin:

> Portanto, agora temos dados para dois tipos de eventos. Temos eventos planejados, como o Y2K. Também temos eventos espontâneos, como o 11 de setembro, que não foram planejados. Agora podemos

> analisar todos eles em termos do que aconteceu com essa aleatoriedade, essa medida física de aleatoriedade em todo o mundo, quando muitas mentes de repente se concentraram em algo, e o resumo disso é que – e agora temos centenas de eventos planejados e não planejados – está muito claro que, em geral, a aleatoriedade não é tão aleatória quanto deveria ser, segundo a teoria, quando esses eventos estão ocorrendo. Eventos de grande escala que atraem muita atenção criam certa coerência mental, que parece se refletir no que está acontecendo nos geradores aleatórios em todo o mundo.

Essa é uma notícia surpreendente. A teoria à qual o Dr. Radin faz alusão é a base da teoria quântica – a aleatoriedade dos eventos quânticos. No entanto, um foco coerente de milhões de mentes muda isso. E, assim como a descoberta da natureza quântica discreta das partículas abriu buracos nas suposições newtonianas, esse "fato feio" deve fazer o mesmo com a barreira mente/matéria que caracterizou o pensamento durante séculos. As implicações são maravilhosamente monstruosas!

Tudo emaranhado e complexidade

Psicologia, sociologia, biologia, economia, parapsicologia, medicina, política, ecologia, teoria dos sistemas, ética, moralidade, teologia – *todas* são revolucionadas pelo conceito de que algo não físico – a mente, a consciência – tem um efeito real sobre o físico (tornando a mente tão real quanto a matéria) *e* que mentes coerentes, mentes com o mesmo pensamento, agregam-se em algo que também é real. Real o suficiente para, de modo drástico, mudar o que as "leis" quânticas preveem.

É nesse ponto que nos deparamos com a Teoria dos Sistemas Complexos. Esse ramo relativamente novo da ciência analisa os sistemas complexos e como eles são construídos a partir de sistemas menores e menos complexos. Essa teoria baseia-se na noção de *loops* de *feedback* entre todos os diferentes níveis de complexidade. Em outras palavras, as estruturas menores afetam as grandes, e as grandes afetam as pequenas.

A HIERARQUIA DA CONSCIÊNCIA

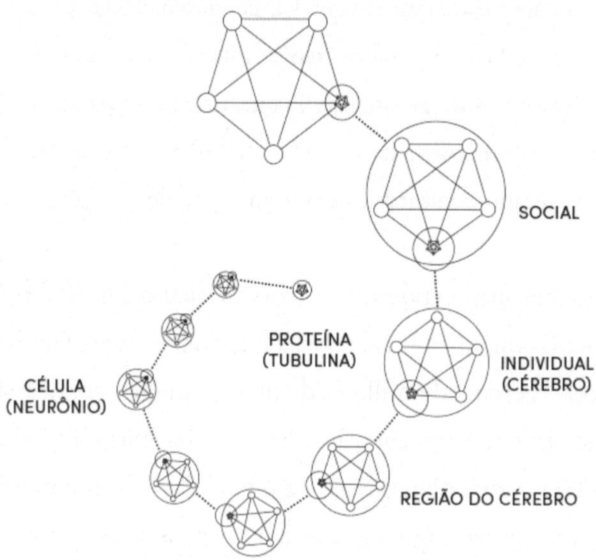

O diagrama foi extraído do livro do Dr. Satinover, *O cérebro quântico.*

O Dr. Satinover usou essa teoria na construção de sua teoria do cérebro quântico como "uma hierarquia aninhada de estruturas computacionais paralelas auto-organizáveis, caracterizada por caos, bifurcação, sensibilidade às condições iniciais, dinâmica de 'vidro giratório' etc.". No nível mais baixo estão os efeitos quânticos. Por causa da estrutura hierárquica aninhada, o *feedback* iterativo de estados inicialmente indeterminados, em vez de ser eliminado pela média, é, na verdade, amplificado para cima por meio das várias escalas e gera indeterminações em grande escala.

No entanto, o Dr. Satinover afirma que o modelo e, portanto, as indeterminações quânticas, continuam a se expandir de cérebros individuais para grupos, sociedades e até mesmo para o planeta. E que esse escalonamento não precisa levar em conta nenhum campo mental ou efeitos metafísicos para produzir uma forma de coerência no nível de toda a humanidade.

Na Teoria da Complexidade, existe o conceito de estruturas auto-organizáveis. Essa propriedade, às vezes chamada de propriedade emergente, surge à medida que o sistema evolui para uma complexidade maior. (Os materialistas usam esse conceito para explicar a consciência como emergente de redes neurais complexas.)

Em seu estado atual, a Teoria da Complexidade convencional não inclui o aspecto de mentes emaranhadas. No entanto, os dois estão próximos, pois abordam a questão de como as coisas podem se expandir e produzir algo maior do que a soma das partes. A grande diferença é que, com o entrelaçamento, o elemento do espírito, ou da mente, é incluído como um elemento de processamento real e, portanto, afeta o todo.

> Lembro-me constantemente da frase de Gandhi: "Seja a mudança que você quer ver no mundo". Para muitos, essa é uma ideia ilusória. A noção de que, de alguma forma, a *minha* mudança afetará o resto da realidade parece, bem... uma ideia doce. Mas quando se observa o trabalho que Radin, Sheldrake, Hagelin ou Laszlo estão fazendo, a declaração de Gandhi começa a fazer mais sentido. Por que deveríamos ser a mudança que queremos ver? Porque estamos entrelaçados com todos. Todo pensamento é importante. Quem somos "importa" para todos os outros. E se for assim tão simples?
>
> – MARK

Agora, vamos dar uma olhada em algumas áreas listadas anteriormente e ver como essas teorias são afetadas. Para nossa discussão, estamos aceitando os dados experimentais do Dr. Radin, que apontam para o entrelaçamento de mentes como uma característica básica da realidade. A seguir, uma breve visão geral de alguns dos interessantes desenvolvimentos científicos nesse sentido.

A combinação dessas ideias – mentes emaranhadas e Teoria da Complexidade – e a aplicação delas a disciplinas estabelecidas deve ser a fronteira científica mais empolgante da atualidade. Esperamos que isso abra seu apetite para se aprofundar no assunto. Para obter uma explicação completa, consulte diretamente os cientistas mencionados.

Psicologia

Carl Jung, um dos fundadores da psicologia moderna, postulou o "inconsciente coletivo". Foi desse inconsciente coletivo que surgiram certas ideias ou arquétipos (*lar*, *criança*, *Deus*, *herói*, *santo*), que acabaram entrando em nosso comportamento consciente. Jung observou como esses arquétipos parecem ser universais entre os seres humanos e dão origem a conceitos, sonhos e outros fenômenos semelhantes na psicologia humana. Muitas técnicas e terapias foram desenvolvidas com base nessa ideia e têm sido usadas com sucesso por terapeutas junguianos há décadas.

ANDREW NEWBERG, M.D.

É uma pergunta muito interessante sobre se temos pensamentos que podemos controlar completamente ou se um pensamento impuro surge em nossa mente... será que temos controle sobre ele? E isso deveria ser considerado imoral, pelo fato de ter acontecido? Portanto, há algumas questões éticas e morais fascinantes que surgem com esse tipo de pesquisa. Acho que precisamos explorar essas questões com mais detalhes.

O que a ideia de tudo emaranhado diz é que essa construção teórica tem uma base muito real na realidade. Não se trata apenas de uma ideia nebulosa e fofa para ajudar a lidar com a psicologia humana, mas que Jung deduziu e/ou intuiu algo sobre a estrutura do universo, e foram necessários quase cem anos para comprovar essa descoberta. Não é diferente de os físicos deduzirem a existência de quarks e, décadas depois, encontrarem essas partículas.

O que isso significa para você é que você é afetado pelo que todos os outros estão pensando, sentindo e vivenciando. Entrar em uma sala onde todos estão sacudindo suas espadas, ansiosos para entrar em guerra, afetará você, *e* você, ao entrar nessa sala, afetará os outros.

Sociologia

Consciência social não apenas descreve certo instinto de rebanho, mas que esse instinto de rebanho é tão real quanto o livro que você tem em mãos. E esses acordos sociais são criados por muitas mentes coerentes em torno de determinado assunto. O borbulhar de paradigmas discutido no último capítulo é outra expressão do efeito agregador de mentes coerentes.

John Hagelin vem buscando e estudando esses efeitos há anos. Ele fornece vários estudos estatísticos que mostram como pequenos grupos focados afetam a sociedade em geral:

> O efeito de transbordamento dessa elucidação individual mudará a sociedade ao redor com mais força do que se imagina. E essa é a pesquisa sobre a paz a que aludi com brevidade no filme, e tem havido mais pesquisas desde então para mostrar como grupos poderosos de indivíduos podem meditar coletivamente e estimular o campo unificador na fonte da mente e da matéria, criando ondas indomáveis de paz e unidade no mundo.

Biologia

Temos que nos curvar a uma mente maior que está transformando essa energia em modos de realidade que ainda não sonhamos em nossa vida e que só percebemos como caos, mas sua ordem é definitiva. Ela está acima de nós. É mais profunda.
– RAMTHA

Com a descoberta do DNA, o sonho de enfim entender como a vida é criada e mantida parecia estar ao alcance. O DNA era visto como o código de computador da vida e, uma vez decodificado, mostraria como a vida realmente funciona. Desde então, os cientistas descobriram que não há informações suficientes no DNA para descrever como criar um corpo a partir de um óvulo fertilizado.

Rupert Sheldrake é um biólogo que começou a investigar as anomalias dos sistemas biológicos. Em resposta, ele desenvolveu:

> A Hipótese da Causação Formativa, [que] afirma que as formas dos sistemas auto-organizados são moldadas por campos mórficos. Os campos mórficos organizam átomos, moléculas, cristais, organelas, células, tecidos, órgãos, organismos, sociedades, ecossistemas, sistemas planetários, sistemas solares, galáxias. Em outras palavras, eles organizam sistemas em todos os níveis de complexidade e são a base para a totalidade que observamos na natureza, que é mais do que a soma das partes.

Acho que quando duas pessoas estão conversando, elas podem estar se comunicando em dois níveis diferentes. Elas podem estar se comunicando em um nível clássico e também pode haver algum tipo de interação não local, devi-

do a algum tipo de emaranhamento quântico, coerência quântica entre as pessoas. Os cientistas políticos estão se interessando por isso agora para analisar as implicações das interações quânticas entre pessoas, sociedades e até mesmo governos e como isso afeta a política.

– STUART HAMEROFF, M.D.

Sheldrake investigou efeitos estranhos, como o fato de os animais de estimação parecerem saber quando seus donos estão voltando para casa e o senso comum de ser encarado. Sua teoria é muito ampla para ser discutida aqui, mas a declaração a seguir se aplica à abordagem do entrelaçamento de tudo:

> Em conversas com o falecido David Bohm, ficou claro que alguns dos fenômenos sobre os quais estou falando em termos de ressonância mórfica e causação formativa talvez pudessem ser explicados em termos de não localidade na física quântica. Outras discussões sobre a não localidade na física quântica me levaram a pensar que deve ser possível uma nova estrutura teórica dentro da qual a não localidade quântica e os campos mórficos possam ser integrados.
>
> Não creio que a física quântica das partículas subatômicas possa ser extrapolada diretamente para explicar os campos mórficos dos organismos vivos. Afinal, mesmo a física quântica existente é difícil de ser extrapolada para moléculas ou cristais complexos porque os cálculos são difíceis e complexos. No entanto, parece-me muito provável que a não localidade quântica e os tipos de efeitos de que estou falando tenham algum tipo de fonte ou origem comum.

O que isso está sugerindo é que os campos mórficos de Sheldrake são o fator crucial para decidir qual propriedade emergente realmente surge em sistemas complexos e que o campo mórfico é um campo de coerência com sua fonte em algo não físico – que é *real*.

Esses campos mórficos podem ser considerados como o projeto, ou modelo, que, quando aplicado à natureza aleatória dos eventos quânticos, transforma esses eventos em alguns de ordem superior. É como uma mão invisível que orienta qual propriedade, dentre as muitas possíveis, emerge no mundo físico.

Política

John Hagelin levou as repercussões sociais um passo adiante:

> Estabelecemos o que chamamos de Governo de Paz dos Estados Unidos, não para competir com o governo existente, que se preocupa principalmente com o gerenciamento de crises, mas um governo do povo projetado para evitar o surgimento de problemas por meio de uma educação que eleva a consciência coletiva e eleva o comportamento humano para estar mais em harmonia com a lei natural, promovendo soluções sustentáveis nas áreas de agricultura, energia, educação e prevenção de crimes.

Esse governo de paz não funcionaria se opondo ao governo existente, mas fazendo o que o Dr. Hagelin chama de "dar a volta por cima". Ao utilizar o conhecimento sobre os campos mórficos, o poder coletivo de mentes coerentes e implementar um sistema educacional baseado na elucidação, ele prevê uma mudança evolutiva na forma como o mundo é governado. Com certeza, se a hipótese das mentes interligadas estiver correta, haverá uma infinidade de aplicações para aqueles que entendem as implicações.

Se eu estiver sempre conectada ou emaranhada, como saberei disso? Há algo lá que eu deveria estar ouvindo? Isso me guiará para onde quero ou preciso ir? Comecei a perceber que são as sutilezas tão pequenas (mal as percebo); elas são, na verdade, as grandes pistas. Trata-se de ser observador o suficiente para vê-las nas coisas cotidianas. É assim que sei que estou conectada. Hoje, minha filha pegou uma foto da minha amiga e do bebê dela na minha geladeira e começou a tagarelar com eles. Momentos depois, o telefone tocou e, com certeza, era minha amiga.

– Betsy

Ecologia

Uma das primeiras teorias, que analisava uma abordagem holística dos fenômenos físicos, é a Teoria Gaia. No início dos anos 1960, James Lovelock estava trabalhando para a NASA em sua busca por vida em Marte. Como resultado, ele começou a analisar o que constitui a vida na Terra. Ele começou a perceber que tudo no ambiente da Terra estava inter-relacionado e, de fato, regulado por fatores inorgânicos e orgânicos. O Dr. Lovelock se lembra:

> Para mim, a revelação pessoal de Gaia veio de repente – como um lampejo de iluminação... Eu estava conversando com uma colega, Dian Hitchcock, sobre um artigo que estávamos preparando... Foi nesse momento que vislumbrei Gaia. Tive um pensamento impressionante. A atmosfera da Terra era uma mistura extraordinária e instável de gases, mas eu sabia que sua composição era constante durante longos períodos. Será que a vida na Terra não apenas criou a atmosfera, mas também a regulou, mantendo-a em uma composição constante e em um nível favorável aos organismos?

ERVIN LASZLO, PH.D.

A matéria e a mente evoluíram a partir de um útero cósmico comum: o campo de energia do vácuo quântico. A interação de nossa mente e consciência com o vácuo quântico nos conecta com outras mentes ao nosso redor, bem como com a biosfera do planeta. Ela "abre" nossa mente para a sociedade, a natureza e o universo.

A ideia atual do planeta como um grande ser vivo, com rios para circulação, por exemplo, é um pensamento comum e estimulou grande parte do interesse em ecologia. Mas Lovelock e os proponentes da teoria receberam críticas de que estavam insinuando que havia um propósito por trás da regulação da natureza:

> A teleologia, da palavra grega *telos* (propósito), afirma que há um elemento de propósito ou projeto por trás do funcionamento da natureza. Ela faz parte de um debate muito antigo entre os mecanicistas, que acreditam que a natureza se comporta essencialmente como uma máquina, e os vitalistas, que acreditam que existe uma força vital não causal. Os críticos achavam que Lovelock estava dizendo que o planeta tinha uma força vital, que controlava ativamente o clima e assim por diante. Entretanto, essa não era a intenção de Lovelock. Ele afirmou que "Nem Lynn Margulis nem eu jamais propusemos que a autorregulação planetária seja proposital... No entanto, recebemos críticas persistentes, quase dogmáticas, de que nossa hipótese é teleológica".

Parece que esse debate vem se arrastando há algum tempo. A teoria das mentes interligadas encerra a discussão dizendo que a força vital é o campo mórfico, que é um agregado de mentes grandes e pequenas sobre a viabilidade da própria vida. Ela diz que a vida não é feita apenas de mutações aleatórias, mas emerge de uma fonte não física em constante evolução. A consciência criando a realidade.

A Hipótese da Conectividade

O escopo das implicações desse novo modelo é quase ilimitado. Embora tenhamos passado por alguns corolários, o escopo das mudanças no pensamento existente é mais abrangente do que qualquer descoberta científica anterior. Não se trata de uma mudança de paradigma, mas sim de um colapso do paradigma – com o paradigma como uma fênix. Queimado até as cinzas e ressurgindo, ou emergindo, de novo.

E o escopo disso não passou despercebido na comunidade científica. Campos de interesse divergentes, como biologia, física e sociologia, estão pela primeira vez trocando ideias que fazem essas ciências avançarem. O sonho de muitos cientistas é chegar a uma teoria abrangente de tudo. O Dr. Ervin Laszlo afirma: "O pronunciamento de Einstein, 'estamos buscando o esquema de pensamento mais simples possível que possa unir os fatos observados', é a aspiração e a inspiração da Hipótese da Conectividade".

O Dr. Laszlo é amplamente considerado como o fundador da filosofia sistêmica e da teoria geral da evolução. Sua Hipótese da Conectividade é uma teoria unificada e concisa que reúne muitas das descobertas que abordamos e as coloca em uma estrutura conceitual que forma os "Fundamentos de uma Ciência Integral do Quantum, do Cosmos, da Vida e da Consciência".

Em seus livros, o Dr. Laszlo discute anomalias dos mundos da medicina, da biologia, da parapsicologia e da física e apresenta um formalismo matemático que torna o teste de sua hipótese experimentalmente prático. Um dos pilares dessa teoria é o papel da informação, ou, como ele diz, da in-formação:

> A presença da in-formação na natureza é um princípio fundamental da Hipótese da Conectividade. A hipótese se baseia em três leis de in-formação como um elemento fisicamente ativo no universo:
>
> 1. as partículas alteradas e os sistemas constituídos de partículas carregadas criam informações fisicamente ativas;
> 2. a informação é conservada;
> 3. as informações criadas e conservadas retornam para [ou in-formam] partículas carregadas e sistemas de partículas.
>
> A hipótese da conectividade mostra que o *feedback* de informações ativas, que ocorre no modo holográfico, gera coerência entre as partículas e os sistemas de partículas que o criaram.

Esses sistemas de partículas podem ser elétrons, fótons e moléculas ou células, seres humanos e civilizações. E a informação que os forma é tão fisicamente real quanto essas partículas: mente como matéria. Com isso, o Dr. Laszlo deu um formalismo científico a conceitos tão diversos como inconsciente coletivo, campos mórficos e entrelaçamento – tanto de partículas quanto de mentes.

O Dr. Laszlo conclui seu livro com a seguinte declaração provocativa sobre o que a hipótese aponta e a resposta para "Por que estamos aqui?" na grande escala cósmica:

> A evolução do metaverso por meio da evolução cíclica dos universos conduz à plena realização dos potenciais evolutivos codificados no plenum cósmico primordial[20] – à coerência completa de todas as coisas que existem no espaço e no tempo. Isso marca a plena realização da criatividade divina: a coerência máxima na mente de Deus.

Coerência máxima

E quanto à coerência máxima em nossas mentes? É isso que buscamos de modo inconsciente? É por isso que gravitamos em torno de mil vozes cantando ou por que um belo arco-íris com um ente querido é muito melhor do que vê-lo sozinho?

Houve momentos neste planeta em que a humanidade se uniu para um bem maior, e o sentimento de boa vontade gerado foi avassalador. O Dr. Emoto, que tem visitado todo o mundo criando coerência em torno do conceito de água, fez esta observação sobre a crise da *Apollo 13*:

> Naquela época, devido à disseminação da TV, muitas pessoas no mundo, inclusive eu, rezaram pelo retorno seguro dos três astronautas. E isso valeu até mesmo para muçulmanos, cristãos, budistas, judeus, não importava a religião, a raça ou a etnia da pessoa. É por isso que acredito que esse milagre ocorreu.

PARA CIMA E PARA BAIXO NO DILEMA

E o que isso proporciona é um mecanismo pelo qual a mente, ou a consciência, cria estruturas ou realidade a partir de partes menores – a consciência criando a realidade. E se as mentes também são elementos em um sistema complexo, elas dão ori-

20. O plenum cósmico, de acordo com o Dr. Laszlo, é o "enganosamente denominado vácuo quântico".

> gem a mentes maiores que têm propriedades, propriedades divinas, que emergem do caos da complexidade, que escalam todo o caminho de volta para – Deus? Ponto Zero? O Vazio? O que, devido à estrutura de *feedback* desses sistemas, molda nossa realidade "aqui embaixo". Que, devido ao sistema de *feedback*, alimenta a realidade "lá em cima"... Até onde você quer ir?
>
> – Will

Diante do desastre do tsunâmi do Natal de 2004, ocorreu uma consciência de massa semelhante. O Dr. Emoto continua:

> Quando as pessoas do mundo todo viram as imagens da destruição que matou mais de duzentas mil pessoas, acho que perceberam que isso poderia ter acontecido com elas mesmas. Elas puderam pensar nesse incidente em uma perspectiva mais pessoal. Em meus dez anos de pesquisa, tenho enviado visualmente a mensagem às pessoas de todo o mundo de que as orações e os pensamentos das pessoas podem afetar a realidade, não importa onde estejam. Como essa ideia já havia sido aceita por muitos no mundo, as pessoas provavelmente pensaram: "Ah, então é assim que funciona. Se tentarmos, nossa energia pode chegar lá. Então, todos nós devemos orar". E essa é a razão pela qual não há grandes surtos de doenças infecciosas como resultado do desastre do tsunâmi. Com a repetição de ações semelhantes, as pessoas podem começar a recuperar a fé nas orações.
>
> Portanto, em outras palavras, pode haver mais desastres, sejam eles naturais ou provocados pelo homem, que causariam mais vítimas ao longo do caminho, mas, por meio dessas experiências, mais pessoas poderão perceber que esses problemas são seus, que todos são responsáveis também.

Estamos todos conectados. Estamos emaranhados; se você quiser chamar isso de entrelaçamento quântico, tudo bem. Mas estamos emaranhados. E não há separação real entre nós, de modo que o que fazemos a outro, fazemos a um aspecto de nós mesmos. Nenhum de nós é inocente nesse aspecto. Há algo lá fora que não nos agrada; não podemos dar as costas a isso porque somos cocriadores, de uma forma ou de outra. E temos de fazer as coisas certas para tentar obter o futuro que seja melhor para todos nós. Essa é a nossa responsabilidade como cocriadores. E nesse processo, quer nos tornemos políticos, quer nos tornemos teólogos, quer nos tornemos cientistas ou médicos, ou o que quer que seja, todos nós podemos contribuir para a vida e elevá-la ao máximo de nossa capacidade e fazer as coisas que achamos que são as melhores a serem feitas. Isso exige que pensemos sobre as coisas. Refletimos e agimos, reconhecendo que todos os outros são nossos irmãos e irmãs, e que se trata de um assunto de família. É isso.

– William Tiller, Ph.D.

Não sei quanto a vocês, mas nas poucas vezes em que a humanidade agiu globalmente para ajudar a humanidade, os sentimentos e efeitos foram literalmente de outro mundo. Ou melhor, fora do mundo "mais para mim, o meu é melhor do que o seu", e em um mundo feliz de coerência global-Gaia. Sabemos que a coerência faz alguma coisa. De alguma forma, ela influencia eventos quânticos aleatórios.

A intenção coerente faz algo ainda maior, para usar as palavras do Dr. Laszlo: "Ela marca a realização plena da criatividade divina".

FAZENDO PERGUNTAS

Reflita um pouco sobre isto...

- Como a hipótese de mentes emaranhadas/conectividade mudaria as seguintes áreas de estudo?

    » Economia
    » Parapsicologia
    » Medicina
    » Política
    » Ética
    » Teologia
    » Educação

- Como seria esse mundo?

A SUPERPOSIÇÃO FINAL

Estou agora fazendo uma lista de pessoas famosas que afirmaram que algo era a palavra final, e não consigo pensar em uma única que não tenha sido refutada.

– Jeffrey Satinover

Há uma superposição de várias possibilidades que, depois de algum tempo, se resumem a uma ou outra, de modo que você escolhe fazer isso ou aquilo.

– STUART HAMEROFF

Para que não acabemos na lista do Dr. Satinover, vamos dizer desde o início que este capítulo não será uma palavra final sobre como administrar *sua* vida, ou o que *você* precisa fazer, desistir, deixar de fazer ou criar. Como se pudéssemos saber, sentados aqui digitando em um computador, que coisa, lugar ou evento crucial transformará sua vida e tornará gloriosa sua viagem pelo universo. Muitas vezes as pessoas parecem pensar que existe uma fórmula secreta, que se ao menos lhes fosse contada, tudo seria maravilhoso. Se ao menos pudessem ter cinco minutos a sós com Donald Trump, seus negócios iriam de vento em popa.

Todos os conceitos da física teórica, os conceitos da física quântica, tudo isso é fabuloso e maravilhoso. Mas, no final das contas, será que isso nos dá uma maneira melhor de mudar nossa mente?

– J. Z. KNIGHT

Então, por que estamos escrevendo sobre todas essas ideias, experimentos, conceitos, metodologias e formas de ver o mundo? Pense nisso como carregar o cinto de ferramentas. E temos alguns equipamentos *pesados*.

Muitos dos conceitos sobre os quais estamos falando têm sido debatidos, discutidos e argumentados pelas melhores mentes e espíritos do planeta há milhares e milhares de anos. Portanto, no reino da mente (que é real, afinal de contas), nos juntamos a muitos seres incríveis. Você pode se perguntar: "Como podemos esperar desvendar o que esses gênios não conseguiram?". Bem, eles devem ter pensado o mesmo, mas se lançaram no desconhecido mesmo assim. E, no final, as respostas para "O que é a realidade?", "Quem sou eu?", "Eu crio a realidade?", "O que é matéria?", "Como posso me tornar iluminado?" e "Em que paradigma estou preso?" são intensamente pessoais. Temos que respondê-las por nós mesmos.

Certo, mas outra pergunta de imediato vem à mente: por que se preocupar com essas ideias "grandiosas" quando você odeia seu trajeto para o trabalho? Por que se perguntar o que é a realidade, se você está "preso" à sua? Perguntaram a Dean Radin por que ele se interessa por filosofia e pensamento abstrato:

> Porque isso vai ao encontro da essência das suposições de quem e do que você pensa que é. Portanto, se pensarmos que estamos vivendo em determinado tipo de mundo, nos comportaremos de determinada maneira. Se pensarmos que estamos vivendo em um mundo em que os seres humanos são uma espécie de máquina, somos como robôs andando por aí, e pode ou não haver algo realmente acontecendo, então questões como moral e ética e como vivemos nossas vidas e o que pensamos sobre a morte e a vida serão muito diferentes do que se pensarmos que o mundo é interconectado e vivo.

Bem, a ciência cria as histórias pelas quais vivemos, e a ciência tem nos contado uma história muito sombria nos últimos cem, quatrocentos anos. Ela nos disse que somos uma espécie de erro genético. Que temos genes que nos usam, basicamente, para passar para a próxima geração e que sofremos mutações aleatórias. Dizem que estamos fora de nosso universo; que estamos sozinhos, que estamos separados. E que somos uma espécie de erro solitá-

rio, em um planeta solitário, em um universo solitário. E isso informa nossa visão do mundo. Ela forma nossa visão de nós mesmos, e agora estamos percebendo que essa visão, essa visão de separação, é uma das coisas mais destrutivas. É o que cria tudo: todos os problemas do mundo, as guerras, as visões de que eu preciso mais do que você, a agressividade em tudo, desde os negócios até a sala de aula. E agora estamos percebendo que esse paradigma está errado. Que não estamos separados, que não estamos sozinhos. Estamos todos juntos. Que no elemento mais profundo de nosso ser, somos um; estamos conectados. Portanto, estamos tentando entender e absorver quais são as implicações disso.

– LYNNE MCTAGGART

Por que se preocupar com a ciência?

Um dos primeiros motivos remete diretamente àquilo em que a ciência se baseia: o método científico. Como o que percebemos é baseado no que sabemos e no que acreditamos, parece difícil obter uma imagem verdadeira de como as coisas são. O método científico é uma abordagem revolucionária da realidade; na medida do possível, ele remove os preconceitos do observador e, assim, obtém uma imagem mais verdadeira da realidade. O motivo pelo qual isso é importante pode ser visto ao refletirmos sobre a Idade Média, onde a concepção era: o mundo é plano e há uma borda da qual se pode cair. Essa não era a base para uma era de exploração. Portanto, as pessoas, em geral, ficavam na fazenda, na cidade ou no feudo.

Em outras palavras, nossa compreensão da realidade limita nossas opções. A grande vantagem da ciência e de seu método é que ela tem a capacidade de dizer: "O que eu achava que era a realidade era apenas uma aproximação – agora tenho uma melhor". Pense no tipo de ferramenta *que* existe no cinturão antigo.

Não que a ciência seja a única maneira de abordar a vida. Há arte, beleza, inspiração e revelação. No entanto, pense em todas as vezes em que você não fez algo porque poderia estar errado ou falhar. Na ciência, não existe experimento fracassado. Esse experimento foi bem-sucedido – ele lhe disse que a realidade não funciona dessa forma. Por que se preocupar com a ciência? Perguntamos a John Hagelin:

> Quero enfatizar que tudo o que estou falando aqui realmente representa uma base sólida de física matemática com consequências previsíveis que podem ser testadas em um laboratório e, mais importante, aplicadas para o benefício da sociedade. Trata-se de uma descoberta de extrema importância: a descoberta do campo unificado. A descoberta do campo unificado é linda, mas o mais importante é que a descoberta do campo unificado logo transformará a civilização, afastando-a do mundo fragmentado de hoje, que é atravessado por fronteiras políticas arbitrárias que separam a humanidade da humanidade.
>
> Um mundo fragmentado reflete uma compreensão fragmentada do universo. Agora, com o surgimento da compreensão fundamental da unidade na base da diversidade da vida, não demorará muito para que este mundo politicamente dividido e com as cores do arco-íris se torne um país global, um país global de paz. E que vamos conseguir isso em nossa geração.

Em termos simples, a ciência nos diz o que é possível. As pessoas tendem a não se aventurar naquilo que acreditam ser impossível. Mas o que é impossível? A teoria quântica diz que é possível, no próximo instante, que você, seu corpo e a cadeira em que você está, sem nenhuma razão aparente, estejam do outro lado do universo. A probabilidade é de dez elevado a menos um bilhão, mas não é zero.

Por isso, Candace Pert diz: "O corpo sempre quer se curar. Há um banco de dados de remissões espontâneas e recuperações espontâneas, sobretudo de câncer, e o interessante para mim é que isso é com frequência acompanhado por uma súbita liberação de emoções". Então, alguém lê o texto, libera algo e é curado.

> *Qual é a definição de milagre? Algo que acontece fora do convencional, fora da caixa do que é socialmente aceitável, cientificamente aceitável, religiosamente aceitável. E bem fora da caixa é onde existe o potencial humano. Como chegamos lá? Temos que superar os estados emocionais em que vivemos todos os dias. Nossa dúvida pessoal. Nossa indignidade. Nossa letargia e fadiga. Nossas vozes que dizem que não somos bons o suficiente ou que isso é impossível.*
>
> – Joe Dispenza

Por que se preocupar com a mudança?

De fato. É uma dor de cabeça. Tudo e todos começam a gritar. Chefes, amantes, pais, até mesmo suas células estão lutando por essa boa e velha sensação. Tire o cinto de ferramentas e vá para um sofá confortável. Ou não. Diz o Dr. Joe Dispenza:

> As pessoas têm que fazer essa escolha por si mesmas. A maioria das pessoas está feliz com sua vida do jeito que está. A maioria das pessoas está feliz em assistir à televisão e ter um emprego em horário comercial. Não quero dizer que elas estejam felizes com isso, mas estão hipnotizadas a pensar que isso é normal. A pessoa que tem outro impulso dentro de si e que está claramente interessada em outra coisa, tudo o que precisa é de um pouco de conhecimento e, se aceitar esse conhecimento como uma possibilidade e se abraçar esse conhecimento de

modo repetido, mais cedo ou mais tarde, começará a aplicá-lo.

Para algumas pessoas, isso pode levar cinco minutos e, para outras, dar o primeiro passo pode exigir um esforço enorme, porque elas têm de pesar esse primeiro passo contra tudo o que sabem, e tudo o que sabem está ligado à maneira como sua vida está atualmente, todos os seus acordos, todos os seus relacionamentos. E dar o primeiro passo significa que ela precisa avaliar como será dar esse passo em relação ao que sabe, e há uma batalha entre esses dois elementos. Mas quando nos damos permissão para sair da caixa, há uma sensação definitiva de alívio e de alegria.

Como podemos dizer que vivemos plenamente todos os dias experimentando as mesmas emoções às quais somos viciados todos os dias? O que estamos dizendo, na verdade, é que tenho de reconfirmar quem sou, e minha personalidade é: tenho de fazer isso, tenho de ir ali, tenho de ser aquilo. Um mestre é bem diferente. É aquele que vê o dia como uma oportunidade no tempo para criar caminhos de realidade e emoções que não nasceram, de realidades que não nasceram, de modo que o dia se torna uma fertilização de infinitos amanhãs.

– Ramtha

Portanto, de acordo com o Dr. Dispenza, do outro lado de "outro impulso" está um "senso definitivo de alegria". É mesmo? A esta altura, poderíamos começar a falar sobre todos os motivos, sobre evolução e sobre tornar conhecido o desconhecido, mas foi isso que fizemos ao longo do livro.

Além disso, *o que diabos nós sabemos*, afinal? Obviamente, o Dr. Dispenza acha que isso é verdade, mas eu não sou assim, e você não é assim. A verdadeira pergunta é: *O que diabos você sabe?*

De fato.

A resposta curta para isso é: experimente. Teste. Teste tudo. Lembre-se de que as respostas são intensamente pessoais, e é por isso que não estamos lhe dando o livro de receitas quânticas sobre como preparar uma vida maravilhosa. A boa e a má notícia é que só você sabe.

Porém, quando o processo de experimentar sua vida for iniciado, todas as informações que analisamos e todo o conhecimento sobre criação, emoções e vícios, sobre escolhas, mudanças, intenção e memória associativa entrarão em ação. Os paradigmas e as redes neurais que limitam seus graus de liberdade saltarão na sua cara. As crenças que restringem seu espírito imortal gritarão em seu ouvido. Será um caos, um caos. Epa, você estará vivo.

A iluminação é nosso direito de nascença. Estamos programados para isso. É o que o cérebro humano foi projetado para experimentar.
– John Hagelin

O colapso final

O colapso final da superposição final é você. Todas essas possibilidades: mudar ou não mudar? Mudar para o quê? Possuir, aposentar ou colapsar qual padrão emocional em sabedoria? Que crença colocar à prova e descobrir o que é real? Todas essas possibilidades estão lá fora, aguardando uma escolha. Diz Miceal Ledwith:

> Qual é a diferença entre crença e conhecimento? Bem, eu acredito em algo com base na autoridade de outra pessoa ou coisa. Tenho conhecimento quando vivencio essa coisa pessoalmente e, se eu, por exemplo, andasse sobre a água, teria conhecimento de que isso é possível e nunca mais poderia duvidar disso. Mas se eu acreditar apenas na palavra de outra pessoa, bem, então é apenas uma filosofia, uma abstração, e uma grande necessidade na evolução é transformar a crença

> em conhecimento ou em experiência ou em sabedoria. Converter o conhecimento em sabedoria que é experimentada é a grande jornada do desenvolvimento espiritual.

E, aparentemente, estamos equipados para fazer essa jornada. O Dr. Dispenza acrescenta:

> O cérebro é, na verdade, um laboratório e, por nosso projeto e nossa vontade, ele age como um laboratório para pegar conceitos, ideias e modelos e perguntar o que acontece, as possibilidades, os potenciais e contemplar projetos ou ideais que estão fora das caixas do nosso entendimento atual, para chegar a um novo entendimento ou a uma caixa ampliada.

Como disseram em *Os caça-fantasmas*: "Nós temos as ferramentas; nós temos o talento".

E você deve se perguntar: por que temos essas ferramentas? Esses talentos? Ou é um acidente da natureza ou é por isso que estamos aqui. É uma coisa ou outra. Obviamente, a tônica deste livro foi o lado "é por isso que estamos aqui". Todas as criações da humanidade surgem das habilidades, dos potenciais humanos, que possuímos. E nós os temos por uma razão, que estamos todos em processo de descobrir.

Temos um cérebro incrível – a estrutura mais complexa do universo conhecido – que pode se reconectar e o faz para maximizar continuamente o que você deseja experimentar. Em seguida, o cérebro se reconecta em resposta a essa nova experiência – tudo sob seu controle. Depois, há o corpo: autocura, autorreplicação e, convenhamos, uma coisa linda. E a mente, que tem a capacidade de se aprofundar nos menores cantos do espaço e do tempo e, em seguida, ficar enorme e contemplar o Big Bang. E além.

E no interior. A consciência explora a consciência e apresenta ideias malucas como: o mundo é vazio; tudo o que percebemos é uma ilusão – e, fundamentalmente, estamos todos conectados – somos um só. Os exploradores do invisível, os iluminados, vêm relatando isso há milênios e eis que, dos mínimos cantos do espaço e do tempo e das sondagens no funcionamento do cérebro, surge a mensagem: "Sim, é isso que existe".

O cinturão de ferramentas está ficando muito cheio. Sempre tivemos as ferramentas para a transformação; tudo o que está faltando é apertar o botão "ir". Se estivermos sem conhecimento, nós o encontraremos; se estiver faltando uma experiência, nós a criaremos.

Cada vez mais alto, e assim por diante. Lembra-se daquelas caixas chinesas aninhadas? Como as propriedades surgem à medida que ascendemos a níveis mais altos e mais integrados? Que propriedades, que talentos, que realidades surgirão disso? O que podemos e vamos nos tornar? Existe um limite? Como encontro as respostas para minhas perguntas?

Assim, terminamos como começamos – com perguntas.

Nossas últimas palavras são: "Por quê? Como? O quê?".

As palavras de exploradores, aventureiros divinos.

Portanto, é claro, o colapso final da superposição final torna-se as condições iniciais da nova superposição. Isso é conversa de nerd: as mudanças nunca terminam.

Graças a Deus.

EPÍLOGO: UM BANQUETE QUÂNTICO

A questão é: o que Deus está fazendo para criar um universo? Esse é o truque, e esse é o truque para o qual os físicos tentam encontrar uma resposta, e meu interesse sempre foi a mágica como uma forma de abordar o que eu achava ser algo bastante milagroso. Sobretudo, por que estamos aqui? O que está acontecendo? Mesmo quando criança, eu costumava me fazer essas perguntas. Então, o que descobri, ao responder à pergunta de como esse truque é feito, esse truque que chamamos de universo, é que a mente ou a consciência não pode ser separada da matéria. Que a matéria e a mente estão muito mais intimamente ligadas do que se pensava antes.

– FRED ALAN WOLF, PH.D.

Era uma era de magia, quando a magia pairava pesadamente no ar. As árvores cantavam o canto dos pássaros que contavam histórias de poder. Os vales encantados guardavam segredos que, com uma palavra adequada, faziam o ouro brilhar do nada. A magia estava em toda parte. E eu estava lá. Imerso nas lascas cintilantes da criação que eu chamava de real.

No início, era apenas um farfalhar à distância. As árvores balançando os pés e as folhas respirando um ar precioso. Em seguida, o clop-clop, enquanto os cavalos percorriam seu caminho de paralelepípedos para sair da velha Viena. Logo surgiu uma carruagem, depois outra; os convidados estavam chegando! Médicos, físicos, místicos, artistas, todos magos. Estavam aqui para terminar seu livro e talvez começar outro. Para comer, beber, festejar e brindar às aventuras conquistadas no passado e às aventuras do outro lado do amanhã.

Dentro do castelo, Sir Mortimer of the Cups, há muito tempo nomeado pelos deuses, corria em prontidão. Embora as grandes festas fossem muitas, ele sabia que essa era especial e o prenúncio de muitas, muitas outras. "Algo no ar esta noite", ele cantarolou para si mesmo. Ele considerava impossível a perfeição no aspecto físico, mas, ainda assim, sempre se esforçava para isso.

O salão havia sido decorado em verde-floresta, e o cheiro de zimbro era inebriante. Todos haviam trabalhado diligentemente na preparação para o Grande Banquete. Dos convidados em seus estudos e laboratórios silenciosos, investigando os segredos da vida, aos poetas e mágicos sempre em busca da musa, aos Cozinheiros Quânticos que estavam produzindo coisas na cozinha que não tinham precursor ou sucessor. Um lampejo de genialidade para deleitar os sentidos e estimular uma ótima conversa.

Pois essa conversa era o prato principal do salão principal para a noite. E, como estava gravado no arco de pedra do grande salão:

Grandes mentes falam sobre ideias.
Mentes medianas falam sobre eventos.
Mentes pequenas falam sobre pessoas.

Mas não haveria fofocas sobre as pessoas nessa noite. Todos estavam ansiosos pelo intercâmbio de ideias: novas teorias, novas realizações, novas emoções e, quem sabe, talvez até um novo vício! Fosse qual fosse o resultado, nessa noite haveria uma conversa que seria, por si só, uma força da natureza:

Os Campos Mórficos serão abalados
Plenums cósmicos desdobrados
E realidades holograficamente crepitantes
Através do tempo e do espaço.

Parecia que todos tinham chegado ao mesmo tempo.

Em um momento, Sir Mortimer estava mexendo em algo no canto e, no outro, havia pessoas em todos os lugares. Fred Alan Wolf,[21] cada vez mais parecido com o Dr. Quantum, estava olhando para uma pintura na parede, ponderando aonde aquele portal levaria. Mark Vicente entrou no grande corredor que cobria toda a casa. "Sabe, eu poderia morar aqui!".

Masaru Emoto e sua bela esposa tinham acabado de chegar de algum lugar do outro lado do mundo, mas encontraram tempo em sua agenda incansável para jantar, rir e criar por uma noite. De repente, ouviu-se um grito.

Todos os olhares se voltaram para cima bem a tempo de ver Gordy, segurando a bebê de Betsy e dele, Elorathea, nos braços, lançar-se (e a ela) em um deslizamento louco pelo longo corrimão em curva. Foi uma grande emoção para todos, especialmente porque Gordy estava usando seu novo kilt de couro. Ele fez uma aterrissagem perfeita de dois pontos, sobre os pés que haviam conquistado a caminhada sobre brasas e que, portanto, nunca mais experimentariam o calor das brasas.

E havia Betsy Chasse. De alguma forma, a mão invisível e criadora por trás de grande parte do que acontecia, e sempre amante de fantasias, ela estava vestida de uma maneira indescritível, remetendo a algo que ninguém conseguia se lembrar. O fato de ela ter mudado durante a noite ou "simplesmente ter mudado" foi um assunto que sobreviveu ao baile de gala.

Enquanto os casacos de viagem eram recolhidos e guardados, os convidados se dirigiam ao salão. Havia sofás confortáveis por toda parte, enquanto os viajantes se acomodavam para fazer uma pausa, se refres-

---

21. Ok, esta é uma história. E estamos tomando algumas liberdades com as pessoas reais que conhecemos e amamos. As últimas citações são reais. Mas estamos quase terminando, e é hora de comemorar! E aproveitem "uma história contada por um louco".

car e se preparar para os banquetes que estavam por vir. Uma deliciosa sonata de Mozart veio da sala de música e depois terminou.

E foi aí que o CHOAS irrompeu. Sem que os demais convidados soubessem, Masaru havia, como no Festival da Água e da Paz em Tóquio, convencido Ervin Laszlo a tocar uma pequena peça no piano. A "pequena peça" era uma dança romena de Bartok. Uma peça que sempre beirava o caos e a desordem e, no momento em que parecia que todo o inferno iria se soltar, de alguma forma surgia um fio, uma melodia, que levava o ouvinte ao próximo precipício da insanidade. Ou, como diria o Dr. Laszlo, um momento de bifurcação.

E então, silêncio.

Muitos dos convidados não sabiam que a primeira carreira de Ervin Laszlo foi como pianista de concerto e que, quando adolescente, ele viajou pelo mundo tocando com todas as principais sinfonias. (Houve até rumores de que o piano de Bela Bartok chegou a morar no escritório do Dr. Laszlo).

Todos magos, essa dose de loucura bifurcativa tirou todos de seus devaneios e os levou para o grande salão de festas. Mas esse não era um salão de festas comum, assim como esses não eram magos comuns.[22] Em vez de uma longa mesa que se estendia pela sala, parecia que alguém havia pegado essa longa mesa e a enrolado em um donut. Depois de uma breve discussão, foi decidido que "Magos do Donut" não funcionaria muito bem, e todos optaram por algo um pouco arturiano: "Magos da Távola Redonda".

Quando todos se sentaram, os três cineastas se entreolharam. Por serem os "anfitriões", cabia a eles fazer o primeiro brinde da noite. Quem seria o primeiro a ser eloquente? Não importava. Como uma mão in-

22. Existe algum tipo de mago "comum"?

visível que o puxou da cadeira, Mark Vicente estava de pé! Ele queria dizer aos convidados reunidos há algum tempo:

> Tive a sorte de conhecer grandes mentes nos últimos anos. O conhecimento e as ideias que aprendi com vocês e com outras pessoas expandiram enormemente minha visão de mundo. Sem todos vocês, eu não poderia ter feito isso. Presto homenagem a tudo o que foi necessário para aqueles que vieram antes de nós e que nos permitiram aproveitar o conhecimento deles e o desenvolver. O mundo é de fato um lugar melhor por causa de todos os seus esforços.
>
> Sabendo o que sei, a quantidade de dados que ignoro – 99% –, farei tudo o que puder para aprender novas ideias com a perspectiva mais aberta que puder ter. Se há tanto que eu não sei, agora entendo que seria tolice insistir em algo só porque quero que seja de determinada maneira. Quero enxergar além da minha cegueira forçada para olhar para o vazio do potencial e fazer as Grandes Perguntas:
>
> O que sou eu em relação à realidade que vejo à minha frente? Como posso ver o que não conheço? Como faço para sair do meu caminho? Se estou construindo o universo como o conheço, o que o mantém unido apesar da minha psicose emocional? Como seria não estar investido em uma única perspectiva, mas ter a liberdade de explorar todas as perspectivas?
>
> E como eu desenvolveria a habilidade de parar de pressupor? Para mim, a resposta para isso é a formação de uma grande mente.

A sabedoria dos místicos, ao que parece, previu durante séculos o que a neurologia agora mostra ser verdade. Um ser unitário absoluto, o eu se mistura ao outro, a mente e a matéria são uma única coisa.

– Andrew Newberg, M.D.

> Obrigado por me ajudar a redescobrir a curiosidade de uma criança e a análise crítica tenaz de um cientista.

E ele fez uma pausa. Mark, Betsy e Will olharam um para o outro. Foi um olhar longo e cheio de alma. Tinha sido um caminho difícil e tortuoso. Anos atrás, eles haviam se encontrado pela primeira vez com aqueles que estavam sentados ao redor da mesa. Fizeram perguntas e obtiveram respostas. Algumas não eram o que eles esperavam. Eles foram desafiados; ficaram confusos; tiveram que voltar e reexaminar seus preconceitos e suas crenças. [Will e Betsy se levantaram para se juntar a Mark.] E aquelas pessoas maravilhosas sentadas ao redor da mesa nunca criticaram ou difamaram os três cineastas em sua busca. Sempre se tratou de encontrar o que é real, a verdade, e se divertir com a descoberta. Que grande reunião!

Todos se levantaram. É como se já tivessem ouvido as últimas palavras de Mark: "A vocês, companheiros de jornada, e ao conhecimento!".

Com um grande grito de "Assim seja!", as taças foram unidas, o pão foi partido, e o banquete começou.

***

Era a própria perfeição. A comida, as histórias de poder, a camaradagem. Sir Mortimer estava em toda parte, certificando-se de que o momento, a organização e a temperatura da variedade aparentemente interminável de pratos estavam onde deveriam estar, quando deveriam estar. É raro, de fato, que uma assembleia como essa tenha tempo e lazer para desfrutar de uma refeição suntuosa e da companhia uns dos outros. Olhando para Mark, Jeffrey Satinover disse:

> Aprendi que, se quisermos mesmo explorar as questões mais interessantes da vida, acabaremos errando muitas vezes, e haverá pessoas

que estarão certas quando estivermos errados, portanto temos de estar dispostos a aprender com isso. Às vezes, você estará certo e, portanto, terá de aprender também a ser gentil quando estiver certo, se quiser que as outras pessoas o ouçam.

Se quiser explorar o mundo do que é realmente interessante, você precisa estar acostumado a ficar confuso e incerto e permitir o fato de que há tanta coisa misteriosa, não usando a nuance exata da frase 'estar no mistério' que Fred Alan Wolf usa, mas uma espécie de uso mais mundano da frase de que todos nós somos tão estúpidos em comparação com o quanto há lá fora que é misterioso que você tem que ter esse tipo de senso infantil de explorar o desconhecido.

E, à medida que os pratos de comida fumegante eram passados ao redor da mesa, as histórias continuavam a rolar...

De Candace Pert: "Então, meu amigo Deepak Chopra contava a história de que estava tão entusiasmado com meu trabalho que foi à Índia e disse a todos os Rishis: 'É inacreditável, essa mulher é maravilhosa, ela tem as moléculas, tem os géis, tem os receptores, tem os peptídeos, é inacreditável'. Os Rishis diziam o que, o que, o que, o quê? Não, não, vocês não estão entendendo. Ela tem as moléculas reais da emoção, tem as endorfinas e os peptídeos, os hormônios e os receptores, é inacreditável. Todos estão coçando a cabeça. Ele tenta mais algumas vezes. Finalmente, o Rishi mais velho e mais sábio se senta de repente e diz: 'Acho que entendi. Ela acha que essas moléculas são <u>reais</u>'".

Não estudei o milagre da transformação da água em vinho. Parece ser um bom milagre.
– JOHN HAGELIN, PH.D.

E todos riem e gargalham... Humor nerd iluminado...

... De fato, é um prazer raro...

***

A refeição estava terminando. Naquela noite, todos nós poderíamos afirmar, como Ramtha sempre dizia: "Esta noite jantamos como reis e rainhas". Bebidas após o jantar, cappuccinos e lattes duplos e triplos, xícaras de chá foram deixadas na mesa, com doces e queijos.

Quando o último cozinheiro saiu, o grupo se acomodou em suas cadeiras em preparação para o evento principal da noite: escrever o último capítulo do manual. Enquanto refletiam sobre qual seria o verso final, uma profunda sensação de relaxamento, quase de preguiça, se espalhou pelo ar.

O centro da Mesa Redonda era aberto. Um espaço de três ou quatro passos longos, para que o orador, aquele que "detinha a palavra", pudesse caminhar e gesticular enquanto expunha suas ideias. E as ideias eram o prato principal da noite. Mesmo assim, os comensais se sentaram, sem que ninguém se aventurasse no centro para começar o capítulo final. Um cachimbo era aceso aqui e ali, e um charuto ocasionalmente, e eles continuavam sentados, perdidos em um momento de eternidade.

Cada célula de nosso corpo está espionando nossos pensamentos.
– Joe Dispenza

Mas o tempo estava de fato passando pela ampulheta, e havia muito a fazer. Um livro para escrever, outro para desescrever, conversas e risadas e, é claro, brindes…

Will se levantou com um em mente:

> Quando decidimos fazer o filme, um de nossos objetivos era fazer com que as pessoas sentadas ao redor desta mesa se tornassem heróis. Heróis para o mundo. Quando olho em volta da mesa, vejo que todos dedicaram anos de suas vidas, como diziam os alquimistas de antigamente, ao Grande Trabalho. E não foi sem risco e ridicularização por parte dos colegas e da sociedade em geral.

Não acho que o fato de alguém conseguir, com uma vara de alumínio, redirecionar uma bola por cima de uma cerca a noventa metros de distância o torne um herói. Não acho que falar as ideias de outra pessoa na frente de uma câmera faça de alguém um herói. Sem os seres sentados aqui conosco e outros exploradores do invisível, estaríamos em um mundo estagnado e entediante, e não no mundo mágico que todos nós amamos.

Ele fez uma pausa por um momento... "Oh Deus, estou ficando triste. O que havia naquele vinho? Não quero saber! É a verdade. AOS HERÓIS!"

Em geral, no supermercado, as pessoas dizem: "Você participou daquele filme". E eu digo: "Sim, eu participei". E elas dizem: "Uau".

– Stuart Hameroff, M.D.

Ainda não acostumados a brindes tão efusivos, os convidados sorriram e brindaram. Uma das artes perdidas na era moderna é a arte dos brindes: "Saúde" é a abreviação de "Não tenho nada para comemorar ou sonhar". A intenção contida nas palavras, contida no elixir, logo se integrou ao corpo e tornou a intenção real, desde a mente até a matéria. As mentes unidas nesse processo fazem uma mágica muito poderosa, de fato.

O observador será um intrometido que sempre se intromete e tenta se tornar a parte central da experiência, ou o observador pode ser uma testemunha e deixar que a experiência se desenvolva por si mesma? Algumas tradições são muito boas nisso. Os indígenas Hopi aparentemente não têm uma palavra para "eu" ou "nós". Eles enfatizam o verbo, o acontecimento. Eles diriam chovendo, amando. Está vendo o que está acontecendo? Eu costumo fazer amor com essa pessoa, certo? Mas, em vez disso, se eu disser "O amor está acontecendo", então estou apenas testemunhando. O amor está acontecendo; duas pessoas estão envolvidas. Uma eu e a outra, minha cara-metade. E então o que está acontecendo é amor. Não há eu, não há isso. É apenas amor. Está vendo a beleza dessa transição?

– Amit Goswami, Ph.D.

"Eu tenho um." Era a Betsy. "Para todos os outros heróis. Para as pessoas que pegam ideias e conceitos e os aplicam em suas vidas. Para aqueles que prosperam no caos e estão vivendo no mistério e tornando conhecido o desconhecido. Gostaria que eles estivessem aqui conosco!"

E, com isso, todos de repente levantaram os olhos de suas taças. Ao redor da sala. Um pensamento passou rapidamente entre eles: Eles estão aqui...

Pois onde dois ou três estiverem reunidos em meu nome, ali estou eu no meio deles.

– Mateus 18:20

Pois se o pensamento é real, como a mesa diante deles é real, como a taça na mão é real, e se o pensamento se move fora do tempo e do espaço, e se pensamentos semelhantes se unem, se emaranham, isso significa que todos aqueles cuja mente está concentrada naquele grande salão de festas estão no grande salão de festas. Se em sua mente você vê o salão e todos sentados nele, nesse espaço – lá você também está. As velas se acendem à medida que mais convidados chegam.

E o tempo não importa. Anos e anos depois daquele momento, as mentes voltariam no tempo e se juntariam à discussão da Mesa Redonda.

E quem pode dizer quem chamou quem? A Mesa Redonda trouxe os seres para a discussão ou os seres criaram a intenção que a Mesa Redonda preencheu? Os egos sempre querem ser os primeiros, mas no entrelaçamento só há um acontecimento. Não há diferença; é tudo o mesmo impulso, produzindo tanto galinhas quanto ovos.

Olhando ao redor da sala, J. Z. Knight, que vê coisas de natureza sutil, deu uma risadinha: “Nossa, está ficando muito cheio aqui. Todos esses grãos de mostarda quânticos. É bom que haja muitas dimensões”.

Estava se tornando um grande, grande banquete. E, se as teorias e os experimentos fossem verdadeiros, seria um banquete que continuaria sem parar. Sempre evoluindo à medida que mais e mais espíritos aparecessem.

***

Com a emoção de uma grande assembleia, os magos reunidos começaram sua tarefa com seriedade. Sabendo que seus versos repercutiriam no tempo e no espaço, eles escolheram suas palavras com cuidado, cada vibração cuidadosamente sintonizada com a ideia apresentada. Como não havia nenhum trouxa por perto, a questão de como entrar na Távola Redonda não era mais uma prioridade, pois todos eles piscavam para dentro e para fora. Exceto por Stuart Hameroff, que parecia ter descido com as hordas das estepes da Rússia, que saltou sobre a mesa e depois desceu para o centro no arco de um arremesso perfeito. Ele começou:

> Acho que o próximo passo é tentar explicar como o mundo quântico pode se relacionar com nossa consciência e espiritualidade, porque acho que esse é o futuro em que a ciência e, particularmente, a física quântica e a relatividade se unem à consciência humana, ao subconsciente e à espiritualidade. Se uma explicação científica para a espiritualidade é uma coisa boa depende de a quem você perguntar. E acho que se explicarmos tudo isso será ruim, mas não acho que haja muito perigo disso, porque tudo o que estamos fazendo é descascar camadas de uma cebola que vai muito, muito para baixo!

Como se quisesse mostrar isso, no momento em que ele pronunciou "para baixo", o chão pareceu sugar Stuart para longe, e então ele estava de volta ao seu lugar. Betsy tinha um brilho nos olhos:

"Ok, o que <u>é</u> culinária quântica?"

Um conjunto de respostas "prováveis, possíveis e superpostas" pairava no espaço mental compartilhado. Quem poderia rompê-lo?

Betsy não lhes deu tempo. Seu traje brilhou e, de repente, ela se transformou em um falcão, com uma máscara de penas de falcão e olhos deslumbrantes. Olhos de falcão em busca de respostas para sua pergunta favorita: "Por que eu deveria me importar com a quântica? Ela responde às Grandes Perguntas?".

Antes que alguém pudesse responder, o Dr. Wolf já havia se adiantado:

> A física quântica é uma pergunta inicial para a resposta a todas as Grandes Perguntas. É um bom lugar para começar. É apenas o começo. Foi somente nos últimos cem anos que começamos a questionar que talvez estivéssemos batendo na árvore errada, fazendo as perguntas erradas, vendo o mundo como "lá fora", separado da experiência subjetiva do mundo "aqui dentro".
>
> A física quântica levanta essa questão. Ela diz: espere um pouco. Há uma conexão mais profunda acontecendo aqui. Eu diria que o que a física quântica é para o século 20, o que quer que venha a ser a nova ponte entre ciência e espiritualidade será para o século 21.

Ele fez uma pausa por um momento, depois girou, dirigindo-se a toda a sala, visível e invisível. Seus olhos brilhavam muito intensamente...

> O universo é aleatório em uma extensão muito, muito grande. E é uma razão importante que o universo seja aleatório, em grande

parte. A aleatoriedade é a bênção, e não a maldição, do universo. Ela permite o surgimento de algo novo. E se tudo fosse ordenado e estruturado? Todos nós seríamos robôs e não conseguiríamos ter novos pensamentos.

Com a aleatoriedade, vem a loucura, vem a dança, vem o teatro, vem a beleza – com ela vêm todas as coisas maravilhosas da vida. Porque o acaso torna a vida bela. A sorte é uma dama.

Então, nossos pensamentos são importantes? De fato, sim. Eles são as construções da realidade. O que é um pensamento? Bem, um pensamento é um momento congelado de um fluxo de consciência que o cérebro processa e coloca em um pacote chamado neurônio e, em seguida, é adicionado pela memória associativa. Então, você tem um pensamento e pergunta: "Esse pensamento tem significado e poder?". Sim, porque um pensamento é, na verdade, uma estrutura na qual a realidade é padronizada. Na verdade, é a arquitetura da realidade. Portanto, quando você cria seu dia, está compondo nele um pensamento e, ao observar o pensamento, ele se torna a forma na qual a própria realidade se molda. Portanto, as aventuras do dia são baseadas em seu pensamento.

– Ramtha

E todos olharam ao seu redor: "Sim, a vida é bela". Todos eles estavam aqui para torná-la mais bela, mais maravilhosa. Para pegar os sapos e lembrá-los de que eles são magos, cada um deles. Para desenterrar os sapos. Para reverter séculos de ignorância, quando a humanidade foi mantida no escuro. Não mais. Uma grande mudança havia ocorrido e o conhecimento secreto estava se espalhando em livros, seminários e artes. A "Faculdade Invisível" não estava mais escondida. A caverna no

Tibete havia se tornado o laptop de alta velocidade. As informações não podiam mais ser ocultadas das mentes inquiridoras. Era magia de uma ordem diferente para uma época diferente.

Ainda assim, Betsy se perguntava: "Como podemos tornar tudo isso real?". Sempre siciliano, Joe Dispenza esvaziou sua taça e a pousou antes de responder:

> Então, o que temos a perder, como seres humanos, para viver como se o pensamento fosse a premissa suprema para infectar a realidade e observar a realidade da maneira que queremos? O que temos a perder? Sou um cientista e fui treinado cientificamente. Entretanto, tudo isso é uma ótima conversa para o jantar, a menos que tenhamos a capacidade de aplicá-la de alguma forma. Isso se torna a verdadeira ciência. Isso se torna a verdadeira religião.

***

Enquanto isso, Will pegou o Manual do não mago original. Um tomo poderoso, que continha capítulo após capítulo exaltando as virtudes dos shoppings, seriados de comédia, fofocas sobre as pessoas, manter-se seguro, descobrir que você tem tudo sob controle e que não é paranoia se estiverem querendo pegar você. No final de cada capítulo, havia uma seção "Não pense sobre isto… ". Uma lista de coisas em que não se deve pensar para levar uma vida não tão ruim quanto poderia ser. O capítulo "Wizards Who Thought They Could Fly" [Magos que achavam que podiam voar] era sobretudo proeminente. Ele apresentava todos aqueles que haviam saído da caixa, de sua zona de conforto, e não ganharam US$ 1 milhão. Isso se encaixava bem com a sempre presente pergunta de despotencialização: "Se você é tão bom, por que não é rico?".

Por um momento, pareceu que um cheiro ruim se espalhou pela sala. Will fechou o livro flatulento: "A primeira regra do manual é: convença as pessoas de que elas NÃO são mágicas".

Sim, a regra número um. Pois, na verdade de todos os assuntos, essa limitação é a que certamente impedirá todas as outras. Sim! As limitações autoimpostas são as mais difíceis, quase impossíveis de serem vistas, pois o criador está na criação e, por isso, todas as limitações são percebidas.

Will, que a essa altura já estava embriagado, sugeriu que o manual poderia simplesmente ter em cada página: "Veja, você é um sapo porque quer ser um sapo. Lide com isso". Miceal sugeriu que isso poderia ser um pouco estridente, por mais curto e doce que fosse, e que talvez uma abordagem mais racional fosse suficiente:

> O maior problema que as pessoas têm não é aceitar sua miséria, sua condição de pobreza, sua carência, sua incapacidade, sua impotência. O maior problema que nós, como raça humana, temos é aceitar nossa grandeza. Simplesmente não queremos fazer isso. Fugimos gritando de qualquer pessoa que sugira que somos todo-poderosos em nós mesmos. Portanto, não somos capazes de manifestar o que gostaríamos de ter.
>
> Se pudéssemos aceitar quem e o que somos, e o poder real que temos, então o que chamamos de milagroso, que infelizmente brilhou em pouquíssimos indivíduos no passado, se tornaria comum. E aprenderíamos a nova ciência da manifestação, que é perceber que sempre, 24 horas por dia, 365 dias por ano, estamos criando nossa realidade. Não há novos pode-

Se a realidade é a minha possibilidade de consciência em si, então imediatamente vem a pergunta: como posso mudá-la? Como posso torná-la melhor? Como posso torná--la mais feliz?

– Amit Goswami, Ph.D.

res a serem aprendidos. Nós já os temos. O que precisamos mudar é o tipo de vida que estamos criando para nós mesmos.

J. Z. Knight continuou o pensamento:

Quando uma pessoa diz: "Eu crio minha realidade?". A resposta é: mas você já a está criando. Você é composto da sua realidade atual. Mudar isso seria mudar um desses conceitos de pessoas, lugares, coisas, horários e eventos. A ideia de com quem você está, onde mora, como é sua aparência, o que veste, com quem fala hoje, o que vai fazer amanhã, tudo isso foi criado por você como sendo fundamentalmente sua realidade, portanto todos em sua vida são um aspecto de você mesmo.

Estamos tão ocupados sendo isso. É como o peixe no oceano; alguém dá a ideia ao peixe de que é uma ideia nova pedir um copo de água. Então o peixe pede um copo d'água e todos começam a rir. Porque o peixe está na água.

Então, é como se disséssemos: como posso criar minha realidade? Bem, você é a realidade; você já a está criando. Só vemos o que somos quando saímos dela e olhamos para trás, para quem fomos.

***

Nesse momento, surgiram conversas ao redor da mesa. Parecia que todos estavam falando ao mesmo tempo, pois todas as conversas estavam inter-relacionadas. Espírito relacionado à matéria relacionado à consciência relacionado à criação relacionado à intenção. Emoções, redes neurais, velhos paradigmas, de volta à consciência, observador, escolhas e mudanças. E a realidade – o conceito intermediário entre tudo – era ela mesma definida por tudo.

Um sinal de tédio é um sinal de mudança. E o que acontece quando mudamos de ideia? Mudamos a localização de nosso observador em nosso cérebro. Isso começa a disparar novos neurônios, e o dilema é como um buraco de minhoca que nos leva a uma nova rede de neurônios no cérebro.

– J. Z. Knight

Como é possível definir uma palavra a não ser usando palavras? É possível entender um conceito sem outros conceitos? Se isso for verdade, como podemos saber de fato? Nesse ponto da conversa, Betsy fez seu brinde final: "Sabe, para mim, tudo era apenas filosofia, o que eu adoro, mas só quando juntei isso à experiência prática é que iluminou minha vida".

Bingo!

O fabuloso intercâmbio de ideias que havia atraído todos dos quatro cantos do mundo havia chegado. O mundo do pensamento humano sempre se preocupou com limites: "O que é meu, o que é seu? Essa disciplina não fala sobre isso. Não use a palavra emaranhamento – você nem sabe o que ela significa". Mas, no final, os caminhos estreitos da busca científica e filosófica haviam levado a um desfiladeiro. No final das partículas, você só encontrava mais partículas. No fim da doença, você nunca encontrou saúde, apenas doença.

O foco que havia permitido à civilização ocidental todos os seus maravilhosos avanços a havia isolado do mundo da magia. Mas, à medida que a noite se estendia além da meia-noite, surgiu a sensação de que em algum canto, em algum lugar, algo havia sido mudado. Os caminhos estavam voltando a se unir. A grandiosidade do sonho de encontrar a explicação mais simples para os fenômenos mais amplamente observados era como um elixir – e, naquele momento, uma atividade que há muito tempo se pensava ter desaparecido, relegada a uma era passada, foi redescoberta.

Conversas, questionamentos entre amigos, teorias gloriosas e fatos desagradáveis – esse foi um banquete que valeu a pena. E eles sabiam, todos sabiam, que as ondas estavam se espalhando pelo mundo. É bem provável que tenham sido as ondas as responsáveis por uni-los. O universo holográfico se repetia em miniatura por toda parte. E, de certa forma, esses mágicos fizeram um avanço para que outros mágicos em todos os lugares tivessem essa possibilidade. À medida que as taças eram erguidas em comemoração ao triunfo do espírito humano em um lar, isso certamente reverberaria, assim como o sol nasce, em lares e residências, pousadas e tabernas em todos os lugares. Essa é a natureza da realidade. Esse é o universo em que nos encontramos.

***

Há muito tempo os convidados haviam se afastado da Távola Redonda e ido para ambientes mais confortáveis. Alguns foram para o salão, para sentar-se junto à lareira e contar histórias. Pois todos os peregrinos no caminho de volta para casa têm histórias angustiantes de medo e poder, e era uma alegria para todos estar perto e rir.

Às vezes, a fumaça parecia se acumular de forma estranha, e outros convidados eram vistos na névoa. Com certeza, ninguém desse grupo parecia se importar. Dizia-se que eram apenas "velhos amigos que vinham dar uma olhada". As velas tremulavam, o vento soprava, e as chamas eram levadas à beira da extinção quando, de repente, o vento desaparecia. "Um truque barato", observou alguém, quando a cinza do charuto caiu em seu colo. "*Touché*!" E ninguém riu mais do que aquele que tinha a cinza. Esse é o humor dos mágicos.

A única maneira de ser ótimo para mim mesma não é o que faço com meu corpo, mas o que faço com minha mente.
– Ramtha

Um a um, o grupo se dispersou em silêncio. Alguns se dirigiram para o andar de cima, onde tinham quartos para passar a noite. Ocasionalmente, ouvia-se um carro parando, uma porta abrindo e fechando, e depois o silêncio. Havia rumores de que se tratava de um Lamborghini.

Um dos cientistas decidiu "passear pela cidade antiga até o amanhecer" e, depois disso, saudou o novo dia do alto da Torre Eiffel.

O último a sair foi o Dr. Wolf em sua esplêndida carruagem puxada por quatro cavalos.

Posteriormente, foi dito que, quando os convidados olhavam de seus quartos no segundo andar, a carruagem parecia cada vez mais com uma abóbora à medida que descia a avenida. Menor também a cada passo dos cavalos. Havia iniciais esculpidas na parte de trás da carruagem: "F.A.W.". Mas um instante depois, as iniciais pareciam ser um rosto sorridente, com luz saindo de suas feições. Alguém ouviu uma risada, depois um estalo, e eles desapareceram.

E foi assim que a primeira reescrita do manual chegou ao fim. Antes de o sol nascer, os convidados haviam se dispersado pelos quatro cantos mais uma vez. Como os bardos de antigamente, sempre havia a próxima cidade, a próxima aventura, o próximo desconhecido, que se desmanchava sob o impulso de… de… Diz Ramtha:

> Esta vida é apenas uma página em um livro enorme, no qual sempre seremos quem somos. Mas sempre com a necessidade inerente de uma busca ambiciosa. Uma busca que nos leva do tédio enfadonho da autorreflexão, do ódio por nós mesmos, à autocriação de novos sonhos, modelos de pensamento que não superam a insanidade ou a redenção do fracasso, mas novos modelos de pensamento dos quais participamos com o zelo da energia ambiciosa.

Sim, é isso mesmo, uma busca ambiciosa. Tornar conhecido…

E enquanto subia a longa escadaria, soprando velas pelo caminho, pensei comigo mesmo e com todos que ainda estavam ouvindo: "Sim, a magia está em toda parte. Especialmente esta noite. E todas as noites. Ahh, que noite está sendo…".

E com isso, desejamos a todos vocês,

Com muito carinho,

Adeus.

Fim.

A produção de *Quem somos nós?*

– Do discurso principal de Will Arntz na Conferência dos Profetas em Santa Mônica, 2005

Muitas vezes as pessoas perguntam a nós três como esse filme aconteceu. Acho que é uma daquelas coisas que meus colegas e eu devemos ter combinado antes de chegarmos aqui – vocês sabem, lá estão vocês no Plano da Bem-aventurança procurando novos corpos, e um anjo aparece e diz: "Ei, vocês querem fazer um filme?".

"Sim, isso parece... vai ser difícil?"

"Não, não, não, vai ser ótimo. Você irá para lá, e coisas maravilhosas acontecerão. Você terá um grande sucesso e fará conferências."

***

Há alguns anos, vendi minha primeira empresa de software e me aposentei. Logo me vi entediado – bem, na verdade, mais irritado do que entediado, porque eu havia vendido a galinha dos ovos de ouro. Eu desenvolvi o software, vendi-o e tive um bom desempenho, mas as pessoas que o compraram tiveram um desempenho melhor – elas se tornaram bilionárias.

Então, decidi montar uma segunda empresa e tinha dinheiro para financiá-la. Eu estava em Nova York trabalhando nela, e houve um momento importante que, em retrospecto, ajuda tudo isso a fazer sentido. Um amigo meu havia feito uma peça na Broadway, e eu ajudei um pouco a financiá-la. Era sobre budismo e esse tipo de coisa boa, e foi uma sensação incrível ajudar a financiar algo assim.

Um dia, eu estava caminhando em direção ao World Trade Center, entre todos os lugares, pensando em meu novo projeto. Foi na época em que Ted Turner se comprometeu a doar US$ 1 bilhão para a Organização das Nações Unidas (ONU). E eu pensei: *Bem, isso é ótimo. Mas será que vai adiantar alguma coisa? Ele está apenas despejando dinheiro nas estruturas de poder existentes, então sabemos o que vai acontecer: o mesmo de sempre. Alguém precisa criar obras que realmente mudem a consciência. Alguém precisa fazer isso, e alguém precisa financiar esses projetos.*

E, de repente, cai a ficha: "Eu posso fazer isso. Posso desenvolver mais software, ganhar mais dinheiro e fazer isso". E pensei: *Se não for eu, quem será?* Parecia estranho que fosse eu, mas pensei: *Ok, vamos fazer isso! Vou abrir uma empresa de software de US$ 6 milhões e usar parte do dinheiro em bons projetos.*

Eu havia começado a frequentar a Ramtha's School for Enlightenment um ou dois anos antes, e lá há muito foco na criação de sua realidade, mantendo seus desejos e intenções em sua mente e depois manifestando-os. Então pensei: *Sabe, vou aplicar esses princípios. Em vez de fazer uma empresa de US$ 6 milhões, vou fazer uma empresa de US$ 30 milhões, e metade do dinheiro que eu ganhar vou doar para obras do espírito.*

Então, naquele momento, caminhando em direção ao World Trade Center, eu meio que fiz um acordo com o espírito. *Ok, você vai receber metade, mas talvez eu precise de um pouco de convencimento também para fazer isso acontecer.*

Meu primeiro professor costumava fazer uma espécie de guerra de lances com o universo. O universo faz algo bom para você, e você diz: "Ah, você acha que isso é bom? Ah! Vou fazer o seguinte por *você*: vou retribuir em dobro!".

E o universo diz: "Tudo bem, mas agora vou *lhe* dar o dobro".

Então você diz: "Ainda não estou impressionado...".

Isso estava acontecendo enquanto eu caminhava em direção ao World Trade Center. Por dentro, estava pensando: *Rock 'n' roll, temos um acordo?* E dou o aperto de mão interno secreto.

Então, eu montei a segunda empresa, ganhei o dinheiro e me aposentei. Agora, quando me aposentei, não pensei que seria eu quem realmente faria o trabalho. O objetivo era fornecer o dinheiro, e outras pessoas viriam e diriam: "Tenho um projeto fantástico". E eu diria: "Sim, vá em frente e faça isso", e passaria um cheque, e então eles enviariam vídeos do que estavam fazendo e eu os assistiria. Bem, não foi bem assim que aconteceu.

Em algum momento, quando eu estava na Ramtha School, fui apresentado a Mark, que estava editando um filme. Eu já havia feito filmes – não profissionalmente, apenas na pós-graduação. Comecei a observar Mark e pensei: *Uau, isso é muito divertido. Talvez eu possa fazer algo assim.*

Certa noite, na escola, Ramtha estava andando pelo palco e disse: "Nesta escola, falamos sobre física quântica, biologia molecular..." e fez uma lista das ciências que estávamos estudando e disse: "Alguém deveria escrever um livro sobre isso". Eu estava sentado ali e, como um idiota esperto, pensei: *Escrever um livro? Alguém deveria fazer um filme.*

Foi um daqueles momentos em que você se dá conta: *Droga, acabei de me voluntariar para algo.*

Um mês depois, o assunto ainda estava circulando em meu cérebro e eu disse: *Tudo bem, estou entediado mesmo. Acho que esse alguém sou eu.*

Então, conversei com J. Z. Knight e comecei a trabalhar nisso. A ideia original era pegar muitas imagens de ensinamentos de Ramtha que haviam sido filmadas ao longo dos anos, juntá-las com algumas animações, adicionar entrevistas e talvez fazer algo que, se tivéssemos sorte, seria um filme do tipo PBS. Se tivéssemos sorte. E isso custaria talvez de US$ 100 mil a US$ 125 mil.

Comecei a ver as filmagens e a montar tudo isso. E comecei a escrever pequenos esquetes para ilustrar o estranho e maluco mundo quântico. Uma delas entrou no filme – a parte com Amanda na quadra de basquete, com várias bolas de basquete quicando. Essa foi a única coisa que permaneceu desde o primeiro roteiro.

Quando comecei a me aprofundar no assunto, pensei: *Talvez eu queira algo um pouco maior. Se eu quiser, preciso de ajuda.* Então me virei para o Mark e disse: "Ajuda!".

Em pouco tempo, nós dois estávamos trabalhando juntos em roteiros, e entusiasmados. Trabalhando muito, escrevendo pequenas coisas engraçadas. Nesse momento, Mark percebeu que precisávamos de ajuda. Eu estava tão perdido que nem sabia disso. Ele disse: "Precisamos de um produtor de verdade".

Eu disse: "Sério?".

"Temos que falar com a Betsy."

"Certo. O que ela está fazendo?"

"Ela está fazendo petiscos gourmet para cães."

Então, entrei em contato com a Betsy. Enquanto isso, Mark lhe entregou o roteiro. Ela o leu e pensou: *Uau, isso é incrível; responde a muitas perguntas.* No telefone com ela, perguntei: "Por que preciso de você como produtora? Posso contratar um produtor de linha".

Ela disse: "Sim, você pode contratar um produtor de linha. Mas quando o caminhão de coleta não aparece porque o sindicato não faz isso, e os motoristas estão em greve porque não cumpriram o prazo de oito horas e blá-blá-blá", e eu disse: "Você tem razão. Talvez eu precise de ajuda".

Quando eu estava me preparando para voar para encontrá-la em Los Angeles, recebi um telefonema e um amigo perguntou: "O que você está fazendo?". Respondi: "Estou me preparando para ir ao aeroporto". Ele disse: "Você não vai a lugar nenhum hoje". Eu perguntei: "Por quê?". E ele disse: "Você ligou a TV?". Eu a liguei a tempo de ver a segunda torre do World Trade cair.

Eu não sabia o que fazer. Eu queria contratar a Betsy, mas não sem a conhecer de fato, porque ela poderia ser maluca. Então, conversamos mais um pouco ao telefone e, enquanto eu tentava decidir o que fazer, ela me contou uma história muito bonita. Ela tem uma coisa com animais abandonados; ela os acolhe e cuida deles. Um dia, um pássaro voou para o banheiro dela. Os gatos estavam indo atrás dele, então Betsy fechou a porta e começou a falar com o passarinho; ele voou até sua mão, e ela conseguiu levá-lo até a área externa.

Foi nesse momento que decidi contratá-la. Entretanto, é claro, assim que a contratei, ela se tornou a pequena Miss Motorista de Caminhão: "Bem, isso é uma droga. Não acredito que aqueles idiotas fizeram isso. Ranh ranh ranh ranh".

Eu disse: "Betsy, o que aconteceu com você?". E ela disse: "Ah, acostume-se com isso!".

***

Portanto, nessa época éramos três trabalhando no roteiro. Mas, a essa altura, algo mudou. Todos nós tivemos a ideia maluca de que queríamos que o filme fosse exibido nos cinemas. A PBS não era boa o suficiente. Discovery Channel – não... Queríamos estar nos cinemas de todo o país.

Tínhamos a sensação de que havia milhões de pessoas no mundo ávidas por essas informações. Pudemos sentir isso. Sentíamos que essas pessoas queriam uma nova visão de mundo, queriam ver as coisas de forma diferente. "O que quer que nos tenham ensinado, o que quer que estejamos fazendo, não está funcionando." Sentimos essa atração muito forte, que é uma das razões pelas quais não recuamos quando estávamos fazendo o filme e todos no setor disseram: "Vocês são loucos. Não é possível fazer um filme interessante sobre esse assunto. E se conseguissem, ninguém viria". Portanto, a grande piada é que todas as centenas de milhares de pessoas que viram o filme – provavelmente milhões até agora – não existem. Basta perguntar a Hollywood.

Agora, seria ótimo poder dizer que nossa intenção era clara, que tínhamos um foco forte e que era uma manifestação de nosso conhecimento interior de que isso iria acontecer. Ah! É mais parecido com *Os batutinhas*. Lembram de *Os batutinhas*?

"Ei, pessoal, o que acham de fazermos um filme que mude o mundo?"

"Isso é ótimo, Batatinha. Como vamos fazer isso?"

"Eu sei! Vamos pegar uma câmera!"

Mark e eu estávamos desenvolvendo esse roteiro há algum tempo. Logo depois que a Betsy apareceu, ela disse: "Pessoal, o que vocês estão fazendo aqui é um filme do Discovery Channel. Vocês têm um apresentador". Era verdade; naquele momento, tínhamos um apresentador, que andava de um lado para o outro falando com a câmera, dizendo coisas como: "Se você acha que a física quântica é estranha, veja *este* fenômeno". Foi assim que o filme foi escrito.

Então, Betsy começou sua campanha para se livrar do apresentador. Mark e eu ignoramos, ignoramos e ignoramos... e continuamos esperando... Nós meio que sabíamos que ela estava certa, mas não conseguíamos descobrir o que fazer naquele momento.

O caos estava sempre nos rondando. (E às vezes ficava um pouco pior!) Um dia, um de nós disse: "Não sabemos o que vamos fazer. Não temos ideia de como vamos fazer isso. Então, vamos entrevistar pessoas. Talvez as pessoas que entrevistarmos possam nos ajudar. Talvez aprendamos coisas e isso nos dê alguma direção, porque obviamente não temos nenhuma".

Então, começamos a ligar para as pessoas, dizendo que queríamos entrevistá-las. Marcamos reuniões e começamos a entrevistar. Para mim, um dos grandes momentos aconteceu logo no início, quando entrevistamos Ramtha. Recebi a autorização para fazer isso. No fim das contas, minha entrevista com Ramtha durou dez segundos. A entrevista dele comigo durou três horas. Ele disse: "Vocês querem que eu me sente aqui como um manequim e responda a todas as suas perguntas, para que vocês possam ter um ótimo filme? Adivinhe! Eu só tenho que o tornar melhor, e você fará todo o trabalho".

Como ele disse mais tarde, eu precisava ser humilde. Porque, do jeito que estava, eu estava financiando o filme e pagando todas as contas, então achei que tinha que tomar as decisões. Ele disse: "Fazer esse filme e tudo o que você está fazendo é apenas para criar certa emoção. Para obter uma resposta emocional específica. Mas a questão é que essa emoção que você está buscando vem do universo que você conhece. Você está controlando o resultado de tudo apenas para poder ter determinada emoção. E adivinhe só? É uma emoção velha e ruim que você já tem há muito tempo".

Eu disse: "Sim, acho que sim".

E ele disse: "Não, não, não! Você não percebe a gravidade do problema. Você tem sido o mesmo idiota por milhares de vidas".

Então é isso. Eu estava ali sentado na mira. Mark e Betsy dizendo: "Ufa, ainda bem que alguém finalmente contou a ele". As câmeras gravando. A equipe rindo. E esse foi apenas o início.

"Você quer genialidade", disse Ramtha, "mas a genialidade sempre vem de fora do conhecido, de fora do controle. Se você tivesse feito o filme que queria fazer, teríamos uma porcaria à qual ninguém gostaria de assistir!"

O problema é que tudo era verdade. Eu sabia que era verdade. Ele me tinha. Ele tinha todos nós. Porque todos nós queríamos algo grandioso e havíamos chegado a um ponto em que estávamos dispostos a nos livrar do ego da melhor maneira possível para conseguir isso.

Os professores adoram quando seus alunos querem algo. "Agora posso realmente usar os velhos parafusos manuais... posso exercer pressão." Porque é apenas atravessando o caos e entrando no desconhecido, e enfrentando o desconhecido, que você terá genialidade. Às vezes, tenho a imagem de Ramtha sentado, onde quer que Ramtha se sente, e ele tem um pequeno botão à sua frente escrito "Caos" e não consegue se conter. "Ah, eles acham que estão fazendo isso, bip." E explodiria.

Então, esse foi o grande ponto de virada. Depois disso, eu ainda estava em estado de choque quando nós três nos reunimos. Betsy disse: "Sim, temos que explodir tudo! Vamos nos livrar da Amanda".

Mark e eu olhamos um para o outro e dissemos: "Não, acho que precisamos da Amanda".

Então ela disse: "Ok, vamos nos livrar do apresentador!". Ela estava tentando fazer isso há três meses.

"Sim", dissemos, "vamos nos livrar do apresentador". Naquele momento, jogamos fora seis meses ou um ano de trabalho. E começamos a entrevistar pessoas.

Como eu tinha alguma formação em ciências e sabia fazer o aperto de mão secreto dos nerds, eu liderava e fazia as perguntas mais técnicas. Então, quando eles começavam a ficar com os olhos um pouco turvos e já estavam fartos de mim, Betsy entrava em cena. E ela dizia: "Sabe, vocês têm falado sobre todas essas coisas, e talvez elas signifiquem muito para vocês, mas o que isso significa para mim? Quero dizer, superposição quântica. E daí?".

Ela não fez isso de forma arrogante. Era mais do tipo: "O que isso significa para mim? Como isso afeta minha vida?". E isso provocava uma resposta diferente da pessoa e, de repente, tudo ficava empolgante mais uma vez.

Então, Mark entrava em cena. Depois de ficar sentado ao lado, ouvindo e observando, ele às vezes apresentava uma ideia realmente surpreendente.

Fizemos todas as entrevistas que queríamos e voltamos ao mundo do caos. Ok, não temos um roteiro e temos sessenta horas de filmagem bruta. O que vamos fazer?

Enquanto isso, o orçamento aumentava. A essa altura, já passava de US$ 1 milhão. Eu disse a mim mesmo: "Tudo bem, tudo bem, é o que é".

O plano – e o desafio – era: poderíamos intercalar partes das entrevistas de modo que tudo fizesse sentido? Para que parecesse que eles estavam tendo um diálogo? Não queríamos colocar nosso rosto na câmera. Queríamos nos afastar de tudo isso. Por fim, a intercalação funcionou. Eu o editei para cerca de duas horas e meia, organizadas mais ou menos na ordem em que você as vê no filme.

***

E então veio a noite escura da alma.

Ou, a noite escura do filme, porque agora tínhamos que escrever o roteiro. E não sabíamos o que fazer, porque tínhamos dado um tiro na cabeça do apresentador seis meses antes. Então, como fazer com que todas essas coisas saíssem e tivessem uma linha de história, sem que alguém as conduzisse? Passamos por dezenas de ideias. Tínhamos a ideia *do dia*. Às vezes, um de nós tinha a revelação no chuveiro pela manhã e entrava correndo: "Ei, já descobri o que fazer". Uma vez, Betsy chegou e disse: "Ok, Amanda é uma mulher que digita transcrições para filmes. E todas essas filmagens chegam, e ela começa a interagir com elas". Era uma ideia muito boa, mas tanto Mark quanto eu pensávamos*: ennhhhhh*. Então, talvez eu tivesse uma ideia e as campainhas tocassem. Foi uma época difícil. Algumas das ideias que tivemos eram muito piegas e cafonas.

Após seis meses de ideias brilhantes, ainda não tínhamos um roteiro, nem mesmo um título. Estávamos colando cartões 5x7 na janela, tentando montar tudo pela centésima vez.

Betsy costumava dizer: "Ah, que porra nós sabemos?". Ou: "Que porra eu sei?". Bem, um dia Mark e eu pegamos essa frase inteligente. Porque nos demos conta: de que diabos nós sabíamos? Não parecíamos conseguir entender essa coisa. Pensávamos que poderíamos descobrir e não conseguíamos… e então alguém, não me lembro quem, disse: "Talvez devêssemos chamar o filme assim, ha ha ha ha". Então, escrevemos e colocamos no papel e achamos que, em algum momento, teríamos juízo. Mas adivinhe só? Não foi o caso. O nome pegou.

Um dos motivos pelos quais insistimos nisso é que não queríamos parecer que estávamos dizendo: "É assim mesmo. É assim que o universo funciona. Nós o entendemos. É do nosso jeito ou do jeito do inferno. Ou você concorda conosco ou vai se fritar".

***

Depois de meses e meses e meses, pequenas coisas começaram a se encaixar. Em determinado momento, Mark disse: "Acho que a Amanda é fotógrafa". Tudo bem. Isso funciona. Ela é fotógrafa.

Finalmente, tínhamos o roteiro. E eu pensei: *Nossa, já temos o roteiro; agora vai ser fácil. Vamos apenas filmar o que está no roteiro e vai ser ótimo.* É claro que não foi assim.

Quando começamos a enviar o roteiro para as atrizes interpretarem Amanda, praticamente todas recusaram de modo respeitoso. Por quê? É um filme estranho que você não pode tornar interessante, e ninguém vai participar dele. Todo mundo sabe disso! Então, o que vamos fazer?

Em seguida, nosso diretor de elenco colocou o roteiro para as pessoas darem uma olhada, e o parceiro de produção de Marlee, Jack Jason, se deparou com ele. Nós o escrevemos de forma que não houvesse muito diálogo nessa parte. Já tínhamos uma hora e meia de cabeças falantes e não queríamos muito diálogo. Ele disse: "Isso é perfeito para Marlee porque ela se comunica muito de modo não verbal".

Minha primeira reação foi: "O que, você está brincando? Não, não, não, não, não, não, não, não". Mas Mark e Betsy disseram: "Bem, isso pode funcionar". As pessoas sempre querem saber como foi para nós três trabalharmos juntos. Pense em três gatos que brigam e se arranham o tempo todo até se cansarem e caírem no chão. Então, aquele que tem um pouco de energia se levanta e corre com a bola por um tempo. Em momentos diferentes, cada um de nós assumia o comando, e esse foi um em que Mark e Betsy assumiram a liderança. Tivemos uma reunião com Marlee, e todos nós sentimos: "Nossa, isso vai funcionar".

Nunca havíamos pensado em Marlee nesse papel, mas parecia certo. Tivemos a ideia de que talvez o *filme* estivesse fazendo a escolha nesse momento. Quando você se envolve em um projeto criativo, ele ganha vida própria e, em determinado momento, o artista precisa se calar e sair do caminho. Então pensamos: Vamos nos calar e sair do caminho. Marlee apareceu. É uma excelente ideia. Gostaria que fosse nossa, mas vamos em frente.

Filmamos tudo em Portland. É uma cidade maravilhosa. Foi uma aventura. Durante todo o processo, eu pensava: "Nossa, agora que terminamos *isso*, vai ser fácil". E então o velho botão do caos era acionado novamente.

Quando escrevemos o roteiro, nós o fizemos de forma um tanto modular, para que partes diferentes pudessem ser colocadas em lugares diferentes. Achamos que isso seria muito inteligente e que nos daria várias opções na sala de edição. E deu mesmo! Então, mais uma vez, estávamos de volta à terra do caos. Não sabíamos como montar a coisa. Havia cem maneiras diferentes de conectar tudo – dez delas eram boas, noventa delas não eram. Passamos um ano e meio em pós-produção, editando, incluindo a música, fazendo a animação, trabalhando, trabalhando, trabalhando. E, enquanto fazíamos isso, também fizemos muitos testes de exibição.

Por ser uma forma tão incomum, tínhamos que ter certeza de que não éramos apenas loucos. Então, reuníamos um público. Fazer essas exibições de teste foi uma maneira de obtermos uma espécie de "mente de principiante", como se diz no Zen. Estávamos acostumados com todas as nuances, mas descobrimos que, quando nos sentávamos com um grupo de pessoas que nunca tinham visto o filme, podíamos pegar carona na consciência delas e vê-lo como se fosse a primeira vez. Assim, fizemos várias exibições de teste e vimos o que funcionava. E continuamos cortando e cortando. Acho que fizemos cerca de vinte versões principais do filme. E finalmente conseguimos terminar o filme, três anos depois de tê-lo começado.

***

Foi muito emocionante. O filme estava pronto. As pessoas pareciam estar gostando, por isso fizemos com que os possíveis distribuidores fossem ver o filme. Criamos um plano de marketing dizendo que realmente existia um público para o filme, embora Hollywood não acreditasse nisso. Quando eles foram ver o filme, um a um disseram: "Hmmm, filme interessante, sem público, adeus".

Nesse momento, recorri à minha experiência com software. Quando se tem uma nova tecnologia, é preciso fazer uma "prova de conceito". Tivemos que fazer uma prova de conceito para mostrar que o público desse filme existia mesmo. Betsy foi ao nosso cinema local em Yelm, Washington, e disse: "Você pode nos dar uma exibição?".

"Oh, acho que não."

"Oh, por favor, pode nos dar uma tela?"

"Não, nem isso." E assim por diante. Enfim, só para se livrar de nós, a pessoa disse: "Tudo bem, vamos lhe dar uma tela. Mas sabe, provavelmente você só vai durar uma semana".

Foi exibido por sete semanas. A mídia ainda nos ignorava. E o cara do cinema, depois de umas quatro semanas, disse: "É, eu sabia que ia ser um grande sucesso". Ficamos tão felizes que dissemos: "Certo, obrigado, irmão".

Em Portland, o filme ficou em cartaz por dezoito semanas. Portanto, a essa altura éramos um sucesso em duas salas de cinema. Fizemos tudo ao contrário de Hollywood; é o inverso da grande estreia.

O outro inverso, e o motivo pelo qual o pessoal de Hollywood achou que ninguém iria assistir ao filme, foi a suposição subjacente: que nosso público era inteligente. O pressuposto básico de Hollywood, é claro, é que vocês são estúpidos, e temos que explicar tudo para vocês. Vai ser tudo o que vocês já viram antes, só vamos aumentar um pouco o volume. Nós dissemos: "Não, as pessoas são inteligentes. Elas *gostam* de usar o cérebro". De fato, uma de nossas pautas em todo esse empreendimento é reavivar o pensamento, que se tornou uma arte perdida nesta cultura. Mark gosta de dizer que quer tornar o pensamento atraente de novo.

Então, começamos nossa marcha – um teatro aqui e outro ali. No início, tivemos que nos esforçar muito para encontrar nosso público. Nós nos conectávamos com as igrejas Unity e com o pessoal da Science of Mind. Íamos a estúdios de ioga. Acho que na sequência conseguimos em

Tempe, Arizona, onde ainda estamos em exibição. E esse é um cinema de tela única. Não é como se estivéssemos no canto de um quadrilátero.

Continuamos fazendo isso, um a um, até que finalmente encontramos um distribuidor. A Samuel Goldwyn Roadside Attractions havia lançado o filme *Super Size Me*, e estávamos em muitos dos mesmos cinemas. Eles continuaram vendo esse filme esquisito com um título estranho, que se sairia melhor do que o filme deles. Nós não tínhamos relações públicas, e *o Super Size Me* tinha muito. Então, eles começaram a nos observar, tipo, o que diabos está acontecendo?

Por fim, tivemos uma reunião com eles em Santa Mônica. Estávamos prestes a estrear no Promenade; estávamos nos mudando do Beverly, onde ficamos por semanas a fio. Eles perguntaram: "Vocês colocaram um grande anúncio no *L.A. Times*?".

Eu disse: "Não, não fizemos nenhum anúncio no *L.A. Times*".

Eles disseram: "Isso vai ser interessante. Estamos nesse negócio há anos, e você precisa fazer um anúncio".

Eu disse: "Sim, tudo bem; nossa, é por isso que quero trabalhar com vocês, porque vocês sabem tudo isso".

Então, viramos a esquina do cinema e havia um grande cartaz dizendo: "*Ingressos esgotados para* Quem somos nós?".

Entramos, sentamos e assistimos ao filme inteiro. Depois, houve uma sessão de perguntas e respostas. Eles ouviram as discussões e as perguntas, e o cara número um disse: "Uau. Nunca vi nada parecido com isso. Sim, vamos em frente". Então, começamos a fazer nossa distribuição.

De fato, achei que as pessoas iriam adorar esse filme ou simplesmente ignorá-lo. Nenhum de nós havia estado sob os olhos do público antes; nunca havíamos experimentado a mídia e não sabíamos realmente o que esperar.

Então, as mensagens de ódio começaram a chegar. Ameaças de morte também. Oh, meu Deus, era estranho. Em determinado momento, Betsy e eu paramos de ler o livro de visitas em nosso site, porque recebíamos três ou quatro comentários: "O filme mudou minha vida"; "É tão maravilhoso", e então o próximo dizia: "Seus nazistas. O mundo estaria melhor sem vocês no planeta". Eu não estava acostumado com isso.

A situação ficou tão ruim que acabei ligando para J. Z. Knight, que canaliza para Ramtha. Ela recebeu sua cota de mensagens de ódio ao longo dos anos e me ajudou muito. Ela disse que é preciso se desvencilhar da reação de todos ao que você está fazendo, quer eles o amem ou o odeiem. E algumas pessoas *vão* amá-lo e outras vão odiá-lo. No final, quando você estiver sentado à noite tomando chá e olhando para o fogo, terá de ficar feliz com o que fez. Você precisa fazer uma avaliação honesta de quem você é. E se você acha admirável o que fez, deixe isso transparecer. Se você desmoronar toda vez que alguém não gostar do que você faz, você nunca sairá de casa.

Foi uma grande experiência de aprendizado para todos nós.

Quase desde o início, começamos a ler que o filme havia sido financiado pela Ramtha School e que era um vídeo de recrutamento para eles. Foi muito bizarro ler isso porque eu sabia que eles não haviam financiado o filme – eu financiei. Gostaria que tivessem financiado – eu teria muito mais dinheiro sobrando!

Depois, no *San Francisco Chronicle*, uma mulher escreveu uma crítica na qual se referia às pessoas que entrevistamos como "supostos especialistas". Uma jornalista – se é que podemos chamá-la assim – decidiu que as pessoas que entrevistamos eram "supostos especialistas". Quero dizer, se você não gosta do filme, se acha que é bobagem, se acha isso *artisticamente,* tudo bem. Mas criticar os cientistas que passaram anos de suas vidas fazendo essas descobertas? Em nossa mente, eles são os verdadeiros heróis. Não os caras que batem nas bolas com tacos de beisebol. Essas pessoas que fizeram a pesquisa são os heróis.

Quando fui dormir naquela noite, uma música de Bob Marley ficou na minha cabeça. Chama-se "Redemption Song". Há um verso que diz: "Até quando eles matarão nossos profetas enquanto ficamos de lado e olhamos?". E isso não parava de passar pela minha cabeça.

Do jeito que esta sociedade é, a imprensa pode matar nossos profetas inventando coisas. E todos nós pensamos: "Ah, sim, é a mídia, o que você esperava? Ah, bem". Nós cedemos e dizemos "oh, bem" *enquanto ficamos de lado e olhamos.*

Na manhã seguinte, acordei com a respiração acelerada e escrevi um e-mail de resposta para a pessoa que fez a resenha. E disse às pessoas da minha lista de e-mails que, se quisessem responder, podiam fazê-lo.

Mais de quinhentas pessoas escreveram para o *San Francisco Chronicle,* e esse é um número impressionante. E o que o *Chronicle* fez? Nada. Eles não publicaram nada. E percebemos: "Oh, meu Deus, esta é a mídia".

Tem sido muito interessante para nós três. Em essência, o que fizemos foi nos levantar, fincar nossa estaca no chão e dizer: "Isso é o que achamos importante". E aprendemos um pouco sobre como lidar tanto com a negatividade quanto com a positividade que vêm até nós.

E essa é basicamente a história de como chegamos até aqui. E não temos a menor ideia de para onde iremos em seguida. Mas estamos muito felizes por estarmos nessa viagem louca e agradecemos a todos vocês por nos acompanharem.

Mais travessuras do pessoal de *Quem somos nós?*

Temos recebido inúmeros pedidos para disponibilizar as entrevistas completas, seja em formato impresso ou em um DVD apenas com as entrevistas. Parece que as pessoas querem mais informações (e é por isso que escrevemos este livro).

Mas decidimos dar um passo adiante. Na conferência de Santa Mônica, entrevistamos novamente quase todas as pessoas que haviam participado do filme. Em seguida, localizamos Lynne McTaggart e Dean Radin e os entrevistamos, acrescentando trinta horas de entrevistas às sessenta que já tínhamos. Enquanto estávamos fazendo isso, havia cerca de dez minutos de animação que queríamos incluir na primeira versão, mas ficamos sem tempo, então começamos a produzi-los.

Depois, o filme voltou para a sala de edição. Noventa e cinco por cento das entrevistas da primeira versão foram retiradas e substituídas por outras filmagens. Acrescentamos mais uma hora de entrevistas e a animação, reestruturamos a parte dramática e a chamamos de *The Rabbit Hole Version*.

Mas então, por que não dar um passo a mais? Utilizando a tecnologia de DVD e os geradores de números aleatórios (REGs!) incorporados aos aparelhos, produzimos uma versão de seis horas em que o espectador pode definir "até onde quer ir no dilema". E, se quiser ir mais longe, pode ativar o recurso aleatório, de modo que, durante a execução, o DVD player "jogue os dados" para ver qual entrevista será reproduzida em seguida. (Deus pode não jogar dados com o universo, mas nós podemos fazê-lo com o DVD.) Assim, toda vez que você assiste ao filme, ele é diferente. (E se a consciência afeta os REGs, o que *isso* significa?)

Colaboradores

David Albert, Ph.D., professor e diretor de Fundamentos Filosóficos da Física da Universidade de Columbia, é especialista em Problemas Filosóficos da Mecânica Quântica, Filosofia do Espaço e do Tempo e Filosofia da Ciência. O professor Albert é autor de *Quantum Mechanics and Experience* [Mecânica e experiência quânticas] e *Time and Chance* [Tempo e acaso], e publicou muitos artigos sobre mecânica quântica, principalmente na *Physical Review.*

Joe Dispenza, D.C., estudou Bioquímica na Rutgers University em New Brunswick, N.J. Ele recebeu seu título de Doutor em Quiropraxia na Life University em Atlanta, Geórgia, graduando-se *magna cum laude.* O treinamento de pós-graduação e a educação continuada do Dr. Dispenza foram em neurologia, neurofisiologia e função cerebral. Ele recebeu uma Clinical Proficiency Citation por excelência clínica em relações médico-paciente da Life University e é membro da International Chiropractic Honor Society.

Frequentemente lembrado por suas observações sobre a criação de seu dia em *Quem somos nós?* o Dr. Joe é aluno da Ramtha's School of Enlightenment, uma escola contemporânea de sabedoria antiga localizada nos Estados Unidos, onde aprendeu a criar seu dia e experimentou pessoalmente como o cérebro, a consciência e a intenção trabalham juntos para criar a realidade de várias formas, seja um dia, um evento, um objeto ou um futuro. Sua nova série de DVDs, *Your Immortal Brain* [Seu cérebro imortal], analisa as maneiras pelas quais o cérebro humano pode ser usado para criar a realidade por meio do domínio do pensamento.

A pesquisa de **Masaru Emoto, Ph.D.** *(*www.masaru-emoto.net) e suas impressionantes fotografias de cristais de água se tornaram fonte de grande interesse generalizado. Os livros do Dr. Emoto incluem os três volumes de *The Message of Water* [A mensagem da água], o best-seller *do New York Times Mensagens ocultas na água* e *The True Power of Water* [O verdadeiro poder da água].

Amit Goswami, Ph.D., é professor emérito do departamento de Física da Universidade de Oregon, em Eugene, onde trabalha desde 1968. Ele é um pioneiro do novo paradigma da ciência chamado Science Within Consciousness. Goswami é autor do livro didático de grande sucesso *Quantum Mechanics* [Mecânica quântica]. Seu livro de dois volumes para não cientistas, *The Physicist's View of Nature* [A visão do físico sobre a natureza], traça o declínio e a redescoberta do conceito de Deus na ciência. Goswami também escreveu oito livros populares baseados em sua pesquisa sobre física quântica e consciência, incluindo *O universo autoconsciente*, *The Visionary Window* [A janela visionária], *A física da alma*, *Criatividade quântica* e *The Quantum Doctor* [O médico quântico].

Em sua vida privada, Goswami é um praticante de espiritualidade e transformação. Ele se autodenomina um ativista quântico.

John Hagelin, Ph.D., é um físico quântico de renome mundial, educador, autor e especialista em ciência e políticas públicas. O Dr. Hagelin realizou pesquisas pioneiras no CERN (Centro Europeu de Física de Partículas) e no SLAC (Centro Acelerador Linear de Stanford) e é responsável pelo desenvolvimento de uma teoria de campo unificada de grande sucesso baseada na supercorda. Como diretor do Instituto de Ciência, Tecnologia e Políticas Públicas, um reduto de políticas progressistas, o Dr. Hagelin liderou com sucesso um esforço nacional para identificar, verificar cientificamente e promover soluções econômicas para problemas sociais críticos nas áreas de crime, assistência médica, educação, economia, energia e meio ambiente. Além disso, o Dr. Hagelin passou grande parte do último quarto de século liderando uma investigação científica sobre os fundamentos da consciência humana. Em seu livro, *Manual for a Perfect Government* [Manual para um governo perfeito], o Dr. Hagelin mostra como, por meio de programas educacionais que desenvolvem a consciência humana e de políticas e programas que aproveitam efetivamente as leis da natureza, é possível resolver problemas sociais graves e aumentar a eficácia governamental. Em reconhecimento às suas realizações extraordinárias, o Dr. Hagelin recebeu o prestigioso Kilby Award, que reconhece cientistas que fizeram "grandes contribuições para a sociedade por meio de suas pesquisas aplicadas nos campos da ciência e da tecnologia". O prêmio reconheceu o Dr. Hagelin como "um cientista na tradição de Einstein, Jeans, Bohr e Eddington".

Stuart Hameroff, M.D., (www.quantumconsciousness.org) é professor dos departamentos de Anestesiologia e Psicologia e diretor do Centro de Estudos da Consciência da Universidade do Arizona em Tucson, Arizona. O Dr. Hameroff passa a maior parte de seu tempo profissional como anestesiologista assistente no Centro Médico da Universidade do Arizona, cuidando de pacientes cirúrgicos e ensinando residentes e estudantes de Medicina em um hospital de trauma movimentado. Seus interesses de pesquisa sempre se concentraram em como a carne cinza-rosada – nosso cérebro – produz pensamentos, sentimentos e emoções. O cérebro é apenas um computador? Ou há algo mais profundo acontecendo? Será que nossos cérebros podem estar nos conectando à estrutura fina do universo? O que é a estrutura fina do universo?

O Dr. Hameroff publicou centenas de artigos científicos, incluindo três em coautoria com Roger Penrose, e cinco livros, entre eles: *Toward a Science of Consciousness I-III* [Por uma ciência da consciência I-III] e *Ultimate Computing: Biomolecular Consciousness and Nanotechnology* [Computação suprema: consciência biomolecular e nanotecnologia]. Como diretor do Center for Consciousness Studies (www.consciousness.arizona.edu), Hameroff organiza a série de conferências "Toward a Science of Consciousness".

Ervin Laszlo, Ph.D., é autor ou editor de 74 livros traduzidos em vinte idiomas, além de ter mais de quatrocentos artigos e trabalhos de pesquisa e seis volumes de gravações de piano em seu currículo. Ele atua como editor do *World Futures: The Journal of General Evolution* [Futuros mundiais: o jornal da evolução geral] e de sua série de livros associada *General Evolution Studies* [Estudos da evolução geral]. Laszlo é geralmente reconhecido como o fundador da Filosofia de Sistemas e da Teoria da Evolução Geral, atuando como diretor-fundador do General Evolution Research Group e como ex-presidente da International Society for the Systems Sciences. Ele recebeu o mais alto grau em Filosofia e Ciências Humanas da Sorbonne, a Universidade de Paris, bem como o cobiçado Diploma de Artista da Academia Franz Liszt de Budapeste. Seus inúmeros prêmios e distinções incluem quatro doutorados honorários. É conselheiro do diretor-geral da Unesco e embaixador do Conselho Délfico Internacional. Recebeu o Prêmio Goi Peace de 2004 no Japão e foi indicado para o Prêmio Nobel da Paz em 2004 e 2005.

Miceal Ledwith, L.Ph., L.D., D.D., natural do condado de Wexford, Irlanda, foi ordenado sacerdote católico em 1967, após estudos em artes, filosofia e teologia. Após concluir os estudos de doutorado, tornou-se palestrante de Teologia na Pontifícia Universidade de Maynooth, em 1971, e professor em 1976.

Tornou-se decano da Faculdade de Teologia em 1979, vice-presidente da faculdade em 1980 e cumpriu um mandato de dez anos como presidente a partir de 1985.

De 1980 a 1997, o Dr. Ledwith serviu por três mandatos como membro da Comissão Teológica Internacional, um pequeno grupo de teólogos que aconselha sobre questões teológicas encaminhadas a eles pelo Papa ou pela Congregação para a Doutrina da Fé. Ele estuda os ensinamentos da Escola de Sabedoria Antiga de Ramtha há muitos anos. Como introdução a alguns dos principais temas de seu próximo livro, ele está atualmente produzindo uma série de DVDs intitulada *Deep Deceptions* [Decepções profundas].

Lynne McTaggart é a autora premiada do livro best-seller *O campo* (www.livingthefield.com), que surgiu de sua busca para ver se novas teorias científicas poderiam explicar a homeopatia e a cura espiritual. Ela é mais conhecida como fundadora e editora (com seu marido Bryan Hubbard) dos principais boletins informativos e livros sobre saúde alternativa e espiritualidade, incluindo o boletim informativo internacional *What Doctors Don't Tell You* [O que os médicos não lhe contam]. Ela também escreveu um livro com o mesmo nome. Ela mora em Londres e Nova York com seu marido e suas duas filhas. Sua empresa realiza regularmente workshops e conferências *Living The Field* [Vivendo o campo], onde os principais cientistas e físicos quânticos do mundo falam e explicam, lado a lado com curandeiros e espectadores remotos. Lynne está trabalhando agora em uma continuação de *O campo*.

Daniel Monti, M.D., recebeu seu título de Doutor em Medicina, *summa cum laude*, da Universidade Estadual de Nova York, Escola de Medicina de Buffalo, em 1992. Seu trabalho de pós-doutorado foi no Programa de Bolsas de Pesquisa,

Departamento de Psiquiatria e Comportamento Humano, no Jefferson Medical College, Filadélfia, Pensilvânia. Atualmente, é diretor-executivo e médico do Centro Myrna Brind de Medicina Integrativa, Universidade Thomas Jefferson.

A pesquisa do Dr. Monti abrangeu uma ampla gama de tópicos e inclui subsídios em: arteterapia baseada em atenção plena para pacientes com câncer, terapias alternativas em doenças e respostas de testes musculares a afirmações semânticas. Sua pesquisa sobre a cura de mente/corpo lhe rendeu o prêmio NeuroEmotional Technique Doctor of the Year e o Tree of Life Award por "contribuições para o bem-estar da comunidade em geral". Ele recebeu uma bolsa de cinco anos do NIH para estudar os efeitos da redução do estresse em pacientes com câncer.

Dr. Monti está escrevendo um livro com base científica para o público leigo sobre como a mente, o corpo e os sistemas energéticos fazem parte de uma rede intrincada que constitui nossa saúde física e mental.

Andrew B. Newberg, M.D., é professor assistente no Departamento de Radiologia e Psiquiatria do Hospital da Universidade da Pensilvânia e médico da equipe de Medicina Nuclear. Ele se formou na Faculdade de Medicina da Universidade da Pensilvânia em 1993. Fez seu treinamento em Medicina Interna no Graduate Hospital da Filadélfia, atuando como residente-chefe em seu último ano. Publicou vários artigos e capítulos sobre os tópicos de função cerebral e neuroimagem e o estudo de experiências religiosas e místicas. Ele é coautor do best-seller *Why God Won't Go Away: Brain Science and the Biology of Belief* [Por que Deus não desaparece: a ciência do cérebro e a biologia da crença] e *The Mystical Mind: Probing the Biology of Belief* [A mente mística: provando a biologia da crença]; ambos exploram a relação entre a neurociência e a experiência espiritual.

Candace Pert, Ph.D., era uma estudante de pós-graduação com vinte e poucos anos quando descobriu o receptor de opiáceos, o local de ligação celular das endorfinas, os analgésicos naturais do corpo, que ela chama de nosso "mecanismo subjacente de felicidade e ligação". Essa descoberta pressagiou uma mudança radical na compreensão científica dos sistemas de comunicação interna humana, apontando o caminho para o modelo baseado em informações que agora está suplantando o ponto de vista estruturalista há muito dominante.

Nos anos seguintes, Candace Pert concentrou sua pesquisa no desenvolvimento de produtos farmacêuticos não tóxicos que bloqueiam seletivamente os locais receptores do vírus da AIDS. Ela também buscou a relação "ameaçadoramente interdisciplinar" entre os sistemas nervoso e imunológico, desenvolvendo a documentação de um sistema de comunicação em todo o corpo mediado por moléculas de peptídeos e seus receptores, que ela considera ser a base bioquímica da emoção e a possível chave para muitas das doenças mais desafiadoras de nosso tempo. Seu livro best-seller, *Molecules of Emotion* [Moléculas da emoção], é digno de nota tanto como uma história interna da mudança do paradigma científico quanto como a jornada de crescimento e compreensão de uma mulher.

Ramtha *(*www.ramtha.com), um dos grandes enigmas que os cientistas estudaram na última década, é um místico, filósofo, mestre e hierofante. Sua parceria com a americana J. Z. Knight, seu canal, ainda deixa os estudiosos perplexos; os resultados de seus estudos apontam para um fenômeno não local. Usando um polígrafo sofisticado, os notáveis parapsicólogos Ian Wickramasekera e Stanley Krippner, da Saybrook Graduate School, observaram repetidamente que, enquanto J. Z. Knight está canalizando Ramtha, as leituras de sua atividade de ondas cerebrais mudam para delta e que o cerebelo inferior opera seu corpo, que fala, anda, come, bebe e dança, enquanto Ramtha ensina sobre o mistério da mente sobre a matéria.

Por meio de um sistema coerente de pensamento que unifica o conhecimento científico com o conhecimento esotérico do espírito, os alunos de Ramtha estudam biologia, neurofisiologia, neuroquímica e física quântica. Assim como Bohm, ele declara que a consciência é a base de todo o ser. Na própria vida, há 35 mil anos, ele aprendeu a separar sua consciência do corpo, elevar sua frequência e, por fim, levá-la consigo. Ele é um dos poucos seres humanos a se tornar uma testemunha ocular do que é visto e do que não é visto.

Dean Radin, Ph.D., é cientista sênior do Institute of Noetic Sciences (IONS) em Petaluma, Califórnia. Ele também atua como professor adjunto na Sonoma State University e como Distinguished Consulting Faculty na Saybrook Graduate School, em São Francisco. Ele obteve um BSEE com honras sênior, *magna cum laude*, em Engenharia Elétrica pela Universidade de Massachusetts, Amherst, e um M.S. em Engenharia Elétrica e Ph.D. em Psicologia pela Universidade de Illinois, Champaign-Urbana. No início de sua carreira, foi membro da equipe técnica da AT&T Bell Laboratories e, mais tarde, cientista principal da GTE Laboratories, onde, por uma década, esteve envolvido em pesquisa e desenvolvimento de uma ampla variedade de produtos e sistemas avançados de telecomunicações.

Radin foi eleito quatro vezes presidente da Parapsychological Association, uma afiliada da American Association for the Advancement of Science.

É autor do premiado livro *The Conscious Universe* [O universo consciente] e de *Mentes interligadas*. Ele é autor ou coautor de mais de duzentos artigos de periódicos e relatórios técnicos.

William A. Tiller, Ph.D., é professor emérito da Universidade de Stanford, pioneiro na pesquisa psicoenergética (atualmente presidente e cientista-chefe da The William A. Tiller Foundation for New Science, Payson, Arizona) e autor de *Science and Human Transformation: Subtle Energies, Intentionality and Consciousness* [Ciência e transformação humana: energias sutis, intencionalidade e consciência], *Conscious Acts of Creation: The Emergence of a New Physics* [Atos conscientes de criação: o surgimento de uma nova física] e *Some Science Adventures with Real Magic* [Aventuras científicas com mágica real]. Recebeu o Prêmio INTA Humanitário do Ano (1982) e o Prêmio Alyce e Elmer Greene de inovação de 2005 "por seu trabalho duradouro em psicoenergética e pelo papel da consciência na realidade mente-matéria" da International Society for the Study of Subtle Energies and Energy Medicine (ISSSEEM).

Jeffrey Satinover, M.S., M.D., é autor, psiquiatra e físico. Seus livros best-sellers, sobre tópicos que vão desde a história da religião até a neurociência computacional e a mecânica quântica, foram traduzidos para nove idiomas. Atualmente, ele faz parte de uma equipe de pesquisa multidisciplinar internacional no Laboratório de Física de Matéria Condensada da Universidade de Nice, na França, que investiga a teoria de sistemas complexos com aplicações em mercados financeiros, mudanças climáticas, previsão de terremotos e epidemias sociais. Ele leciona na Universidade de Princeton e atua como consultor do Senado dos Estados Unidos sobre o tráfico de mulheres e crianças para a escravidão sexual. O Dr. Satinover também foi o William James Lecturer em Psicologia e Religião na Universidade de Harvard.

O Dr. Satinover tem diplomas de MIT, Harvard, Universidade do Texas e Yale. Formado pelo C. G. Jung Institute de Zurique, ele é ex-

-presidente da C. G. Jung Foundation de Nova York. Vive em Weston, Connecticut, com sua esposa e três filhas, e em parte do tempo em Saint--Jean Cap-Ferrat, na França.

Fred Alan Wolf, Ph.D., trabalha como físico, escritor e palestrante. Seu trabalho em física quântica e consciência é bem conhecido por meio de seus textos populares e científicos. Ele é autor de doze livros, incluindo seus últimos trabalhos: *The Yoga of Time Travel* [A ioga da viagem no tempo], *Dr. Quantum Presents: A Little Book of Big Ideas* [Dr. Quantum apresenta: pequeno livro de grandes ideias], a série de CDs de áudio *Dr. Quantum Presents: A User's Guide to Your Universe* [Dr. Quantum apresenta: guia do usuário para o seu universo], *Dr. Quantum Presents: Meet the Real Creator: You* [Dr. Quantum apresenta: conheça o criador real: você] e o livro vencedor do National Book Award *Taking the Quantum Leap* [Dando o salto quântico].

A mente questionadora de Wolf tem se aprofundado na relação entre a consciência humana, a psicologia, a fisiologia, o místico e o espiritual. Suas investigações o levaram de discussões íntimas com o físico David Bohm às selvas mágicas e misteriosas do Peru, de aulas magistrais com o ganhador do Prêmio Nobel Richard Feynman a viagens xamânicas nos desertos do México, de um encontro significativo com Werner Heisenberg às brasas de uma caminhada sobre o fogo. No meio acadêmico, o Dr. Wolf desafiou mentes na Universidade Estadual de San Diego, na Universidade de Paris, na Universidade Hebraica de Jerusalém, no Birkbeck College da Universidade de Londres e em muitas outras instituições de ensino superior.

O Dr. Wolf é bem conhecido por sua simplificação da nova física e autor de *Taking the Quantum Leap* [Dando o salto quântico], que, em 1982, recebeu o prestigioso prêmio National Book Award for Science.

Outras sugestões

Além de todos os livros, fitas e vídeos das mentes incríveis que entrevistamos para o filme e o livro, aqui está uma pequena lista de outros favoritos que recomendamos. Para obter uma lista completa dos livros, CDs e vídeos de nossos entrevistados, bem como uma lista completa de leituras recomendadas, consulte nosso site, *www.whatthebleep.com.*

Consciência

The Conscious Universe (O Universo Consciente)*: The Scientific Truth of Psychic Phenomena,* Dean Radin, Harper Collins.

Crie seu dia, Ramtha, JZK Publishing (DVD).

Entangled Minds, Dean Radin, HarperCollins.

The Science of Mind, Ernest Holmes, Putnam/Tarcher.

Física quântica

Beyond Einstein: The Cosmic Quest for the Theory of the Universe, Michio Kaku, Bantam/Anchor Books.

Beyond the Quantum, Michael Talbot, Macmillan Publishing.

Bridging Science and Spirit: Common Elements in David Bohm's Physics, the Perennial Philosophy and Seth (Elementos comuns na física de David Bohm, na filosofia perene e em Seth), Norman Friedman, The Woodbridge Group.

The Dancing Wu-Li Masters, Gary Zukav, Bantam.

The Elegant Universe (O Universo Elegante)*: Superstrings, Hidden Dimensions, and the Quest for the Ultimate Theory,* Brian Greene, Random House.

Holographic Universe (Universo Holográfico), Michael Talbot, HarperCollins.

Hyperspace: A Scientific Odyssey Through Parallel Universes, Time Warps and the Tenth Dimension, Michio Kaku, Doubleday/Anchor Books.

The Matter Myth: Dramatic Discoveries That Challenge Our Understanding of Physical Reality (O mito da matéria: descobertas dramáticas que desafiam nossa compreensão da realidade física), Paul Davies e John Gribbin, Simon and Schuster/Touchstone.

Science and the Akashic Field: An Integral Theory of Everything (Ciência e Campo Akáshico: Uma Teoria Integral de Tudo), Ervin Laszlo, Inner Traditions International.

Science and the Reenchantment of the Cosmos, Ervin Laszlo, Inner Traditions.

Stalking the Wild Pendulum: On the Mechanics of Consciousness (Perseguindo o Pêndulo Selvagem: Sobre a Mecânica da Consciência), Itzhak Bentov, Destiny Books.

This Strange Quantum World & You (Este Estranho Mundo Quântico e Você), Patricia Topp, Papillon Publishing.

The Tao of Physics: An Exploration of the Parallels Between Modern Physics and Eastern Mysticism [O Tao da Física: Uma Exploração dos Paralelos entre a Física Moderna e o Misticismo Oriental], Fritjof Capra, Shambhala.

O cérebro

The God Particle: If the Universe Is the Answer, What Is the Question? (A Partícula de Deus: Se o Universo é a Resposta, Qual é a Pergunta?), Leon Lederman, Dell.

The Mystical Mind: Probing the Biology of Religious Experience, Eugene G. D'Aquili, M.D., Ph.D., e Andrew B. Newberg, M.D., Fortress Press.

Where God Lives in the Human Brain, Carol Rausch Albright, James B. Ashbrook e Anne Harrington, Sourcebooks.

Where God Lives: The Science of the Paranormal and How Our Brains Are Linked to the Universe, Melvin Morse, M.D., com Paul Perry, Harper San Francisco.

Why God Won't Go Away: Brain Science and the Biology of Belief, Andrew Newberg, M.D., Eugene D'Aquilli, M.D., Ph.D., e Vince Rauss, Ballantine.

Agradecimentos

Quando começamos esse filme, pensamos: *Estamos apenas fazendo um filme.* O que aconteceu foi um movimento. Muitas pessoas que assistiram ao nosso filme disseram: "Finalmente. Eu estava esperando que algo assim fosse lançado!". Bem, nós também estávamos; só que percebemos que teríamos que acabar fazendo isso nós mesmos.

Gostaríamos de agradecer a todos por enviarem suas solicitações em consciência. O desejo de mudança é palpável agora. Somos gratos a todos os que nos apoiaram na produção do filme; aos que nos apoiaram nos cinemas enviando e-mails e fazendo ligações telefônicas para a gerência, às vezes "exigindo" a exibição do filme; a todos os que trouxeram seus amigos e os amigos deles; e aos que fizeram parte das equipes de rua que percorreram as calçadas falando sobre esse filme. Juntos, estamos fazendo algo maravilhoso.

Há muitas pessoas que trabalharam arduamente nos bastidores para trazer o filme, e agora este livro, para o mundo. Agradecemos a Gabby, Melissa, Pavel, Cate, Straw, Debbie, Jason, Shelley, John e David por seu apoio interminável – horas e horas trabalhando nos telefones, na internet e em tudo o que foi necessário para levar o filme às massas. Também a todos da Samuel Goldwyn, IDP e Twentieth Century Fox Home Video por acreditarem no filme, e a Richard Gaurdian por levá-lo ao mundo todo.

Agradecemos a todos em nossa editora, a HCI, e especialmente a Amy Hughes, nossa editora; Larissa Hise Henoch, que criou a maior parte da arte; e Bret Witter, que supervisionou todo o projeto.

Agradecemos às nossas famílias e amigos por nos darem o espaço e o tempo necessários para transformar nossos sonhos em realidade: Gordie e Elorathea, pela inspiração pessoal (Betsy); Mary Lou, por todos os anos de amor e apoio (Mark); e por me manter sorrindo e rindo durante todo esse tempo: Walter, Viva, Rama e K. T. Elliott (Will).

A Ramtha e J. Z. Knight, sem os quais nada disso teria sido possível. A todos os nossos cientistas e entrevistados – Fred Alan Wolf, Dean Radin, Lynne McTaggart, Dan Monti, David Albert, Jeffrey Satinover, Stuart Hameroff, Amit Goswami, Bill Tiller, Miceal Ledwith, Joe Dispenza, Candace Pert, Andrew Newberg, Ervin Laszlo e John Hagelin – agradecemos por suas mentes brilhantes e sua disposição de ir aonde a maioria dos homens e mulheres tem medo de ir.

A nova fronteira não é um país ou um planeta. É a mente. Essas ideias são sobre o futuro da humanidade.

Will, Betsy e Mark